Carl-Auer

Für Felix, Maxie und Samuel

Bernhard Pörksen/
Friedemann Schulz von Thun

Kommunikation als Lebenskunst

Philosophie und Praxis
des Miteinander-Redens

Zweite Auflage, 2016

Umschlaggestaltung: Uwe Göbel
Umschlagfoto: Uwe Göbel
Satz: Drißner-Design u. DTP, Meßstetten
Printed in Germany
Druck und Bindung: CPI books GmbH, Leck

MIX
Papier aus verantwor-
tungsvollen Quellen
FSC
www.fsc.org   FSC® C083411

Mehr Bäume.
Weniger CO₂.
www.cpibooks.de/klimaneutral

Zweite Auflage, 2016
ISBN 978-3-8497-0173-4 (Printausgabe)
ISBN 978-3-8497-8011-1 (ePUB)
ISBN 978-3-8497-8050-0 (PDF)
© 2014, 2016 Carl-Auer-Systeme Verlag
und Verlagsbuchhandlung GmbH, Heidelberg
Alle Rechte vorbehalten

Bibliografische Information der Deutschen Nationalbibliothek:
Die Deutsche Nationalbibliothek verzeichnet diese Publikation
in der Deutschen Nationalbibliografie; detaillierte bibliografische
Daten sind im Internet über http://dnb.d-nb.de abrufbar.

Informationen zu unserem gesamten Programm, unseren Autoren
und zum Verlag finden Sie unter: **www.carl-auer.de**.

Wenn Sie Interesse an unseren monatlichen Nachrichten aus der Vangerowstraße haben,
können Sie unter http://www.carl-auer.de/newsletter den Newsletter abonnieren.

Carl-Auer Verlag GmbH
Vangerowstraße 14 · 69115 Heidelberg
Tel. +49 6221 6438-0 · Fax +49 6221 6438-22
www.carl-auer.de

Inhalt

Das dialogische Prinzip

Ein Vorwort von Bernhard Pörksen

Schreiben ist einsam. Zumindest in der Theorie. Im Moment des Schreibens ist der Autor, so heißt es, ganz für sich und allein, vertieft in jene Form der inneren Zwiesprache, die Platon Denken nannte. Er entwickelt seine Ideen, formt sie, feilt in aller Stille an Formulierungen, entwirft eine Dramaturgie und betritt erst, wenn das Geschriebene veröffentlicht wird, wieder die Bühne des sozialen Miteinanders. Bei der allmählichen Verfertigung dieses Buches war alles ganz anders. Es ist vom ersten bis zum letzten Satz aus Gesprächen und Begegnungen heraus entstanden. Man könnte sagen: Es handelt sich um eine Dokumentation und Illustration des dialogischen Prinzips, nicht aber um ein Resultat einsamer, monologisch strukturierter Selbstbefragung. Noch im eigentlichen Prozess des Schreibens und damit im Augenblick des tatsächlichen Rückzugs und der unvermeidlichen Isolation war für jeden von uns die Stimme des anderen präsent. Gespräch und Dialog sind im Falle dieses Buches nicht nur ein Instrument, um die Inhalte zu klären und vorzubereiten, sondern gleichzeitig auch die Gattung und die Darstellungsform, mit der hier Gedanken und Ideen entwickelt, erläutert und manchmal kontrovers diskutiert werden.

Begonnen hat die Zusammenarbeit mit Friedemann Schulz von Thun vor drei Jahren mit einem Brief. Ich schlug ihm vor, die Entstehung seiner Kommunikationspsychologie – eine von der akademischen Welt lange tapfer ignorierte Erfolgsgeschichte – in Form einer kleinen intellektuellen Biografie für den Carl-Auer Verlag zu präsentieren und in einem solchen Buch seine eigene Begegnung mit der humanistischen Psychologie und dem systemischen Denken zu beschreiben. Denn er selbst kombiniert in seinen Arbeiten beide Paradigmen; mal steht der Einzelne im Vordergrund, mal sind es primär die Bedingungen und Spielregeln der Kommunikation, die diesen Einzelnen beeinflussen und bestimmen. Und doch geht es ihm stets darum, Autonomie *und* Abhängigkeit zusammenzudenken und als Berater und Coach innere und äußere Kräftefelder gleichermaßen zu betrachten und aufeinander abzustimmen. Es könnte, so schrieb ich, produktiv sein, die Entstehung seiner Ideen und Modelle (das Kommunikations- und Wertequadrat, die Metapher vom inneren Team, das Situationsmodell, die Maximen der Verständlichkeitsforschung, die Entdeckung der Stimmigkeit als einem Ideal der Kommunikation etc.) einmal auf seine persönlichen Denkerlebnisse zurückzuführen, also gleichsam eine private Theoriegeschichte moderner Kommunikationskonzepte zu schreiben. Dies schien mir aus zwei Gründen aufschlussreich: Zum einen hat Friedemann Schulz von Thun die Entstehungsgeschichte der humanistischen Psychologie aus nächster Nähe miterlebt. Er kam über seinen akademischen Lehrer, dem Hamburger Psychologen Reinhard Tausch, mit Carl Rogers in Kontakt. Er freundete sich mit der Therapeutin Ruth Cohn an, die als jüdische Studentin 1933 Berlin verlassen musste und zunächst in New York und dann in Esalen (Kalifornien) die neuen Formen der Erlebnis- und Gestalttherapie kennenlernte, diese dann nach Europa importierte und auf ihre Weise prägte. Zum anderen ist Friedemann Schulz von Thun längst selbst zu einem der wichtigsten Stichwortgeber einer modernen Psychologie und Kommunikationsphilosophie geworden. Die von ihm entwickelten Modelle und Konzepte (man denke nur an das Kommunikationsquadrat und den Verweis auf die vier Seiten einer Äußerung) haben unser Nachdenken über Kommunikation verändert. Sie sind längst in die Curricula berufsvorbereitender Studiengänge eingegangen und werden seit Jahrzehnten in der gymnasialen Oberstufe gelehrt, in Seminaren auf dem freien Markt unterrichtet und von Beratern und zunehmend auch Psychotherapeuten verwendet. Die Publikationen und die Fortbildungsangebote seines Instituts, die Veranstaltungen und Veröffentlichungen seiner Freunde und Wegbegleiter haben die Welt der Trainer und Berater in einer Weise geprägt, wie dies wohl kaum einem anderen Wissenschaftler deutscher Sprache gelungen ist. Seine Bücher über allgemeine kommunikationspsychologische Fragen und einzelne Praxis- und Anwendungsfelder sind längst zu Standardwerken mit Millionenauflage geworden. Zu den (inzwischen eher seltenen) Vorlesungen, die sein Institut an der Hamburger Rothenbaumchaussee organisiert, kommen nach wie vor Hunderte von Menschen, die ihn womöglich einfach nur einmal *live* erleben möchten und jenen Autor sehen wollen, der mit seinen Zeichnungen, seinen Aphorismen und Gedanken ihre Arbeit inspiriert. Kurzum: Friedemann Schulz von Thun ist einer der meistgelesenen Wissenschaftler des Landes, der mit der Kommunikationspsychologie sein eigenes Fachgebiet erfunden hat. Er ist ein Star, der keiner sein will und der sich mit Witz und Selbstironie und der ihm eigenen melancholischen Bescheidenheit der Gururolle und dem Beziehungs-korsett von Anbetung und Verehrung verweigert, um eine Begegnung auf Augenhöhe zu ermöglichen.

Aber es ist nicht allein ein erstaunlich gelassener, zweifelnd-distanzierter Umgang mit Erfolg, der sich bei Friedemann Schulz von Thun studieren lässt. Man kann auch von ihm lernen, unter welchen Bedingungen wissenschaftliches Denken Funken schlägt. Denn ent-standen sind seine Ideen nicht im Elfenbeinturm der Universität, sondern in direkter Auseinandersetzung mit der beruflichen Praxis und den ganz alltäglichen Missverständnissen, Verwicklungen und Verknotungen im Beziehungsgeschehen. Gerade am Beispiel seiner Arbeit lässt sich zeigen, wie inspirierend das Wechselverhältnis von Theorie und Praxis sein kann und wie produktiv die selbstauferlegte Nötigung ist, das eigene Denken immer wieder in andere *Aggregatzu-stände* zu überführen, es zu popularisieren – und es eben auf diese Weise mit immer neuen Anregungen in der Sache zu versorgen. Könnte es nicht, so fragte ich in diesem ersten Brief Richtung Ham-burg, bedeutsam sein, dieses Anregungsverhältnis von Theorie und Praxis einmal genauer und im Detail zu durchdringen, um eine höchst produktive Erkenntnissituation exemplarisch sichtbar werden zu las-sen? Wäre dies nicht, gerade in einer Phase der forschungsintensiven Selbstabschottung deutscher Universitäten und einer neuen Hermetik in der akademischen Welt, auch eine Ermutigung für junge Wissen-schaftlerinnen und Wissenschaftler ihrer eigenen Spur zu folgen und ihre Arbeit durch Praxisorientierung und Lebensnähe mit Relevanz und Spannung zu versorgen?

Es ist keine unzulässige Überhöhung, wenn man konstatiert: Frie-demann Schulz von Thuns Herangehensweise, sein eigener praktisch inspirierter Forschungs- und Vermittlungsstil, lässt sich durchaus pro-grammatisch deuten – nämlich als ein Beleg dafür, wie anregend die Verbindung von Wissenschaft und Anwendung tatsächlich sein kann, wird man doch durch den Zwang zur Verständlichkeit, zur Pointie-rung und konkreten Hilfestellung besonders herausgefordert und in ein eigenes gedankliches Reizklima hineinkatapultiert. Man tritt nun nicht mehr als vermeintlich allwissender Experte oder professoraler Hierarch in Erscheinung, sondern verwandelt sich in einen empathi-schen Übersetzer von Erkenntnis, in einen Dolmetscher der eigenen Disziplin – dies mit dem Ziel, anderen Menschen zu helfen, sich selbst und andere besser zu verstehen und Konflikte zumindest besprechbar zu machen, sie zu entschärfen, manchmal vielleicht auch gänzlich aufzulösen. Und diese Herangehensweise, eben darauf kommt es hier an, verändert einen selbst. Die Orientierung am anderen, der Auftritt vor großem Publikum, der situativ gegebene Zwang zur Zuspitzung, die spürbare Freude an einer gelingenden Formulierung – all dies erzeugt eine eigene *Systemik der Erkenntnis*, ein eigenes Inspirations- und Kräftefeld. Man denkt, spricht und schreibt auf einmal anders, bemüht sich in einer solchen implizit dialogischen Konstellation um ein tatsächliches oder imaginäres Gegenüber, wirbt um seine Zuhörer und Leser, deren Welt- und Alltagserfahrung auf einmal eine eigene Präsenz bekommt, überhaupt sichtbar wird. Wer sein eigenes Denken und Schreiben als Element eines großen, gesellschaftlichen Gesprächs über ein anderes, vielleicht besseres Leben begreift, wer vom ersten Satz an auf dieses Gespräch zielt, der dialogisiert auch noch im Moment des Monologs – und vermag selbst zu profitieren. Es entsteht, so zeigen die biografischen Passagen dieses Buchs, im Prozess der Popularisierung allmählich ein Gefüge der Bedingungen, das einem selbst beim Denken und beim Erfinden von Begriffen hilft. Es wird ein besonderer Druck zur präzisen und doch anschaulich-packenden Vermittlung und Verständigung erzeugt, der mit einem Mal geistige Kräfte in einen synergetischen Prozess geraten lässt. Das dialogische Prinzip schafft, dies wird deutlich, einen eigenen Resonanzraum. Und allmählich bildet sich in einem steten Wechselspiel von Abstraktion und Anschauung, von Anregung und Reaktion eine Erkenntnismethode eigenen Rechts, von der eine weltabgewandte Wissenschaft nichts weiß und auch nichts wissen kann.

Aber wie dem auch sei: Es war dieser erste Brief, der schließlich zu einem Besuch des Schulz von Thun Instituts in Hamburg führte. Und hier, im direkten Gespräch, entstand die Idee, gemeinsam ein Buch zu schreiben, das einerseits intellektuelle Schlüsselerlebnisse und Wegmarken seines Denkens rekonstruiert, aber doch andererseits auch neue Akzente setzt und zeigt, welche Bedeutung die Kommunikationspsychologie für die eigene Lebensführung, womöglich sogar Lebenskunst besitzt. 2013 fanden schließlich die entscheidenden Treffen statt. Stunde um Stunde und Monat für Monat sprachen wir über die Entstehung der Kommunikationspsychologie und ihre lebenspraktische Anwendung, debattierten und disputierten über die Grenzen des systemischen Denkens und den anthropologischen Optimismus der humanistischen Psychologie, die so entschieden an das Gute im

Menschen und seine Entwicklungsfähigkeit glaubt. Und wir stritten einen Nachmittag lang darüber, ob die Birke vor dem Haus, die, während wir aus dem Fenster blickten, heftig vom Wind gezaust wurde, lediglich mithilfe der Sprache und in der Sphäre der Kommunikation von uns erzeugt wird – oder ob sie unabhängig von einem erkennenden Bewusstsein existiert. Ist die Birke auch dann noch da, wenn wir nicht mehr da sind? Gibt es überhaupt ein gemeinsames Erleben, das sich sinnvoll mit dem Wörtchen *Birke* fassen lässt? Entschieden uneins blieben wir auch in der Frage, welche Bedeutung das hier ziemlich konkret am Beispiel eines einzelnen Baumes erfasste Erkenntnis- und Wahrheitsproblem überhaupt für die glückende Kommunikation besitzt oder ob es sich um ein intellektuelles Glasperlenspiel handelt, das für die Praxis des Miteinander-Redens nicht weiter von Belang ist.

So entstand allmählich, in immer neuen, manchmal streng und energisch geführten, manchmal fröhlich mäandernden Gesprächen ein stetig wachsender Stoß von Transkripten, der schließlich auf knapp 600 Seiten anwuchs – ein Konvolut des bestenfalls halb Geordneten, von dem wir sicher waren, dass es niemand würde lesen wollen, belief sich doch schon der Disput über die Birke und ihre eventuell rein von unserer Wahrnehmung abhängige Existenz auf immerhin siebzehn Seiten. Aus diesen Transkripten formten wir in den nun folgenden Wochen und Monaten dieses Buch. Wir schrieben manche Passage neu und um, versuchten das einfach so Dahingesagte und aus dem Moment der Situation heraus Geborene prägnanter zu fassen und erlebten in einem ganz handfesten, handwerklich-praktischen Sinne, dass der zu Papier gebrachte und für die Veröffentlichung bearbeitete Dialog ein Dokument der Mehrstimmigkeit darstellt. Es handelt sich um *einen* Text mit *zwei* Autoren, die mit Blick auf ein nie ganz klar eingrenzbares Publikum um das vermutlich beste Ergebnis ringen. Es ist ein realer Dialog zwischen uns und gleichzeitig ein imaginärer Dialog mit womöglich interessierten Leserinnen und Lesern, den wir hier versuchen.

Was nun gedruckt vorliegt, wird in Form eines Dreischritts entfaltet. In einem ersten Kapitel geht es um *die großen Fragen*, die das Werk von Friedemann Schulz von Thun greifbar werden lassen. Wir diskutieren über seine Modelle, dazu gehören: das Kommunikationsquadrat, die Verständlichkeitsforschung, das Bild des Teufelskreises, das Wertequadrat, die Metapher vom inneren Team und das Ideal der wesensgemäßen und situationsgerechten Stimmigkeit. Wir beleuchten die Entstehungsgeschichte und die möglichen Einflusslinien, um auf diese Weise eine praktische Kommunikationsphilosophie in ihrer ganzen Vielschichtigkeit sichtbar werden zu lassen. In einem zweiten Schritt geht es um *die konkreten Fragen* der Anwendung. Am Beispiel des Führungskräftecoachings, der Pädagogik und der interkulturellen Kommunikation wird gezeigt, wie sich die einzelnen Modelle für die Selbst- und Teamentwicklung, die Konfliktanalyse und die lösungs-orientierte Reflexion nutzen und vor allem auch – gerade mit Blick auf ganz konkrete Herausforderungen, Verwicklungen, Missverständ-nisse – kombinieren lassen. Hier, im Kapitel über die interkulturelle Kommunikation, kommt dann auch der Disput über die Existenz jener magischen Hamburger Birke zu ihrem Recht.

Schließlich und endlich geht es in einem dritten Schritt um *die letzten Fragen*. Ausgangspunkt ist die Einsicht, dass jede Kommuni-kationsphilosophie auf der Annahme basiert, dass man – lebendig genug, kräftig und gesund genug – noch einmal sprechen kann. Das ist der Idealfall, den man unvermeidlich voraussetzen muss: Es gibt noch einen zweiten Versuch; man kann noch einmal anders reden, einen Konflikt auflösen. Es geht irgendwie weiter und die einmal begonnene Kommunikation bleibt prinzipiell reversibel. Ebenso klar ist, dass irgendwann Krankheit, Gebrechen und Tod die Chance des kommunikativen Neubeginns ruinieren und schließlich fundamental zerstören. In den letzten Abschnitten dieses Buches wenden wir uns, eher vorsichtig, tastend und nach der richtigen Tonalität suchend, dem Problem des Todes aus der Sicht einer Kommunikationsphi-losophie zu, die vom Miteinander-Reden ausgeht – und doch weiß, dass diese Form des symbolischen Austauschs irgendwann enden muss. Es ist ein durchaus heikler Moment im Gespräch, weil die Gefahr entsteht, andere ungefragt mit Ratschlägen zu versorgen und irgendwelche Fertig-Rezepte einer Lebenskunst zu verkünden, die nicht zur Dramatik der Situation passen und vielleicht besser in den zahllosen Glücks- und Simplify-Ratgebern aufgehoben sind, die seit einigen Jahren den Markt fluten. Friedemann Schulz von Thun »löst« diese Spannung zwischen einem Bemühen um Orientierung und dem stets gegenwärtigen Risiko der pauschalen Bevormundung ohne Rücksicht auf konkrete Gegebenheiten, indem er (und das gilt auch für die anderen Kapitel des Buchs und insgesamt alle Versuche einer lebenspraktischen Anwendung seiner Modelle) die Idee einer all-gemeingültigen Norm oder Verhaltensmaxime radikal zurückweist –

und die persönliche Stimmigkeit als eine Art Oberideal vorstellt, die einerseits *wesensgemäß*, andererseits *situations-* bzw. *schicksalsgerecht* ist. Lebenskunst ist, so sagt er, »nicht in einem Regelbuch fixierbar, sondern stellt diejenige Lebensführung dar, die zu mir und der individuellen Beschaffenheit meiner Seele passt, aber eben doch auch von der Frage geleitet wird, was das Leben selbst an mich heranträgt und mir abverlangt. Es ist diese dynamische Balance aus Selbstfürsorge und Hingabe an ein Ganzes, von dem man selbst ein Teil ist, um die es geht. Statt fertiger Antworten haben wir eine Heuristik zu bieten im Sinne einer Kunst des Herausfindens. Die heuristischen Modelle und Methoden laden ein zur individuellen Selbsterarbeitung.« Eine solche ins Offene weisende Programmatik ist folgenreich. Es ist nicht nur die Aussicht auf die unter allen Umständen erfolgreiche Selbstoptimierung, die einem genommen wird. Man muss überdies von einem bequemen Rezeptdenken Abschied nehmen, der Suche nach fertigen, situationsunabhängig gültigen Prinzipien, die für alle gelten können – immer und überall. Was bleibt, sind Meta-Rezepte und gedankliche Rahmenbildungen, Werkzeuge zur Entdeckung der eigenen, individuellen Lösung. »Wer das Stimmigkeitskonzept ernst nimmt«, so heißt es ganz in diesem Duktus an anderer Stelle, »kann keine Verhaltensschablonen mehr empfehlen – und wenn man doch einmal ein Rezept präsentiert, so bleibt dies der Selbsterarbeitung überlassen.« Das ist, wenn man so will, der innere Liberalismus der Kommunikationspsychologie: Ihre Reflexionswerkzeuge und Denkmodelle erlauben es, einen *Rahmen* für die überlegte Suche nach der besten Lösung zu kreieren, aber sie sind nicht schon selbst das fertige *Bild* oder gar eine endgültige Antwort. Sie sind vielmehr (und eben darin besteht ihr Wert) Starthilfe und gedankliches Geländer für eine sinnvolle eigene, unvermeidliche individuelle Suchbewegung, die die Kommunikation mit sich selbst, den eigenen inneren Stimmen und die Kommunikation mit anderen zur Lebenskunst reifen lassen kann.

Dieses Vorwort setzte mit der Behauptung ein, Schreiben sei einsam und monologisch und ein Text Resultat eines Rückzugs in die soziale Echolosigkeit und Einsamkeit. Aber all dies trifft hier offenkundig nicht zu. Und das liegt nicht nur daran, dass es sich um ein Buch handelt, das eine im Kern dialogische Kommunikationsphilosophie in dialogischer Form behandelt: der Mensch *mit dem anderen* Menschen – das ist der elementar-existenzielle Fokus, um den es hier geht. Es hat auch damit zu tun, dass schon die Monate der Vorbereitung von

Gesprächen geprägt waren, die ich mit Mitarbeitern, Freunden und Gefährten von Friedemann Schulz von Thun geführt habe. Namentlich danken möchte ich für diese Gelegenheit zum Austausch und zur Debatte: Karen Knipping, Dagmar Kumbier, Marcus Poenisch, Alexander Redlich, Eberhard Stahl, Roswitha Stratmann, Christoph Thomann und Ingrid Schulz von Thun.

Recherchen im Archiv des Esalen-Instituts brachten mir die großen Philosophen und Psychologen der Gegenkultur nahe. Hier, in einem kleinen, fensterlosen Holzhaus an der atemberaubenden Steilküste im kalifornischen Big Sur, stieß ich auf Hunderte, noch unveröffentlichte Filmaufnahmen aus der Ur- und Frühgeschichte der humanistischen Psychologie und des systemischen Denkens. Und wenn man sich, wie geschehen, für ein paar Tage in das Halbdunkel im Innern dieses Häuschens zurückzieht und eine der zahllosen DVDs einwirft, dann beginnen die Anreger von einst wieder zu sprechen und erscheinen plötzlich seltsam lebendig. Man hört mit einem Mal den Kybernetiker Gregory Bateson, der über das Spiel der Fischotter und die notwendige Metakommunikation der Fischotter doziert, die doch irgendwie signalisieren müssen, dass das, was sie da tun und treiben, eben nur ein Spiel ist und eben kein ernsthafter Kampf, der zum Äußersten herausfordert. Man stößt auf Virginia Satir, Familientherapeutin der ersten Stunde, und schaut ihr beim Aufstellen eines Familiensystems zu. Man begegnet Abraham Maslow und seinem Spott über einen traurigen, alten Mann mit Namen Sigmund Freud, der sich so entschieden auf Pathologien, Defekte und frühkindliche Mangelerfahrungen konzentrierte und dabei die kreativen Höchstleistungen des Menschen und die Phasen einer fröhlich-behaglichen Normalität übersah. Und man stolpert gleichsam in eine Sitzung mit dem beständig rauchenden Gestalttherapeuten Fritz Perls, der die inneren Stimmen eines Menschen auf verschiedenen Stühlen zur Aufführung bringt. Und je länger man zuhört und zuschaut und sich der Magie der hier versammelten Dialogiker überlässt, desto greifbarer wird eine Stimmung des Aufbruchs und des intellektuellen Neubeginns, die die Entwicklung des systemischen und humanistischen Denkens begleitet und hintergründig auch die Entstehung der Kommunikationspsychologie geprägt hat. Der Coach und Freund Jan-Lüder Röhrs brachte mir – nach diesen Streifzügen in die Grenzbereiche von Wissenschaft und Weltanschauung und den Besuchen in Esalen – die praktische Anwendung der Modelle von Friedemann Schulz von Thun näher und führte vor, wie man sie im alltäglichen Einsatz kombiniert. Kati Trinkner half mit einem detektivischen Gespür bei Beschaffung von Literatur und wurde bei Aufbereitung von Archivmaterialien und Transkripten von Nina Linsenmayer, Sabine Volk und vor allem Judith Schächterle unterstützt. Ralf Holtzmann vom Carl-Auer Verlag begleitete das gesamte Projekt mit einer ermutigenden Begeisterung, die auch dann nicht endete, als der Zeitplan immer enger wurde. Und Julia Raabe war wie stets die erste Leserin, die ihre Einwände so charmant formulierte, dass sie den Charakter einer Inspiration bekamen. Ohne Friedemann Schulz von Thun und seine unermüdliche Gesprächsbereitschaft, ohne sein Engagement und sein Vertrauen wäre all dies nicht entstanden. Was mir dann fehlen würde, das weiß ich jetzt – drei Jahre nach einem ersten Brief, der ihn eigentlich dazu verführen sollte, allein und für sich ein Buch zu schreiben und in der Stille seines Schreibzimmers einen Monolog zu beginnen. Insofern sei auch ihm herzlich und in besonderer Weise gedankt.

Bernhard Pörksen
Tübingen, im Februar 2014

I. Die großen Fragen

1 Das Kommunikationsquadrat

Suche nach dem Schlüsselsatz

Pörksen: Wenn Sie – im Sinne eines kleinen Gedankenexperiments – zum Einstieg einen einzigen Schlüsselsatz nennen müssten, der Ihr gesamtes Werk charakterisiert, wie würde dieser Satz lauten?

Schulz von Thun: Nur ein einziger Satz!? Soll ich die ganze Reichhaltigkeit des Werks auf einen Punkt zusammenschrumpfen lassen? Das will mir nicht so recht behagen!

Pörksen: Natürlich wäre ein solcher Reduktionismus gerade für den Gesprächsauftakt fatal. Es müsste also ein Satz sein, von dem aus man weiter und in die Tiefe denken kann. Sigmund Freud hat einmal eine solche Formulierung für die Psychoanalyse präsentiert. Er sagte, das Ich sei »nicht Herr im eigenen Haus«, sondern das Unbewusste die prägende Kraft. Davon ausgehend kann man sein Werk entfalten.

Schulz von Thun: Das ist allerdings ein schönes Beispiel! Wenn ich einen solchen prägnanten Satz für meine Lehre finden könnte, würde ich mich vielleicht freudig ergeben. Lassen Sie mich daher einmal zurückfragen: Haben Sie einen solchen Schlüsselsatz entdeckt, der die gesamte Lehre enthält, enthalten könnte?

Pörksen: Ich denke tatsächlich, dass Ihr Werk auf einer einzigen fundamentalen Einsicht basiert. Man könnte sie folgendermaßen formulieren: *Die Qualität der Kommunikation bestimmt die Qualität unseres Lebens.*

Schulz von Thun: Das ist gewiss nicht falsch, jedenfalls für unser hiesiges Leben in der westlichen Welt zu Friedenszeiten. Wir kommen als Beziehungswesen auf die Welt, und von der Geburt bis zum Tod steht und fällt vieles – privat, beruflich und politisch – mit der Qualität des Miteinanders. Und auch für den inneren Dialog gilt, dass seine Qualität für ein gelingendes Leben von großer Bedeutung ist. Wie rede ich mit mir? Welche Stimmen lasse ich zu Wort kommen, wenn ich alleine bin? Bin ich auch da noch in guter Gesellschaft?

Pörksen: Und doch sind Sie, so scheint mir, nicht ganz einverstanden.

SCHULZ VON THUN: Stimmt. Denn zum einen muss man relativierend hinzufügen, dass Gesundheit, Krankheit, Schicksalsfügungen und Schicksalsschläge ebenso ausschlaggebend für unser Leben sein können. Zum anderen betont Ihre These bloß die Bedeutsamkeit des Themas Kommunikation, tangiert aber noch gar nicht den Gehalt meiner Lehre – wie es gelingen kann, den Herausforderungen der zwischenmenschlichen Kommunikation gewachsen zu sein und gewachsen zu werden!

PÖRKSEN: Ist es nicht aufschlussreich, dass unser Gespräch gleich mit einer Irritation beginnt? Das zeigt doch schon: Kommunikation scheint ganz einfach und ist doch gleichzeitig wahnsinnig schwer, missverständlich und komplex. Sie selbst haben diese Komplexität erklärt, indem Sie auf den *Simultancharakter von Kommunikation* hingewiesen haben. Was ist damit gemeint?

SCHULZ VON THUN: Gemeint ist, dass sich Kommunikation als ein eigenartiges Spiel begreifen lässt, das auf vier Spielfeldern gleichzeitig gespielt wird. Dieses Simultangeschehen – man hört eine Äußerung, womöglich nur einen einzigen Satz, und empfängt doch in ein und demselben Moment vier Botschaften – habe ich im Modell des Kommunikationsquadrats zusammengefasst [Abb. 1]. Die eine Seite ist die Ebene des *Sachinhalts*, der Information über die Verhältnisse in der Welt. Hier geht es unter anderem um Wahrheit. Des Weiteren enthält jede Äußerung eine *Beziehungsbotschaft*, die signalisiert, was ich von dem anderen halte, ob ich ihn schätze, ihn als gleichberechtigt akzeptiere oder ihn kritisch sehe, nicht ernst nehme usw. Hier geht es auch um Akzeptanz. Darüber hinaus findet sich in einer Äußerung stets auch eine kleine Kostprobe der eigenen Persönlichkeit; man gibt etwas von sich preis und lässt mehr oder weniger erkennen, wie es einem geht, was einen umtreibt, beseelt oder quält. Das ist die Ebene der *Selbstkundgabe*. Hier stellt sich die Frage nach der Wahrhaftigkeit und Authentizität. Früher habe ich diese Dimension der Kommunikation als *Selbstoffenbarung* bezeichnet, aber das klingt ein wenig nach einem Seelenstriptease und löst unnötig Widerstand aus – insofern also die Rede von der Selbstkundgabe, die sich leichter vermitteln lässt. Und schließlich enthält eine Äußerung eine *appellative Seite*. Hier geht es um Wirksamkeit: Man möchte Einfluss nehmen, man spricht, um etwas zu erreichen und auszulösen.

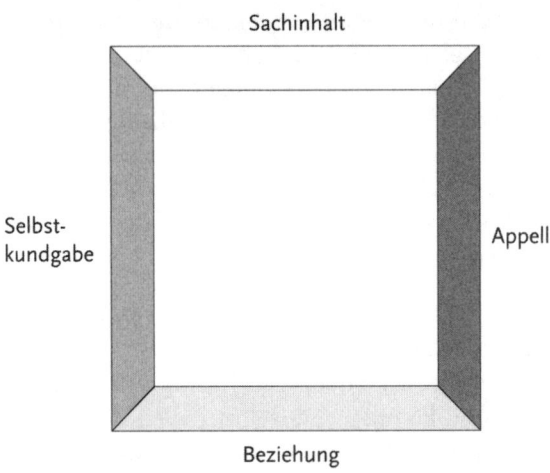

Abb. 1: Die vier Botschaften einer Äußerung: das Kommunikationsquadrat

PÖRKSEN: Dieses Kommunikationsquadrat haben Sie 1981 das erste Mal in einem eigenen Buch beschrieben, das sich bis zum heutigen Tag mehr als eine Million Mal verkauft hat. Es gibt zumindest im deutschsprachigen Raum kein Modell der Kommunikation, das derart eingeschlagen hätte. Auch Ihre Beispiele – oft harmlose, aus dem Alltag stammende Sätze und Äußerungsfragmente – besitzen längst den Rang von Klassikern und finden sich in Schulbüchern. Mögen Sie im Sinne einer kleinen Illustrationsübung einmal ein paar Schlüsselbeispiele herausgreifen?

SCHULZ VON THUN: Dann lassen Sie uns das Urbeispiel nehmen, das heute tatsächlich in den Schulen gelehrt wird. Folgende Situation: Ein Mann und eine Frau sitzen im Auto, der Mann auf dem Beifahrersitz, die Frau fährt. Und er sagt:»Du, da vorne ist grün!« Auf der Ebene der Sachinhalte ist dies eine überprüfbare Information, die wahr oder falsch sein kann. Es ist eine Information über die Verhältnisse in der Welt. Gleichzeitig bzw. simultan gibt der Mann – Stichwort Selbstkundgabe – auch etwas von sich selber preis, eventuell ist er ungeduldig oder in Eile. Man weiß es nicht so genau. Auf der Ebene der Beziehung lässt er vielleicht einen Kompetenzzweifel an ihrer Fahrtüchtigkeit erkennen. Und womöglich enthält seine Äußerung den Appell, etwas schneller zu fahren, um noch bei Grün über die Ampel zu kommen (»Gib Gas!«). In jedem Fall zeigt schon dieses kleine Beispiel, dass drei der vier Botschaften implizit bleiben. Sie sind deutungsfähig, interpretationsoffen und man muss, um sie zu dechiffrieren, den Tonfall und die begleitende Mimik beachten, den Kontext kennen, eventuell auch die Vorgeschichte der beiden.

Die Macht des Empfängers

PÖRKSEN: Sie selbst haben ja in Ihrer Beschreibung des Kommunikationsquadrats deutlich gemacht, dass der Sprechende nicht nur vier Botschaften sendet und gewissermaßen – so Ihre Formulierung – »mit vier Schnäbeln spricht«, sondern dass der Hörende auch mit vier Ohren empfängt und letztlich selbst darüber entscheidet, was ihm besonders zentral erscheint. Lässt sich nun auch für die Seite des Empfängers ein ähnlich schlagendes Beispiel finden?

SCHULZ VON THUN: Natürlich, ja. Da sagt eine Ehefrau zu ihrem Mann: »So selten, wie du zu Hause bist, da leiden die Kinder auch schon darunter!« Der Empfänger steht nun vor der Entscheidung, welches seiner vier Ohren er »anspringen« lässt bzw. auf welche der vier ankommenden Botschaften er reagieren will. Hört er mit dem *Sach-Ohr?* Geht es ihm primär um die Inhalte der Äußerung? Hört er mit dem *Selbstkundgabe-Ohr?* Versucht er also, den Menschen hinter der Äußerung zu erspüren, ihn zu begreifen? Hört er mit dem *Beziehungs-Ohr* und reagiert vor allem darauf, wie er sich als Mensch angesprochen und behandelt fühlt? Oder hört er mit dem *Appell-Ohr* und wendet sich der Frage zu, wozu der andere ihn mehr oder minder deutlich auffordern möchte? Je nachdem, welches Ohr anspringt, wird er innerlich und dann wohl auch äußerlich unterschiedlich reagieren – und damit den weiteren Gesprächsfaden spinnen. Ob er sich dieser »freien Auswahl« bewusst ist, steht auf einem anderen Blatt, aber er kann nicht nicht auswählen.

PÖRKSEN: Das bedeutet, dass auch die Art und Weise des Zuhörens bestimmt, was geschieht. Das Zuhören legt zumindest in groben Zügen fest, was im Verlauf des Gesprächs in welcher Weise besprochen werden kann, weil man als ein Empfänger mit der ersten, unmittelbaren Reaktion sehr verschiedene *Verstehensmöglichkeiten* auf einen Pfad der weiteren Kommunikation verengt.

SCHULZ VON THUN: Ganz genau, und bei vielen Menschen ist unabhängig von den konkreten Erfordernissen der Situation ein Ohr auf Kosten der anderen besonders gut ausgebildet. Ein sachbetonter Mann würde zunächst einmal Folgendes heraushören: »Ich bin, erstens, selten zu Hause. Zweitens, die Kinder leiden. Das Leiden der Kinder wird, drittens, eben dadurch ausgelöst, dass sie mich kaum sehen.« Er könnte dann – interessiert an der Sachebene – weiterfragen: »Woran machst du fest, dass die Kinder leiden? Erzähl mal!«

PÖRKSEN: Das ist die Botschaft, die das *Sach-Ohr* erreicht. Welche anderen Varianten sind denkbar?

SCHULZ VON THUN: Möglich, dass wir es mit einem therapeutisch vorerfahrenen Mann zu tun haben, der in der Lage ist, sensibel mit dem *Selbstkundgabe-Ohr* zuzuhören. Und eben dieser Mann würde dann die Enttäuschung und die Verzweiflung der Frau aufnehmen. Es würde ihm auffallen, dass sie *auch* gesagt hat, dass *auch* die Kinder schon unter der Situation leiden. Er könnte dann empathisch auf die Not der Senderin reagieren: »Fühlst du dich sehr allein gelassen mit den Kindern und all den familiären Angelegenheiten?«

PÖRKSEN: ... und das Gespräch würde erneut einen anderen Verlauf nehmen.

SCHULZ VON THUN: So ist es, ja. Nun zu dem Vater, der das *Beziehungs-Ohr* gespitzt hätte! Ihn würde vor allem der Vorwurf erreichen »Du bist ein schlechter Vater, bist schuld am Leid und Elend unserer Familie!« Denkbar, dass es nun zu einem Streit kommt. »Verdammt noch mal«, so könnte er sagen, »meinst du, es macht mir Spaß, dauernd Überstunden zu schieben? Denkst du, das ist mein Hobby? Ja?«

PÖRKSEN: Und schließlich zu dem Vater, der vor allem mit dem *Appell-Ohr* zuhört.

SCHULZ VON THUN: Ihn erreicht wahrscheinlich die Botschaft: »Kümmere dich mehr um uns! Tu was!« Und wenn er appellgemäß reagiert, schlägt er vielleicht eine Lösung vor: »Lass uns am Wochenende einmal zusammen eine große Fahrradtour machen!«

PÖRKSEN: Der Zuhörer schafft auf diese Weise eine Welt ...

SCHULZ VON THUN: ... und kann, wenn er sich dessen bewusst wird, zumindest sensibler dafür werden, mit welchem Ohr er gerade zuhört und dass dies nicht das einzige Ohr ist, das zum Einsatz kommen könnte. Er kann sich *in vivo* korrigieren und andere Weichen stellen.

Im Normalfall reagieren wir aber reflexartig und ohne begleitende Reflexion.

PÖRKSEN: Was in Ihren Ausführungen sichtbar wird, ist ein anderes, ein neues Bild von Kommunikation. Man muss sich von dem Gedanken verabschieden, es handele sich um einen linearen Transfer von Information. Das klassische, archaische Kommunikationsmodell ist ja nach folgendem Schema gebaut: Es gibt einen mächtigen Sender, einen Kommunikationskanal und einen vergleichsweise ohnmächtigen Empfänger, der brav decodiert, was ihm an Information vom Sender durch den Kommunikationskanal hindurch zugeschickt wird. Das ist die Transportidee von Kommunikation. In Ihrem Modell haben wir es mit einer Vielzahl möglicher Botschaften zu tun. Und der Empfänger wird selbst bedeutungsmächtig.

SCHULZ VON THUN: So ist es, genau. Der Empfänger hat, schon weil er einen selektiven Gebrauch von den eigenen vier Ohren macht, einen erheblichen Anteil daran, was er an sich heranlässt. Bei manchen Menschen ist beispielsweise das *Beziehungs-Ohr* auf Alarmempfang gestellt, was dazu führt, dass sie jede Äußerung, jeden Blick, jedes Lachen persönlich nehmen und sich sehr leicht beleidigt, kritisch beäugt oder ausgelacht fühlen – mit der Folge, dass sie eine Empathieschwäche entwickeln oder eine Behinderung für die Sachauseinandersetzung.

Hermeneutik des Hörers

PÖRKSEN: Der Kybernetiker und Konstruktivist Heinz von Foerster hat diesen Gedanken des selektiven Zuhörens einmal radikalisiert und von der *Hermeneutik des Hörers* gesprochen: Der Hörer, nicht der Sprecher, so seine Behauptung, bestimmt die Bedeutung einer Aussage.

SCHULZ VON THUN: So weit würde ich nicht gehen. Die Bedeutung dessen, was gesagt und gehört wird, und die mögliche Verständigung zwischen zwei Menschen erscheinen mir als ein Gemeinschaftsprodukt. Selbstverständlich beeinflusst auch der Sender in einem erheblichen Maße, was schließlich beim Empfänger ankommt. Und gerade deshalb lohnt es sich für ihn, seine eigene Kommunikationsfähigkeit zu vervollkommnen, um Missverständnisse, Fehldeutungen und Verzerrungen beim anderen weniger wahrscheinlich zu machen. Er strengt sich an, eine bestimmte Bedeutung beim anderen zu erzeugen. Und die Mühe lohnt sich ja nur, wenn dies auch Aussicht auf Erfolg hat, oder?

PÖRKSEN: Und doch ist die Interpretation des Zuhörers letztlich das entscheidende Urteil. Heinz von Foersters These war, dass wir erst aus dem Mund des anderen erfahren, was wir eigentlich gerade gesagt haben. Als er seine Formel von der Hermeneutik des Hörers einmal öffentlich präsentierte, war das Publikum ziemlich beunruhigt. Irgendwer rief schließlich: »Aber das ist doch Unsinn!« Foersters Reaktion: »Sehen Sie, der Hörer bestimmt die Bedeutung einer Aussage!« Alle mussten lachen.

SCHULZ VON THUN *(lacht)*: Ich gebe zu, dass dies eine hübsche Pointe ist, aber man darf die »Macht des Wortes«, die auf der Seite des Sprechenden liegt, nicht unterschätzen und mit einem Witz aus der Welt schaffen. Wenn ich zu Ihnen sage, was ich natürlich nie tun würde: »Herr Pörksen, Sie sind ein Saukerl!« Und Sie dann antworten: »Herr Schulz von Thun, das beleidigt mich jetzt!« Dann kann ich mich nicht damit herausreden, dass ich Ihnen die Verantwortung für Ihre vermeintlich rein private Bedeutungskonstruktion zuschiebe.

PÖRKSEN: Das würde bedeuten, dass der Sprecher sehr wohl dafür verantwortlich ist, was er sagt, aber der Empfänger wiederum für seine Reaktion die Verantwortung trägt. Und für beide gelten Konventionen, die jedoch selbst wieder individuell eingesetzt, ausgedeutet und verstanden werden.

SCHULZ VON THUN: Für seine *Reaktion* trägt der Sprecher die Verantwortung, jedoch nicht die Alleinverantwortung für die Bedeutung des Gesagten. In der Tat müssen Sie, das ist schon richtig, auf meine Saukerl-Äußerung nicht beleidigt reagieren. Sie könnten sich amüsiert zeigen oder auf den Gedanken verfallen, dass ich hier lediglich zu Illustrations- und Unterhaltungszwecken ein solches Beispiel wähle. Die Reaktion fällt damit klar in das Hoheitsgebiet des Empfängers. Aber diese Reaktion ist eben auch nicht völlig beliebig, sie ist ein Wechselwirkungsprodukt zwischen dem, was einer von sich gibt und wie der andere es aufnimmt.

Lob des Missverständnisses

PÖRKSEN: Wir haben bislang darüber gesprochen, was passiert, wenn wir reden und wenn wir zuhören, bevor wir selbst wieder reden. Was aber geschieht, wenn scheinbar gar nichts mehr passiert, wenn beide in einem Gespräch plötzlich ins Schweigen driften? Lässt sich Ihr Kommunikationsquadrat auch benutzen, um diese Form der sehr diffusen, undeutlichen Kommunikation besser zu verstehen?

SCHULZ VON THUN: Ich denke schon, denn prinzipiell lässt sich das Schweigen auch als eine Art von Äußerung betrachten. Allerdings: Um das Schweigen in seinen vier Botschaften zu verstehen, brauchen wir besonders vielfältige Kontextinformationen – und müssen genau erwägen: Wer sitzt da wem gegenüber? Wer schweigt? Was ist gerade vorgefallen? Welche Äußerungen werden in der gegebenen Situation erwartet, erhofft oder befürchtet? Auf welcher Ebene des Kommunikationsquadrats wird das Schweigen interpretiert? Deuten beide das Schweigen als einen Gesprächsabbruch? Hört jemand auf der Beziehungsebene eine Du-Botschaft heraus:»*Du* bist einer Antwort nicht würdig!« Oder wird das Schweigen mehr im Sinne einer Selbstkundgabe und im Sinne einer andächtigen Nachdenklichkeit aufgefasst, in die man mit einem Mal verfällt? Dann hieße die zentrale Botschaft, die sich hier ausdrückt:»Ich bin nachdenklich, bin noch nicht soweit. Was ich sagen möchte, ist im Moment noch nicht spruchreif.«

PÖRKSEN: Aber eine solche Kontextaufhellung braucht Zeit und setzt voraus, dass beide willens sind zu besprechen, was sie eigentlich meinen, wenn sie gerade vor sich hin schweigen. Das bedeutet doch, dass gelingende Kommunikation im Grunde genommen hochgradig unwahrscheinlich ist. Wir senden vielfältige, unklare Botschaften auf unterschiedlichen Ebenen. Wir empfangen selektiv und individuell empfindlich. Und selbst wenn wir schweigen, müssten wir erst wieder endlos sprechen, um zu entschlüsseln, was da gerade vor sich geht und tatsächlich gemeint ist. Eigentlich gleiten wir alle in einem mehr oder minder dunklen Universum dahin und aneinander vorbei. Und erst wenn wir uns erkennbar nicht verstanden haben, erst wenn das Missverständnis explizit wird, verstehen wir, wie wenig wir überhaupt von dem anderen wissen und begreifen. Das offene Missverständnis wäre dann – so betrachtet – die einzige paradoxe Chance des Verstehens und eines echten Austauschs.

SCHULZ VON THUN: Sie meinen, dass Kommunikation im Normalfall scheitert und wir dies nur nicht wirklich erkennen? Nun, dann wäre das ja ein ideales Betätigungsfeld für den Kommunikationspsychologen, den sonst kein Mensch wirklich bräuchte! Aber ganz im Ernst und unabhängig von meinen beruflichen Interessen: Ich schätze die Lage nicht so pessimistisch ein. Muss man sich nicht eher wundern, wie gut mancher Verständigungsprozess gelingt? Welchen Beitrag geglückte Kommunikation zu einem gelingenden Leben leistet? Ist es nicht eher erstaunlich, was schon ein kleines Kind alles lernt, mitkriegt und begreift? Aber in einem Punkt stimme ich Ihnen zu: Ein offenkundiges Missverstehen und Nicht-Verstehen enthält eine Klärungschance, die es vielleicht sonst nicht gegeben hätte. Man wird durch die Reaktion des Gegenübers veranlasst, noch einmal neu anzusetzen, die eigene Sicht noch einmal anders zu formulieren, sie prägnanter zu fassen.

PÖRKSEN: Taugt auch hier das Kommunikationsquadrat als Modell der Einordnung? Man könnte doch entsprechend der vier Seiten der Kommunikation auch vier Varianten des Missverständnisses ausfindig machen ...

SCHULZ VON THUN: Absolut richtig. Missverständnisse können auf jeder einzelnen der vier Seiten des Kommunikationsquadrats entstehen. Darf ich auch hier ein paar konkrete Beispiele liefern? Denken wir zunächst an ein Missverständnis, das sich rein auf der *Sachebene* abspielt: Meine Kollegin hat einmal zu mir gesagt, sie könnte mich gerne zu einer gemeinsamen Veranstaltung abholen, sie würde ohnehin mit dem Auto fahren. Ich stand dann zu Hause vor der Tür. Und wer nicht kam, war sie. Sie wiederum war zur Universität gefahren, um mich in meinem Büro abzuholen. Das ist ein rein sachliches Missverständnis. Dann gibt es Missverständnisse auf der *Ebene der Selbstkundgabe*. Beispiel: Jemand weint. Und ich deute sein Weinen als Traurigkeit, aber es sind Tränen der Wut, des Zorns. Das ist ein Unterschied, nicht wahr? Überdies finden wir – dies sind wahrscheinlich die häufigsten – Missverständnisse auf der *Beziehungsebene*. Man stelle sich vor, dass ein Chef in größerer Runde seinen Mitarbeiter auffordert, irgendwelche Amtsformulare aufgrund einer neuen Gesetzeslage zu ändern, eine mühselige, öde Tätigkeit, die aber doch ein hohes Maß an Detail-Genauigkeit verlangt: »Ach Herr Meyer, könnten Sie diese Formularänderungen übernehmen? Sie machen das immer so schön!« Herr Meyer fühlt sich vor den Kollegen blamiert und vorgeführt und denkt: »Für diese Idiotenarbeit bin ich gerade gut genug.« Aber es ist durchaus möglich, dass sein Chef eigentlich eine Würdigung und ein Lob formulieren wollte, keine Abwertung – ganz nach dem Motto: »Diese Arbeit erfordert jemanden, der akribisch bis in die Fußnote hinein ist.« Schließlich das Missverständnis auf der *Ebene des Appells*. Auch hier ein Beispiel: Die eigene, alt gewordene Mutter erzählt am Telefon, dass sie sich oft schon am Nachmittag alleine und einsam fühle. Und der Sohn am anderen Ende deutet dies als den Appell, endlich einmal wieder zu Besuch zu kommen, und reagiert unwirsch, weil dies eine lange Reise bedeuten würde. Aber womöglich ist dieser Appell überhaupt nicht intendiert. Vielleicht tut es ihr einfach nur gut, auszusprechen, wie ihr ums Herz ist.

Geschichte einer Idee

PÖRKSEN: Das heißt im Sinne einer kleinen Zwischenbilanz: Kommunikation hat vier Seiten. Und dementsprechend gibt es vier Botschaften, vier Varianten des Zuhörens, vier Formen des Missverständnisses. Das ist eine für Ihr Werk absolut entscheidende Idee, auf die Sie aber eher zufällig gestoßen sind. Und diese Idee war dann der Anfang von allem, was folgte. Aber ganz konkret und im Detail: Wie ist es überhaupt zur Entwicklung des Kommunikationsquadrats gekommen?

SCHULZ VON THUN: Dazu muss man wissen, dass mein Lehrer, der Hamburger Psychologe Reinhard Tausch, Ende der 6oer Jahre einen aufregenden Befund veröffentlicht hatte: Eltern und Pädagogen benehmen sich, so schrieb er, gegenüber Kindern häufig bevormundend, autoritär, alles andere als respektvoll und insgesamt wenig partnerschaftlich – eine Situation, die einem demokratischen Miteinander nicht zuträglich ist und die ein Obrigkeitsdenken zementiert. Auch die Leute von British Petroleum (BP) in Blankenese hatten von dieser Untersuchung gehört und meldeten sich eines Tages bei Reinhard Tausch. Man habe von seinem Ansatz und seinen Trainingskursen erfahren, so hieß es. Und man müsse leider sagen, dass auch die eigenen Führungskräfte noch ganz von der alten Schule seien. Man bitte ihn daher darum, eigene Trainingskurse für sie zu entwickeln, die eine weniger autoritäre Kommunikation fördern würden. Tausch wiederum gab diesen Auftrag an seine Assistenten weiter. Und so kam es, dass meine Kollegen Bernd Fittkau und Inghard Langer, die damals bereits promoviert waren, und ich als frischgebackener Diplompsychologe gemeinsam eine Veranstaltungsserie konzipierten. Irgendwann tauchte unter uns Seminarleitern die Frage auf: Kriegt auch der Juniortrainer dasselbe Honorar? Dies wurde schlussendlich bejaht, aber mir wurde im Gegenzug auferlegt, den Grundvortrag zur Kommunikationstheorie zu entwerfen und zu halten. Das war natürlich eine leicht irrwitzige Situation: Gerade der Neuling sollte die dominante Rolle übernehmen!? Aber so war nun mal unsere Verabredung. Und so ging ich dann in die Bibliothek und habe versucht herauszufinden, was die erlauchten Geister dieser Welt eigentlich zum Thema zu sagen hatten.

PÖRKSEN: Glauben Sie, dass diese besondere Erkenntnissituation, diese Verbindung von Theorie und Praxis, von Abstraktion und Anschauung intellektuell besonders produktiv ist? Man wird doch gerade durch den Zwang zur Verständlichkeit, zur Pointierung und zur konkreten Hilfestellung besonders herausgefordert. Das ist ein eigenes gedankliches Reizklima.

SCHULZ VON THUN: Stimmt. Denn wissenschaftliche Erkenntnisse sind ja häufig nicht für die unmittelbare Umsetzung konzipiert. Und wer sie anwendungsfähig machen und Wissen schließlich in Können verwandeln möchte, der muss lernen, erfahrungsnah zu formulieren und auf metatheoretische Absicherungsverbeugungen gegenüber den universitären Kollegen zu verzichten. Plötzlich wird vonseiten der Praktiker, die keine akademischen Interessen verfolgen, die Frage gestellt: Was habt ihr Uni-Leute überhaupt zu bieten, was für unsere besondere Situation relevant sein könnte? Wie lässt sich denn nun ganz konkret ein anderer Umgang einüben, eine andere Kultur der Kommunikation entwickeln? Diese Provokation vonseiten der Praktiker fordert dem Wissenschaftler etwas anderes ab als das, was er sonst gewohnt ist.

PÖRKSEN: Man wird, wenn ich richtig sehe, zum Neu- und Andersdenken regelrecht gezwungen. Es entsteht eine Reibung von Theorie und Praxis, die für den Wissenschaftler selbst äußerst produktiv sein kann – und wieder auf die eigene Arbeit zurückwirkt. Auch Ihr eigenes Modell ist aus einer solchen Zwittersituation heraus entstanden ...

SCHULZ VON THUN: ... und zwar zunächst als ein ganz beiläufig entwickeltes Kombinationsprodukt: Ich entdeckte in der Bibliothek den damals fast vergessenen Sprachpsychologen Karl Bühler, der in seinem Organon-Modell drei Aspekte der Sprache (Symbol, Symptom, Appell) beschrieb, und das erschien mir sofort einleuchtend und sehr bedeutsam. Aber es fehlte bei Bühler genau das, was mein Lehrer Reinhard Tausch bei den Pädagogen thematisiert und skandalisiert hatte: dass sie in dem Ton, den sie gegenüber Kindern und Jugendlichen anschlugen, Wertschätzung und Respekt vermissen ließen. Diesen *Beziehungsaspekt* (»Wie fühle ich mich behandelt durch die Art, wie du mit mir sprichst?«) fand ich dann bei Paul Watzlawicks Unterscheidung von Inhalts- und Beziehungsaspekt in der Kommunikation aufgehoben.

PÖRKSEN: Können Sie diese Fusion dieser verschiedenen Ideen von Karl Bühler, Reinhard Tausch und Paul Watzlawick zu einem eigenen Modell noch genauer erläutern? Welcher Autor leistete welchen Beitrag?

SCHULZ VON THUN: Karl Bühler schrieb, die Sprache sei *Symbol* im Hinblick auf die wirkliche Welt, sie sei *Symptom* im Hinblick auf den Sprecher und *Appell* im Hinblick auf den Angesprochenen. Paul Watzlawick formulierte in seiner Kommunikationstheorie ein Axiom, das besagt, dass jede Kommunikation einen Inhalts- und einen Beziehungsaspekt habe. Und er meinte mit dem Verweis auf den Beziehungsaspekt im Grunde genommen alles drei: die Beziehung, aber auch die Dimension des Appells und der Selbstkundgabe. Und so habe ich Bühler und Watzlawick zusammengeführt, wobei der sehr umfassende Beziehungsaspekt von Watzlawick bei mir enger und spezifischer gefasst ist, nämlich die erwähnte Dimension von Tausch anzielt.

PÖRKSEN: Der Charme dieses Modells besteht für mich darin, dass es Einfachheit und Tiefe kombiniert: Es ist leicht zu begreifen, erlaubt es aber auch, zwischenmenschliche Konflikte, Störungen und Ausbrüche aus ihrer Entstehungsgeschichte heraus zu verstehen und sie in ihrer Komplexität zu durchdringen. Und man bekommt ein Instrumentarium an die Hand, das es zumindest möglich macht, manche Verbiesterung aufzulösen. Wann ist Ihnen selbst die Bedeutung des Kommunikationsquadrats deutlich geworden?

SCHULZ VON THUN: Eigentlich erst mit der Zeit! Zunächst war es ja keine besondere Leistung, Bühler und Watzlawick zusammenzufügen.

Aber je länger ich damit arbeitete und je öfter Modell und Mensch, Modell und Praxis zueinanderfanden, umso deutlicher hörte ich die Musik, die in diesem schlichten Quadrat erklingt. Anders gesagt: Das Quadrat war schnell zusammengebastelt, aber sein Potenzial erkannte ich erst nach und nach. Ich erinnere mich noch, dass ich noch Jahre nach den ersten Seminaren bei BP in mein Tagebuch schrieb: »Ich habe *meine* Psychologie noch nicht gefunden.« Ist das nicht merkwürdig? Ist das nicht ein erstaunlicher Satz für jemanden, der mit dem Kommunikationsquadrat gerade eine Möglichkeit gefunden hat, dem ganzen Thema seine eigene Handschrift zu geben? Aber das ist eben der Unterschied zwischen einer publikationsfähigen Abstraktion und einer Erkenntnis, in die man sich wirklich hineingelebt hat: Erst diese kann eine identitätsstiftende Kraft entfalten.

Von Menschen und Maschinen

PÖRKSEN: Was mir auffällt, wenn man sich mit der Geschichte und der Verwandlung Ihres Modells beschäftigt, ist, dass sich die zentrale Begrifflichkeit ändert. Zu Beginn verwenden Sie eher hart und technisch klingende Ausdrücke: Signal, Nachricht, Feedback, Rückkopplung [Abb. 2]. Schließlich kommt es in Ihren Aufsätzen und Büchern zu einer allmählichen Vermenschlichung der Terminologie. Und irgendwann ist dann von den *vier Schnäbeln* die Rede und von den *vier Ohren* eines Menschen, der zuhört und aus dem Vierklang der Botschaften auswählt [Abb. 3].

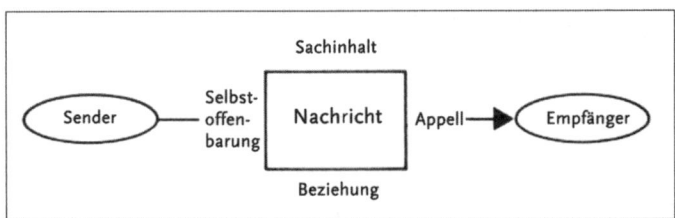

Abb. 2: Das Modell des Kommunikationsquadrats im Stadium seiner Erstveröffentlichung im Jahre 1977

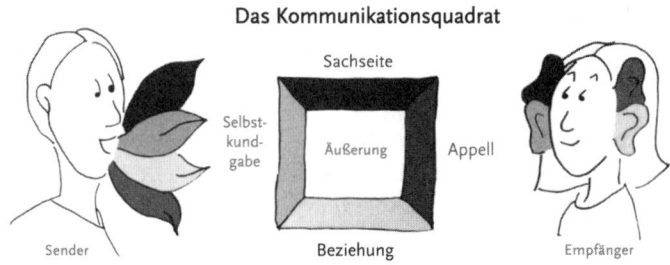

Das Kommunikationsquadrat

Abb. 3: Das Modell des Kommunikationsquadrats in seiner gegenwärtigen Gestalt

SCHULZ VON THUN: Das ist gut beobachtet. Ich habe tatsächlich zunächst in einer fragwürdigen Anlehnung an die kybernetische Nomenklatur vom *Senden* und von einer *Nachricht* geredet und in meinem ersten Vortrag zwischenmenschliche Kommunikation zunächst als einen Regelkreis beschrieben, Begriffe wie *Messfühler, Entscheidungselement* und *Stellglied* verwendet, von einem *Kommunikationskanal* und einer *Feedbackschlaufe* gesprochen – all dies ein Wort- und Begriffsfeld, das aus der Kybernetik stammt, der damaligen Leitdisziplin, die zu dieser Zeit ein ähnliches Ansehen genoss wie heute die Neurowissenschaft. Warum diese Begrifflichkeit damals? Vermutlich war diese Übernahme von dem Wunsch beseelt, sich als besonders wissenschaftlich zu erweisen. Beim Thema Kommunikation kann und will ja jeder Hans und Franz mitreden – da muss man, um als Wissenschaftler Ehrfurcht zu erwecken, eine höher gestochene Terminologie zu bieten haben, oder? Möglich auch, dass die begriffliche Anleihe aus der Welt der Technik eine Machbarkeit suggeriert – und diese Machbarkeitsverheißung kommt immer gut an, jedenfalls bei Männern.

PÖRKSEN: Der Kulturkritiker Ivan Illich hat eine derartige metaphorische Anwendung der kybernetischen Begrifflichkeit stets verdammt. Immer wieder erzählte er, dass er eines Tages einer jungen Amerikanerin, die bei ihm zu Gast war, ein zweites Glas Apfelsaft anbot. Und diese junge Frau habe geantwortet: »Nein, ich kann meinem System nicht auf einmal derart viel Zucker zuführen. Es gerät sonst aus dem Gleichgewicht.« Für Illich war das eine letztlich diabolische Geschichte – ein Mensch, der sich als kybernetisches System beschreibt und sich als eine entkörperte Existenz begreift, schon fast selbst eine Maschine, Opfer einer totalitär wuchernden Terminologie. Es muss ja nicht gleich ganz so dramatisch zugehen wie bei Ivan Illich, aber meine Frage ist doch: Gibt es für Ihren eigenen Begriffswandel ein Schlüsselerlebnis?

SCHULZ VON THUN: Das nicht, aber es ist eine reale Gefahr, dass die Übertragung technisch-mechanischer Denkmodelle in die menschliche Sphäre eine Wirklichkeit erzeugt, die selbst immer technischer und mechanischer wird. Die Begrifflichkeit, die man verwendet, hat zumindest Einfluss auf das eigene Selbstverständnis, auch wenn sie einen vermutlich nicht gleich selbst in eine Maschine verwandelt, nur weil man sich einmal mithilfe der entsprechenden Begriffe beschreibt. Aber eine kritische Wachsamkeit erscheint mir doch ganz angebracht, eben auch weil in der kybernetischen Terminologie ein Kontrollbedürfnis steckt: Was man modellieren und entsprechend abbilden kann, lässt sich dann auch steuern; das ist der Grundgedanke.

PÖRKSEN: Wann ist Ihnen diese Suggestion von Kontrolle und Machbarkeit selbst deutlich geworden?

SCHULZ VON THUN: Ich kann leider nicht von einem ähnlich konkreten Erweckungserlebnis berichten wie Ivan Illich, es war mehr ein schleichender Zweifel, der in mir wach wurde: Wieso, so habe ich mich gefragt, sollte ich für menschliche und zwischenmenschliche Vorgänge eigentlich eine derart mechanische Begrifflichkeit verwenden? Taugt diese tatsächlich für meinen eigenen Gegenstand, die Kommunikation? Warum den Begriff der Nachricht gebrauchen? Ist die Nachricht nicht das, was man vor dem Wetterbericht im Radio hört und einem eher sachlich-neutral vermittelt wird? Warum überhaupt davon sprechen, dass jemand *sendet*? Warum nicht davon reden, dass er das Wort ergreift, sich äußert? Schließlich ist Kommunikation ein energetischer Prozess, ein Geschehen von Mensch zu Mensch und Herz zu Herz, das sich schwer fassen und unser Kontrollbedürfnis ins Leere laufen lässt.

PÖRKSEN: Aber suggeriert nicht auch Ihr eigenes Modell die Durchschaubarkeit und Steuerbarkeit von Kommunikation? Ist diese Suggestion nicht auch ein Erfolgsgrund? Frei nach dem Motto: Hier haben wir eine Äußerung; nun zerlegen wir diese Äußerung in vier Elemente und ordnen sie der richtigen Ebene zu. Und wenn wir sie erfolgreich zerlegt und analytisch zerbröselt haben, wissen wir, was eigentlich los ist und können das Undeutliche, Rätselhafte, Diffuse einer zwischenmenschlichen Begegnung erfolgreich zurückdrängen, einordnen, domestizieren. Ihr eigenes, verborgenes Axiom der Kommunikation hieße dann, dass derjenige, der Kommunikation analysiert und alle in ihr enthaltenen Botschaften expliziert, glücklich wird. Kurz und knapp: *Klarheit und Wahrheit sind der Weg zum Glück.*

SCHULZ VON THUN: Um Himmels willen, nein! Es besteht wohl die Gefahr, dass mein Kommunikationsquadrat als eine Aufforderung missverstanden wird, möglichst alle vier Botschaften stets explizit zu formulieren, das Implizite jederzeit und möglichst umfassend deutlich zu machen. Das kann in manchen Momenten eines verqueren oder schwierigen Gesprächsverlaufs eine heilsame Option sein – gut, wer es dann kann! Aber als gültige Norm würde das Gebot zur vierdimensionalen Explizitheit das menschliche Miteinander zumindest sehr umständlich machen, wenn nicht sogar plump und grell um alle Feinheiten berauben. Zur wahren Meisterschaft gehört auch die Kunst der indirekten Kommunikation, die es ermöglicht, das eigentlich Gemeinte zwischen den Zeilen so anklingen zu lassen, dass der andere dies an sich heranlassen kann, ohne gleich reagieren zu müssen.

Anwendung eines Modells

PÖRKSEN: Aber wozu dient das Kommunikationsquadrat, wenn nicht zur Aufhellung und Einordnung dessen, was passiert?

SCHULZ VON THUN: Ich habe einmal geschrieben, dieses Modell soll helfen, kommunikativ musikalisch zu werden, aber nicht als Richtschnur für die richtigen, korrekten Töne dienen. Wenn ich die Harmonielehre studiert habe, wenn ich weiß, welche Prinzipien da wirksam sind, dann kann ich besser komponieren und improvisieren. Das ist ein ganz zentraler Punkt: Das Kommunikationsquadrat hat den Zweck, die eigene Sensibilität zu steigern und im Bedarfs- und Konfliktfall die Analyse zu ermöglichen und das gerade Mitschwingende in Worte zu fassen – aber ich schlage kein ideales Kommunikationsschema vor.

PÖRKSEN: Nochmals nachgefragt: Sie liefern mit diesem Modell keine Checkliste für die korrekte Kommunikation?

SCHULZ VON THUN: Keineswegs, es ist ein analytisches, kein normatives Modell. Es passiert allerdings zuweilen, dass jemand aus meinen Modellen und Büchern Richtlinien und Maßstäbe der Kommunikation herausdestilliert, deren Nicht-Erfüllung er dann anderen vorwirft und ankreidet. »Hätten Sie Schulz von Thun gelesen, dann würden Sie so nicht reden! Keine Du-Botschaften verwenden, nur in der Ich-Form sprechen!« Wenn ich so etwas mitbekomme, dann denke ich: Um Gottes willen, was habe ich nur angerichtet? Das ist für den Erfinder ein schmerzlicher Moment, wenn man so etwas mitkriegt. Die Musterschüler der eigenen Lehre erscheinen einem dann plötzlich als Geisterfahrer, die zwar auf meiner Spur fahren, aber in die falsche Richtung.

PÖRKSEN: Aber man könnte doch argumentieren, dass das Kommunikationsquadrat zumindest einen heimlichen Zerlegungsauftrag enthält, einen verborgenen Aufruf zur Zergliederung und analytischen Einordnung. Meine Frage: Haben Sie nicht Angst davor, dass mancher Schüler auf den Gedanken kommt, noch jede poetisch-romantische Äußerung zu zerlegen und aufzuhellen – und sie eben dadurch zu zerstören?

SCHULZ VON THUN: Jedenfalls hoffe ich, nicht zu einem solchen Fehlverständnis beigetragen zu haben. Die Zerlegung einer Äußerung in ihre vier Botschaften ist sinnvoll im Übungsseminar, mit dem Ziel, musikalischer zu werden im Hören von Ober- und Untertönen. Und man kann dieses Modell auch als ein Werkzeug der Selbstklärung gebrauchen – gerade vor schwierigen Gesprächen. Es lässt sich benutzen, um herauszufinden: Wie sehe ich den Sachverhalt, was ist meine sachliche Botschaft, bin ich mir wirklich klar darüber? Was geht in mir selbst im Hinblick auf das Gesprächsthema vor, wie würde meine Ich-Botschaft lauten? Wie stehe ich in dieser Angelegenheit zu dir? Wie lautet die Du-Botschaft, mit der ich dir etwas vorhalte oder vorwerfe? Oder was rechne ich dir hoch an? Und was ist mein Appell? Was fordere ich, worum bitte ich dich, was empfehle ich dir? Je bewusster und sensibler ich hier werde, umso bewusster und sprachfähiger kann ich dann bei Bedarf und in der konkreten Situation entscheiden, ob und wann ich die Ebene wechseln will. Aber noch einmal: Was in einem Übungsseminar zur Gesprächsführung Sinn macht, enthält keine Verhaltensanweisung für die Kontaktgestaltung auf der freien Wildbahn des Lebens.

PÖRKSEN: Damit stellt sich – ganz grundsätzlich – die Frage, in welcher Weise Sie Ihr Modell verstanden und benutzt wissen wollen. Gewiss nicht als eine Verhaltensschablone, die den Reichtum der Kommunikation durch Normierung zerstört. Gewiss nicht als eine Aufforderung zur Dauerkategorisierung und fortwährenden Analyse. Natürlich lässt sich ohnehin nicht kontrollieren, was irgendwo in der Welt mit den eigenen Ideen und Einfällen geschieht, wie diese aufgenommen und verwendet werden. Aber mögen Sie doch zum Schluss eine Art Wunschprogramm formulieren?

SCHULZ VON THUN: In jedem Fall ist mir wichtig, zwischen einer Sensibilisierungsübung und einer Verhaltensempfehlung zu unterscheiden. Es *kann* in manchen kritischen Gesprächssituationen des Lebens aussichtsreich und stimmig sein, die unterschwelligen Beziehungs-, Selbstkundgabe- und Appellbotschaften direkt anzusprechen, sie zu erfragen, um auf diese Weise »quadratische Klarheit« zu erlangen. Und es *kann* im Bedarfsfall sinnvoll und stimmig sein,[1] die Ebene zu wechseln – und sich zu fragen: Wie wäre es, wenn ich zum Beispiel von der Beziehungsebene einmal auf die Appellebene wechseln und statt der Vorwürfe eine erfüllbare Bitte vortragen würde? Und wenn ich mein Gegenüber einladen würde, einen solchen Wechsel vorzunehmen, wenn das Gespräch festzufahren droht? Ein solches Umschalten, von der Quadratur des Modells angeregt, kann ein wahrer Segen sein. Zum Beispiel wenn man beginnt, bewusst mit einem anderen Ohr zuzuhören. Was ist, wenn man nicht mehr nur die beleidigenden Angriffe hört, sondern mit einem Mal die Not des anderen dahinter spürt und sich eben nicht reflexartig verbeißt und versteift? – Möge das Kommunikationsquadrat ein Bewusstsein von der Simultanität des Geschehens befördern mit vierfachem Spürsinn und mit der Fähigkeit, in schwierigen Momenten die Ebene gezielt zu wechseln und dafür alle vier Schnäbel und alle vier Ohren zur Verfügung zu haben. Das ist alles, nicht mehr und nicht weniger.

---

1 Das Ideal der Stimmigkeit wird im vierten Kapitel genauer erläutert.

2 Maximen der Verständlichkeit

Die Praxis der Parodie

PÖRKSEN: Vor etlichen Jahren veröffentlichte der Physiker Alan Sokal in der Zeitschrift *Social Text* einen Aufsatz und löste einen amüsanten Skandal aus. Die Naturgesetze, so schrieb er, seien die Erfindung toter weißer Männer; in Wahrheit sei alles relativ. Die geometrische Konstante Pi sei eigentlich eine Variable; die Quantenfeldtheorie bestätige die psychoanalytischen Einsichten von Jacques Lacan. Und so weiter. Der pompöse Titel seines Textes lautete: »Grenzüberschreitung: In Richtung einer transformativen Hermeneutik der Quantengravitation«. Kennen Sie diesen Essay von Alan Sokal?

SCHULZ VON THUN *(lacht)*: Nein, aber das klingt ja wirklich großartig: eine »transformative Hermeneutik der Quantengravitation.« Darauf muss man erst einmal kommen ... wundervoll, herrlich! Da packt einen sofort die Leselust. Aber worin bestand der Skandal? Handelte es sich um eine Parodie, die niemand auffiel und die man zunächst nicht als solche entdeckte?

PÖRKSEN: Ganz genau. Der Skandal bestand darin, dass Alan Sokal reinen Quatsch zusammengeschrieben hatte, der dann aber tatsächlich als seriöser Beitrag eines Physikers publiziert worden war. Sein ganzer Essay ist eine wilde Mischung aus unverständlicher Fachterminologie, Quantenphysik und New-Age-Philosophie. Kaum war sein Text veröffentlicht, hat sich Alan Sokal dann zum Entsetzen der Zeitschriftenherausgeber selbst entlarvt.

SCHULZ VON THUN: Und nun wollen Sie von mir wissen, ob ich mich selbst als Parodist der Wissenschaft betätigt habe?

PÖRKSEN: Nicht direkt. Meine Frage ist eher, wie Ihr eigener Vermittlungsstil entstanden ist. Sie selbst vermeiden ja ganz bewusst jeden Expertenjargon und reden und schreiben möglichst verständlich und anschaulich.

SCHULZ VON THUN: Und doch gibt es – ohne dass es mir gleich gelungen wäre, einen Skandal auszulösen und für großes Aufsehen zu sorgen – ein Erlebnis der Parodie von Wissenschaft, das allerdings schon lange zurückliegt. Ende der 6oer Jahre gaben einige Studenten und Dozenten der Psychologie Volkshochschulkurse, inspiriert vom antiautoritären Klima jener Zeit. Ich gehörte zu dieser Gruppe. Und wir kamen auf die glorreiche Idee, dass ich einen Vortrag halten sollte, den wir dann im Nachhinein als hochgestochenen Nonsens entlarven wollten. Unser Ziel war es, einen Ehrfurchtsreflex auszulösen und diejenigen, die andächtig zuhörten und alles über sich ergehen ließen, als angepasste junge Menschen vorzuführen, die ihren kritischen Geist vorschnell ausschalten.

PÖRKSEN: Wie sind Sie vorgegangen?

SCHULZ VON THUN: Ich benutzte höchst komplexe verbale Konfigurationen, verwendete nach Kräften Fachausdrücke und Fremdwörter, tat aber gleichzeitig immer so, als seien diese jedem auch nur äußerst bescheiden gebildeten Menschen geläufig. Die Begleitbotschaft meines Nonsens-Vortrags lautete: »Das versteht ja jeder!« Und tatsächlich protestierte zunächst niemand; vielleicht weil wirklich niemand bemerkte, dass es sich um Unsinn handelte, eventuell aber auch, weil sich niemand traute, dies zu äußern. Aber als wir unseren Zuhörern dann schließlich ihre Autoritäts- und Expertengläubigkeit vorhielten, ihnen ihr Duckmäusertum vorwarfen und alles als Parodie offenbarten, wurden sie richtig böse. Und dies natürlich zu Recht. Niemand im Publikum fand unsere Vorgehensweise sonderlich witzig.

PÖRKSEN: Sie haben dann in den folgenden Jahren, gemeinsam mit Ihren Kollegen Inghard Langer und Reinhard Tausch das Buch *Sich verständlich ausdrücken* geschrieben. In diesem Buch heißt es gleich zu Beginn: »Eines Tages werden Textautoren, Lehrer, Professoren, Techniker und Politiker es kaum noch wagen, sich kompliziert auszudrücken. Denn Leser bzw. Hörer werden es sich nicht mehr bieten lassen, unnötig kompliziert informiert zu werden, weil sie wissen, dass Text- und Reden-Gestalter sie nachlässig behandeln, sie gar missachten oder sich nicht die Mühe machen zu lernen, sich verständlich auszudrücken.« Verständlich reden und schreiben bedeutet für Sie, dass man dem anderen Zugang zu einer ursprünglich verschlossenen Welt eröffnet, Beteiligung ermöglicht, Kommunikationsbarrieren einreißt. Ganz praktisch gefragt: Wie macht man das?

SCHULZ VON THUN: Das von Ihnen erwähnte Buch ist in erster Auflage 1974 erschienen, und ich muss an dieser Stelle meiner beiden Seniorautoren gedenken, beide (Reinhard Tausch und Inghard Langer) sind in 2013 gestorben. – Ja, wie macht man das? Wir wollten das damals erforschen. Wir nahmen uns Texte aus verschiedenen Lebensbereichen vor, etwa Versicherungsverträge, Fachaufsätze, Bedienungsanleitungen, aus Schulbüchern und aus der Straßenverkehrsordnung. Dann baten wir Textautoren, beispielsweise Lehrer, diese Texte anders zu formulieren und aufzubauen, mit dem Ziel besserer Verständlichkeit. Dadurch hatten wir dann mehrere Textversionen mit dem gleichen Informationsziel. Zum Beispiel Unterrichtstexte für Schüler, in denen die Begriffe Diebstahl, Raub, Hehlerei, Begünstigung und Unterschlagung erklärt wurden. Diese Texte ließen wir von Lesern anhand vorgegebener Merkmale auf rund 20 Skalen einschätzen, zum Beispiel interessant – langweilig, stark gegliedert – wenig gegliedert. Und dann legten wir die verschiedenen Texte nach dem Zufallsprinzip etwa hundert Schülern vor – und testeten mit Prüfungsfragen, wie viel sie verstanden und behalten hatten. Wie erwartet stellte sich heraus, dass einige Texte erfolgreicher waren als andere, gemessen an den Testergebnissen. Sodann untersuchten wir, welche Textmerkmale für den Erfolg bzw. Misserfolg ausschlaggebend waren.

Die vier Verständlichmacher

PÖRKSEN: Das ist das empirische Vorgehen auf der Suche nach einem Verständlichkeitsrezept: Man schaut, was sich tatsächlich abspielt, wenn gelesen wird. Nicht mehr der Autor erscheint damit, wenn ich richtig sehe, als die entscheidende Autorität der Textverständlichkeit, es ist der Leser, der über all dies richtet. Wie sind Sie dann von der Empirie zur Praxis gelangt, von der Beobachtung zur Norm?

SCHULZ VON THUN: Entscheidend war, dass wir schließlich vier Schlüsselmerkmale der Verständlichkeit entdeckten. Wir nannten sie Einfachheit, Gliederung/Ordnung, Kürze/Prägnanz und zusätzliche Stimulanz. *Einfachheit* besagt, dass es besser ist, geläufige, anschauliche Wörter zu verwenden und eher kurze, einfach gebaute Sätze. Der Ratschlag lautet somit: »Sprich wie ein Mensch und nicht wie ein Universitätsgelehrter!« *Gliederung/Ordnung* bezieht sich auf den Bauplan des Textes. Hier geht es um den roten Faden, die sichtbare und erkennbare Logik, die klare Unterscheidung von Wichtigem und Unwichtigem und die innere Folgerichtigkeit. Es gilt immer wieder deutlich zu machen, wo man sich gerade befindet und worauf man eigentlich hinaus möchte: »Da sind wir jetzt gerade!« »Und da wollen wir hin!« *Kürze/Prägnanz* steht für die Anforderung, eine gute Balance zwischen einer ermüdenden, den lebendigen Dialog abtötenden Weitschweifigkeit und einer allzu knappen, allzu gedrängten Ausdrucksweise zu entdecken. Das Wesentliche noch einmal in leicht erinnerbaren Formulierungen und Wendungen auf den Punkt zu bringen, das wäre hier die Kunst. *Zusätzliche Stimulanz* (ich spreche heute lieber von *Verlebendigung*) meint, dass es angebracht sein kann, auf kreative, witzige Formulierungen, anregende Metaphern, Geschichten und lebensnahe Beispiele zurückzugreifen. Hier darf man allerdings des Guten nicht zu viel tun, sonst leiden Struktur und Prägnanz.

PÖRKSEN: Gelten diese Schlüsselmerkmale der Verständlichkeit auch für die Wissenschaft selbst? Der Sprachwissenschaftler Heinz Kretzenbacher hat einmal behauptet, das wissenschaftliche Schreiben werde von einem *Ich-Tabu*, einem *Erzähltabu* und einem *Metapherntabu* regiert. Man muss die eigene Person aus den Texten verbannen, sollte die Verwendung kreativer, poetischer Metaphern besser sein lassen. Und man darf keine Geschichten erzählen. Das ist, wenn ich Ihnen folge, eigentlich eine akademische Selbstverpflichtung zur Unverständlichkeit.

SCHULZ VON THUN: Empirisch hat der Sprachwissenschaftler Recht, diese drei Tabus sind tatsächlich auf Kongressen und in Fachzeitschriften wirksam. Aber als Norm sollten wir das nicht akzeptieren, sondern diese Tabus unterlaufen. Das heißt nicht, dass man mit dem Ideal der Objektivität völlig brechen und das »Ich« zum Hauptwort in einer wissenschaftlichen Publikation erheben sollte. Aber die Person des Autors darf doch auch nicht völlig fehlen. Denn wenn diese Person als handelndes, forschendes und erkennendes Subjekt hervortritt, wird der subjektive Anteil einer objektivierenden Betrachtung kenntlich und Wissenschaft als ein lebendiger, menschlicher Prozess erfahrbar. Und dieser subjektive Anteil ist doch auch ein Teil der Wahrheit, der sich mit dem Wörtchen »Ich« gut verdeutlichen lässt. Was ist nun mit dem Metapherntabu und dem Erzähltabu? Natürlich reden wir hier auch über Fragen des persönlichen Stils und des Geschmacks, aber sofern eine wissenschaftliche Publikation oder ein Kongressvortrag nicht nur objektive Fakten und Zusammenhänge sprachlich abbilden will, sondern auch wissenschaftliche Mitmenschen erreichen und ihnen etwas nahebringen möchte, sofern also eine zwischenmenschliche Kommunikation intendiert ist (und was sollte es sonst sein?), sind verständnisfördernde Mittel dringend geboten, und gute Metaphern gehören erstrangig dazu, vielleicht auch hin und wieder eine Geschichte. Die Kunst, über die Köpfe hinweg zu sprechen, etwa durch das Ablesen hochgestochen formulierter Manuskripte, ist leider immer noch weit verbreitet und verödet den wissenschaftlichen Dialog. Aber ich glaube, ein bisschen tut sich da etwas.

PÖRKSEN: Aber muss wirklich alles für alle verständlich sein? Als ich Ihr Buch über die Verständlichkeitsforschung las, hatte ich gelegentlich den Eindruck, Sie wollten auch die wissenschaftliche Fachsprache abschaffen und jeden vergrübelten Philosophen so lange triezen, bis er auch in seinen Träumen nur noch schlichte, glasklare Aussagesätze formuliert. Mein Einwand: Wer einen schwer verständlichen Sprachgebrauch kritisiert, der muss doch vor allem die Verwendungssituation beachten. Eine sinnvolle Sprachkritik ist bei genauerem Hinsehen eigentlich immer *Kritik der Sprachverwendungssituation*. Um nun auch ein Beispiel zu verwenden: Das Problem ist doch nicht der Arzt, der mit seinen Fachkollegen in der entsprechenden Terminologie disputiert. Das Problem ist, wenn dieser Arzt die entsprechenden Begriffe fachextern bzw. gegenüber seinen Patienten gebraucht, die ihn dann, wenn er über sie und ihre Krankheiten spricht, nicht mehr verstehen können.

SCHULZ VON THUN: Das ist ein guter Punkt, stimmt. Das zentrale Kriterium, um über die Verständlichkeit von Kommunikation zu entscheiden, muss stets die Frage nach der Stimmigkeit und nach den Besonderheiten der Situation sein. Was ist für welches Publikum in welcher Situation verständlich oder eben unverständlich? Dieses Primat der Stimmigkeit steht immer über allem. Wir haben dies, da würde ich Ihnen recht geben, damals nicht betont. Aber das war aus meiner Sicht nicht nur schlecht, denn erst einmal ging es darum, ein einfach gehaltenes Modell zu entwerfen und erst einmal zu sagen: »Liebe Lehrer, liebe Professoren, liebe Verfasser von Behördenschreiben, liebe Autoren eines Versicherungsvertrags, bitte beachtet, dass es Möglichkeiten gibt, die Verständlichkeit von Texten zu erhöhen. All dies lässt sich lernen, all dies lässt sich trainieren!« Die vier Schlüsselmerkmale erschienen uns damals als ein gerade noch verkraftbares, in sich geschlossenes Konzept, das wir auch praktikabel machen konnten, nämlich durch Trainingsprogramme, in denen man lernte, eine vierdimensionale Verständlichkeitsdiagnose durchzuführen und sodann die Fähigkeit, einen Text in vierfacher Weise besser zu gestalten. Ein allzu kompliziertes Modell hätte dieses Anliegen erschwert.

Karl Poppers Bosheiten

Pörksen: Das leuchtet mir ein: Man muss auf sofort verständliche, unmittelbar griffige Weise für das Ideal der Verständlichkeit werben. Und doch bleibt ein Unbehagen. Vielleicht hilft hier erneut ein Beispiel: Der Philosoph Karl Popper hat einmal einen Artikel *Wider die großen Worte* verfasst, in dem er mit Theodor W. Adorno, Ernst Bloch und Jürgen Habermas abrechnet. Popper klagt über ihren »schwer verständlichen Schwulst«, er attackiert Trivialitäten im Gewand einer hochtrabenden Sprache und er »übersetzt« die oftmals sehr dunklen Sätze seiner Philosophenkollegen auf äußerst boshafte Weise. Man hat schließlich den Eindruck, dass nach erfolgter Übersetzung und nachdem alle Luft aus den Wortballons entwichen ist, gar keine Substanz mehr übrig bleibt. Das ist einerseits lustig, andererseits auch ein wenig primitiv, geleitet von einem polemischen Affekt, der den Eigenwert einer erst einmal etwas rätselhaften Ausdrucksweise überhaupt nicht anerkennen kann. Daher die Frage: Wird man nicht – die Verständlichmacher im Kopf – dazu verleitet, die eigene Schönheit und Anziehungskraft einer komplizierten, zunächst aber unklar erscheinenden Sprache zu übersehen?

Schulz von Thun: Ich muss gestehen, dass ich Ihr Unbehagen gut nachvollziehen kann, denn es existieren tatsächlich wirklich sehr unterschiedliche Sphären der Kommunikation. Der Fachmann, der für den Laien schreibt, sollte sich unbedingt verständlich machen können, hier ist der Kotau vor den vier Schlüsselmerkmalen der Verständlichkeit angebracht. Denn sonst entsteht eine zunehmende Verzweiflung, ein Nägelbeißen – und man will eigentlich am liebsten zu einer Handgranate greifen, um diesen einen, so wahnwitzig undurchdringlichen Text zu vernichten. Aber in der Sphäre, von der Sie nun sprechen, kann der sprachliche Akt der Vermittlung ein eigenes Kunstwerk darstellen. Kann! Die Prüfung möge dann ergeben, ob Popper mit seinem Verdacht, es handele sich um substanzarmes Geschwurbel, ganz recht hat. Oft hat er recht, ebenso wie der geniale Karl Kraus recht hatte: »Es genügt nicht, keinen Gedanken zu haben, man muss auch unfähig sein, ihn auszudrücken!« Vielleicht kommen wir aber auch zu dem Ergebnis, dass die Sprache und die Gedankenführung eines Denkers dem Leser zwar eine enorme Mühe abverlangt, aber dass sich diese Mühe lohnt. Weil sich ihm dadurch etwas erschließt, was durch leicht verdauliche Kost unzugänglich bliebe. Vielleicht erschließt sich der Autor seinen Gegenstand durch das Schreiben auch erst selbst und kann es daher noch gar nicht »klipp und klar« ausdrücken. Solche Autoren dürfen wir nicht an die Messlatte der vier Verständlichmacher nageln.

PÖRKSEN: Die Konsequenz lautet, dass auch die Schlüsselmerkmale der Verständlichkeit nicht absolut gelten. Sie liefern keine Schablone, die man immer und überall anwenden könnte. Irgendwann muss man sich auch von diesen Kommunikationsrezepten wieder lösen, um seine eigene Form und seinen ganz eigenen Stil zu finden.

SCHULZ VON THUN: Ganz gewiss! Es darf nie darum gehen, Schablonenträger und Musterschüler zu züchten, die aus der buchstaben- und wortgetreuen Umsetzung eines solchen Rezepts ihren Stolz beziehen.

PÖRKSEN: Noch einmal nachgefragt: Man kann und soll sich also auch von diesem Modell emanzipieren?

SCHULZ VON THUN: Unbedingt! Und dennoch: Für jemand, der professionell für andere schreibt und von ihnen verstanden werden will, liefert dieses Modell keine schlechte Grundschule. Überdies erlaubt es einem, auf dem Weg zu einer kreativen, originellen Gedanken- und Sprachgestaltung eigene Schwachstellen zu erkennen, an denen man dann arbeiten kann. Man wird in die Lage versetzt, zu ergründen und genauer zu benennen, warum irgendeine Präsentation so unverständlich und unzugänglich wirkte. War die Ausdrucksweise zwar verständlich, aber fehlte die klar erkennbare Gliederung, gab es keinen roten Faden? Hat der Vortragende allzu verknappt gesprochen? Oder war er zu ausführlich und hat sich in Details verloren? Erinnert man einzelne, lebensnahe Beispiele oder ist durch das Trommelfeuer der vielen Witze und Storys der rote Faden verloren gegangen? Das ist doch – wenn ich noch einmal eine kleine Lanze für unser Hamburger Verständlichkeitsmodell brechen darf – ein echter Vorteil: Das Modell ermöglicht ein differenziertes Feedback.

PÖRKSEN: Wie würden Sie selbst Ihren eigenen Vermittlungsstil beschreiben? Sie verwenden, so fällt mir auf, oft sehr einfach wirkende Beispiele aus dem Alltag eines Ehepaars oder auch den Gesprächen einer Familie am Mittagstisch.

SCHULZ VON THUN: Zumindest für den Einstieg kann ein Beispiel gar nicht einfach genug sein. Ach, wie oft habe ich mich bei den modernen Schriftgelehrten nach einem einzigen Beispiel gesehnt, um ihre Thesen und Gedanken nachvollziehen zu können! Vielleicht war das unter ihrer Gelehrtenwürde, kann aber auch sein, dass sie es nicht hingekriegt haben. Denn ein Beispiel muss »sitzen«, muss auf den Punkt fokussieren, um den es auf der abstrakten Ebene geht, und es darf nicht durch eigene Komplexität die Aufmerksamkeit allzu sehr auf sich selbst lenken – denn es soll ja »nur ein Beispiel« sein – *für* etwas.

PÖRKSEN: Und Sie zeichnen, auch das scheint mir wichtig. Ganze Heerscharen von Managementtrainern und Beratern besitzen irgendwo zu Hause ein Bild, eine Skizze aus einem Seminar, die von Ihnen stammt. Sie selbst haben einmal in einer pädagogischen Fachzeitschrift einen Aufsatz veröffentlicht, der voller Verve für das didaktische Instrument der Ad-hoc-Visualisierung vor Publikum wirbt. Das erscheint in Zeiten von PowerPoint ein wenig altmodisch. Warum also dieses Plädoyer für das Zeichnen mit der Hand?

SCHULZ VON THUN: Das Interessante ist doch: Man kann nur das visualisieren, was man auch verstanden hat. Und Verständnislücken oder auch Missverständnisse werden, wenn man zeichnet, sofort sichtbar und können dann ergänzt oder korrigiert werden. Die technisch perfekte Fertigware einer PowerPoint-Präsentation enthält viel weniger Anreiz zum Austausch und zum vertiefenden Dialog. Das Anfertigen von Skizzen, die Nutzung von ganz einfachen Symbolen, das Zeichnen im Gespräch mit anderen – all dies sind wundervolle Zaubermittel der Kommunikation. Denn unser Gehirn nimmt Visualisierungen anders und schneller auf als den gesprochenen oder geschriebenen Text. Bilder erlauben es, komplexe Sachverhalte in einfacher Form darzustellen, Zusammenhänge und gleichzeitig ablaufende Prozesse auf einen Blick greifbar werden zu lassen. Und im Prozess des Visualisierens entsteht schließlich oft eine besondere Intensität und Lebendigkeit, eine gemeinsame Freude an einer treffenden, lustigen oder alles andere als perfekten Zeichnung. Man hört auf, sich selbst und andere schon durch die Art der Präsentation anzuöden und einzuschläfern. Aber mein Interesse an der Visualisierung hat darüber hinaus noch einen anderen, ganz persönlichen Grund. Darf ich an dieser Stelle unseres Gesprächs ein Geständnis machen? Ich bin in der Schule sitzen geblieben und manche Sachverhalte erschließen sich mir nicht so leicht. Ich habe, so sage ich manchmal, einen *Dummie* in mir, ein 12 Jahre altes Kind, dem es mitunter schwerfällt zu folgen. Und ich verstehe Zusammenhänge erst dann wirklich, wenn ich sie skizzieren und aufmalen kann.

PÖRKSEN: Wer mit Zeichnungen arbeitet, wer persönliche Erlebnisse schildert, kreative Metaphern verwendet und mit Beispielen und Geschichten unterhält, wer sich also – im Sinne Ihres Hamburger Verständlichkeitsmodells – um Einfachheit und Prägnanz, eine nachvollziehbare Gliederung und Verlebendigung bemüht, der hat sich entschieden, um das große Publikum zu werben. Reichen die vier Verständlichmacher für diese Neu- und Umorientierung in jedem Fall aus?

SCHULZ VON THUN: Noch nicht ganz. Nötig scheint mir zudem eine *kognitive Empathie* – auch dies ist eine ganz entscheidende Voraussetzung, die mir, als wir unser Buch schrieben, noch nicht recht deutlich war. Was ist damit gemeint? Ein Bewusstsein davon, was im Kopf des Zuhörers oder Lesers vor sich gehen mag, wenn ich dies und jenes sage. Und zwar im Kopf von jemandem, der das alles noch nicht im Kopf hat, was *ich* im Kopf habe – verstehen Sie? Vielleicht fragen Sie sich jetzt: »Tja, aber woher soll ich das wissen?« Antwort: Wissen können Sie es nicht, aber mithilfe von kognitiver Einfühlung erahnen [Abb. 4].

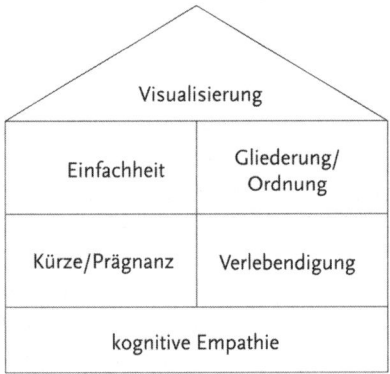

Abb. 4: Haus der Verständlichkeit: Im Bild eines Hauses lassen sich die tragenden Elemente der Verständlichkeit zusammenfassen. Basis und Fundament ist die kognitive Empathie, die Orientierung an einem tatsächlichen oder imaginären Publikum. Zentral sind überdies die vier Verständlichmacher: Einfachheit, Gliederung/Ordnung, Kürze/Prägnanz und Verlebendigung. Hinzu kommt schließlich die Visualisierung in Form eigener, zuweilen erst im Moment der Präsentation entworfener Zeichnungen.

PÖRKSEN: Das heißt in der Konsequenz: Ein packender Monolog – ein faszinierender Vortrag, ein starkes Buchkapitel – ist in Wahrheit immer ein verborgener Dialog. *Gute Monologe sind stets dialogisch.*

SCHULZ VON THUN: Sie haben zumindest eine dialogische Komponente, und diese darf gerne auch einmal explizit werden. Besonders die Einfühlung in einen Menschen, der ein bisschen dumm ist, steigert die eigene Verständlichkeit enorm. Hier beginnt, auch an der Universität, die lange vermisste »gute Lehre«.

PÖRKSEN: Die Orientierung am anderen, der Auftritt vor großem Publikum, der Zwang zur Zuspitzung, die Freude an einer gelingenden Formulierung – all dies hilft einem selbst beim Denken und beim Erfinden von Begriffen. Und plötzlich fallen einem die wunderlichsten und interessantesten Formulierungen zu. Ein solcher Vermittlungsstil ist doch gleichzeitig auch eine Erkenntnismethode eigener Art, von der man selbst profitiert. Würden Sie dem zustimmen?

SCHULZ VON THUN: Die Vermittlung als Erkenntnismethode? Der Gedanke ist mir neu, aber im Grunde kann ich das bestätigen! Mir fällt dazu Heinrich von Kleist ein, mit seinem Aufsatz über »die allmähliche Verfertigung der Gedanken beim Reden«. Dadurch, dass ich mit dir spreche, wird mir selber etwas klar. Und womöglich verfertigen sich beim Sprechen und Schreiben nicht nur Gedanken, sondern sogar Erkenntnisse. Eine gute Didaktik würde dann nicht nur Brücken bauen für den Transport, sondern auch das zu transportierende Gut erweitern und veredeln. Mir gefällt dieser Gedanke!

Das Drei-Welten-Schema

PÖRKSEN: Allerdings wird diese radikale Publikumsorientierung gerade innerhalb der Scientific Community nicht geschätzt. Es gibt, so heißt es beispielsweise bei dem Wissenschaftstheoretiker Ludwik Fleck, die fragende, zweifelnde, forschungsnahe *Zeitschriftenwissenschaft*. Und dann die auf gesicherten Erkenntnissen basierende *Handbuchwissenschaft*, die den gerade aktuellen Stand der Erkenntnis referiert. Und schließlich findet sich da noch die grelle, mit klaren Wertungen und plakativen Formulierungen arbeitende *Populärwissenschaft*. Sie ist, so Ludwik Fleck, eine künstlich »vereinfachte, anschauliche und apodiktische Wissenschaft«, die Einzelheiten einfach weglässt und die Kontroversen in der Sache schlicht ausblendet. Was ist Ihre eigene Auffassung? Sind dies – trotz aller Vorteile – die unvermeidlichen Übel des populärwissenschaftlichen Schreibens?

SCHULZ VON THUN: Indem die Populärwissenschaft vereinfacht und die Komplexität reduziert – das ist ihre Aufgabe! – unterliegt sie natürlich ständig der Gefahr, zu simplifizieren und »unterkomplex« zu werden. So etwas kommt vor, es kommt sogar öfter vor. Das heißt aber nicht, dass es zwangsläufig so sein muss. Eine künstliche Simplifizierung und eine apodiktische, nicht mehr um Wahrheit ringende Zuspitzung sind keineswegs erforderlich, wenn man sich entschließt, in dieser Weise zu schreiben. Auch ein Streit in der Sache, der Disput der Meinungen und Auffassungen lässt sich packend und faszinierend schildern. Man schreibt schlicht: »Es gibt in dieser Frage zwei Auffassungen, und beide sind nicht dumm ...« Und schon, mit einem einzigen Satz, hat man die Gefahr des Apodiktischen umschifft und kann differenziert und ohne unzulässige Vereinfachung die Wahrheit zu zweit beginnen lassen.

PÖRKSEN: Man sieht schon an dem Drei-Welten-Schema von Ludwik Fleck und seiner Unterteilung von Zeitschriften-, Handbuch- und Populärwissenschaft, dass das gefällige und verständliche Schreiben nicht eben angesehen ist. Sie sind der deutsche Psychologe mit dem größten Publikumserfolg – auch und gerade aufgrund der Taschenbücher *Miteinander reden*. Hat Sie, als Sie diese Bücher schrieben, der mögliche Reputationsverlust im engeren Kreis der Fachwissenschaft beschäftigt und geschmerzt?

SCHULZ VON THUN: Am Anfang schon, aber nur was den Titel anging: Der Verlag wollte *Miteinander reden*, das hat meinen wissenschaftlichen Anspruch beleidigt. Ich wollte eine *Psychologie der zwischenmenschlichen Kommunikation* vorlegen. Der Verlag hat, wie Sie wissen, gewonnen, ich habe dann wenigstens auf dem Untertitel »Störungen und Klärungen« bestanden. Aber sonst hat mich gar nichts geschmerzt. Sehen Sie, ich bin ja mein akademisches Leben lang nur ein kleiner C2-Professor gewesen, ohne besondere Ausstattung, ohne eigene Assistenten, aber mit einem enormen Zulauf der Studenten, die einen guten Riecher dafür hatten, was in ihrem Studium für die spätere Berufspraxis wichtig werden könnte. Gewiss hatte ich manchmal den Verdacht, dass diejenigen, die besser ausgestattet und bezahlt wurden, mit ihren Themen und Projekten nicht unbedingt alle an den

Schalthebeln der Relevanz sitzen. Und es gab auch einen Kollegen, der auf eine schmunzelnde Weise hat durchblicken lassen, dass er das, was ich da tat, nicht wirklich für Wissenschaft hielt. Aber diese kleine Herabstufung war mit wohlwollender Toleranz gepaart – und was viel wichtiger war: Ich hatte dadurch, dass ich nur die zweite Geige spielen durfte, viel mehr Freiheit, die eigenen Ideen weiterzuverfolgen. Ich musste nicht das Fach wie ein Ordinarius »in seiner ganzen Breite« vertreten, sondern konnte mein Ding ausarbeiten. Dieses Privileg war mehr wert als alle Rangabzeichen und materiellen Ressourcen. Und man kann übrigens auch mit der zweiten Geige den Ton angeben ...

PÖRKSEN: Mich überrascht diese leichte, fast wegwischende Geste, weil ich die Universität heute ganz anders erlebe: Die berufspraktische Orientierung ist verpönt und wird trotz anderslautender Lippenbekenntnisse im Zweifel verachtet und bekämpft. Es regiert die Frage, wer die meisten Drittmittel eingeworben hat und wer mit wem in welchen Fachzeitschriften publiziert. Der Individualforscher und der praktisch interessierte Autor, der auch öffentlich vor allem über eigene Bücher wirkt – das sind aussterbende Figuren in der gegenwärtigen Wissenschaftslandschaft; das neue Leitbild ist der umtriebige Manager, der riesenhafte Forschungsprojekte stemmt, die vor allem fachintern wahrgenommen und diskutiert werden. Daher wundert es mich, dass Ihr eigener Weg eigentlich nur leicht und heiter gewesen sein soll.

SCHULZ VON THUN: Ist das wirklich so? Immer noch? Schon wieder? Dies wäre geeignet, das lebendige Dreieck von Wissenschaft, Praxis und Mensch, von Wahrheit, Nützlichkeit und Bildung zu zerstören. – Aber nun müssen wir herausbekommen, warum der von Ihnen vermutete Schmerz sich bei mir nicht so richtig einstellen will. Ich kann nur ein paar Vermutungen anstellen: Zum einen gab es natürlich die Auflagenerfolge meiner Bücher und den Zuspruch der Studenten, die mich beflügelt und ermutigt haben. Und ich fand bald Kollegen, mit denen ich gemeinsame Sache machen konnte. Vor allem mit Alexander Redlich den Studiengang *Beratung und Training*, der schon bald regelrecht überlaufen war. Und ich gründete 1986 den Arbeitskreis *Kommunikation und Klärungshilfe*, ein Netzwerk von Kommunikationspsychologen, ehemaligen Studenten und Mitarbeitern. Hier entstanden und entstehen gemeinsame Bücher, Fortbildungscurricula, Vorlesungsreihen. Und schließlich habe ich irgendwann die Lebensentscheidung getroffen, nicht mehr auf Fachkongressen aufzutauchen

47

und in Fachzeitschriften präsent zu sein, sondern Taschenbücher zu schreiben und unter die Leute zu gehen. Natürlich hat diese Entscheidung eine weitere Universitätskarriere nahezu unmöglich gemacht, aber das war angesichts der gewonnenen Lebendigkeit und auch der Reputation außerhalb der Scientific Community leicht zu verschmerzen.

PÖRKSEN: Sie haben sich, wenn ich richtig orientiert bin, in Ihrem eigenen Weg von einer programmatischen Rede des Princeton-Professors George A. Miller anregen lassen. Miller, einst Vorsitzender der *American Psychological Association*, forderte Ende der 60er Jahre, dass die Universitätspsychologen aus dem Elfenbeinturm ausziehen und ihre Wissenschaft in ein Instrument der menschlichen Weiterentwicklung verwandeln sollten. Der Psychologe der Zukunft, so sein Plädoyer, solle weniger als Experte auftreten, mehr als ein Übersetzer bereits gewonnener Erkenntnisse; er solle zu einem Dolmetscher der eigenen Disziplin werden – dies alles mit dem Ziel, Menschen zu helfen, sich selbst und andere besser zu verstehen, Konflikte zu entschärfen.

SCHULZ VON THUN: Stimmt, ja. Millers Kerngedanke, man solle die Psychologie aus der Hand geben (»to give psychology away«), war und ist tatsächlich eine Art Mission für mich. In einem meiner Abteilungspapiere schrieb ich, als ich von seiner Rede gehört hatte, die programmatisch gemeinten Sätze: »Mir kommt es nicht so sehr darauf an, neues Wissen zu schaffen. Vielmehr gilt es, das, was bereits als Wissen vorhanden ist, für die Menschen in ihrer Lebenswirklichkeit bedeutsam werden zu lassen.« Wie kann, so überlegte ich, ein Leben durch die Erkenntnisse der Psychologie bereichert werden? Wie können wir die »große Psychologie« den Fachstudierenden überlassen, aber eine »kleine Psychologie« für jedermann entwerfen, für ganz normale Menschen, die im Beruf stehen, ihren Alltag bewältigen müssen und mitnichten an einer psychischen Krankheit leiden? Noch als Student habe ich angefangen, Volkshochschulkurse zu geben, später dann Seminare für Lehrer und Führungskräfte. In den ersten Jahren meiner Professur waren allerdings der Universitätsprofessor und der Trainer noch strikt getrennt: Der eine war Wissenschaftler, der andere war als Praktiker für Nebentätigkeiten im Einsatz. Aber mit der Zeit wuchsen die beiden gottlob zusammen und konnten sich gegenseitig befruchten. So wurde in unserem Studienschwerpunkt *Beratung und Training* die Verbindung von Kopf, Herz und Hand zur Leitidee.

Immer ging es darum, das Wissen in Können zu verwandeln und eine persönliche Entwicklung anzustoßen. Das, was du als Diplom-Psychologe später anderen Menschen vermittelst, möge sich auch in deiner Person wiederfinden! Das war die Botschaft.

Die Grenzen der Verständigung

PÖRKSEN: Aus diesem Interesse an der breitenwirksamen Vermittlung spricht ein großer Verständigungsoptimismus. Alle können sich prinzipiell verstehen; man muss sich nur anstrengen. Aber stimmt das denn? Sie selbst haben jahrelang unter den Attacken der *Marxistischen Gruppe* gelitten, einer einst in Hamburg aktiven linksradikalen Sekte, die in Großveranstaltungen und in möglichst vollen Seminaren auftauchte, um dort, wie es hieß, die Massen zu agitieren. Man hat Sie in Flugblättern und Artikeln angegriffen; es hingen Plakate in der Universität mit Ihrem Foto, viele Jahre lang wurden Ihre Vorlesungen gesprengt.

SCHULZ VON THUN: Nicht gesprengt, nur gestört. Die Leute waren nicht gewalttätig oder aufmüpfig, sondern – wie soll ich sagen? – sie kamen in die gut besuchten Vorlesungen, auch zu anderen Dozenten in verschiedenen Fachbereichen, und verteilten sich im Hörsaal. Dann meldete sich der Erste und hielt einen langen Monolog, der dann in eine Frage mündete. Keine politische Agitation, sondern Hinweise auf angebliche logische Fehler, Widersprüche und Ungereimtheiten in der Vorlesung. Es ging meist ein leises Stöhnen durch den Saal: »Oh bitte nein, nicht schon wieder!« Die monotone, schwer verständliche Art zu sprechen, war das Marken- und Erkennungszeichen dieser sogenannten MG. Der zweite und dritte sprach im selben Tonfall und Duktus. Inhaltlich lautete wohl der Hauptvorwurf, ich würde politische Verhältnisse psychologisieren, die ganze Bundesrepublik als ein kommunikatives Missverständnis begreifen. Aber es ging wohl nicht um Inhalte, sondern darum, mit geschulter Technik den Hörsaal in ein Absurdistan zu verwandeln und mich verächtlich zu machen und als bürgerlichen Kleingeist zu entlarven.

PÖRKSEN: Sie haben in Ihrer Abschiedsvorlesung von der Universität davon berichtet, wie Sie eines Tages im privaten Kreis von diesen Demütigungen berichteten und auf einmal zu weinen begannen – auch weil Ihnen plötzlich klar wurde, wie sehr Sie diese Angriffe belasteten.

SCHULZ VON THUN: Obwohl ich mir sicher war, mit wem ich es zu tun hatte und dass mich das wahrlich nicht treffen könne, hat es mich auf einer tieferen Ebene doch getroffen und demoralisiert. Das kam dann plötzlich hervor.

PÖRKSEN: Wie aber haben Sie in der konkreten Situation vor Publikum reagiert?

SCHULZ VON THUN: Dialogbereit und schlagfertig, aber das war auf die Dauer verkehrt. Manchmal versuchte ich die Störer durch einen Witz zu marginalisieren und die Lacher im Hörsaal auf meine Seite zu ziehen – durchaus nach außen hin mit Erfolg, aber es blieb bei mir stets ein schaler Nachgeschmack, eine innere Bitterkeit. Dann habe ich ihnen das Wort erteilt, wollte ihnen die Gelegenheit geben, ihre Auffassungen darzulegen – eine absolut schreckliche Idee, die nichts besser machte. Einmal folgte ich einer Einladung zu ihrer Hauptversammlung und versuchte mit ihnen ins Gespräch zu kommen. »Um Gottes willen«, so sagte ein Kollege zu mir, »mit diesen Leuten darfst du doch nicht auch noch reden!« Für mich war das nicht so eindeutig – warum sollte man mit denen nicht reden? War mein Kollege in seiner politischen Beurteilung weiter und souveräner als ich oder lag er falsch? Ich war verwirrt und verunsichert, weil ich immer noch dachte, dass jeder Mensch konstruktiv und liebenswürdig wird, wenn er sich gehört und verstanden fühlt.

PÖRKSEN: Sie hatten es hier mit entschlossen auftretenden Sektierern zu tun, die mit dem Ende der DDR plötzlich abtauchten und für immer verschwanden. Mir erscheint diese Geschichte – im Nachhinein betrachtet – als eine archetypische Situation, als die Urszene eines Kampfes: Auf der einen Seite steht jemand, der auf Verständigung setzt. Und auf der anderen Seite befindet sich eine Gruppe, die sich verweigert und die Toleranz des Gegenübers für die eigene Intoleranz missbraucht.

SCHULZ VON THUN: ... und die meine Politik der ausgestreckten Hand genüsslich ausnutzt, um ihr Kalkül aufgehen zu lassen. Ich habe das damals nicht so gesehen, aber so war es wohl.

PÖRKSEN: Sie sahen sich gezwungen, Ihre Ideen auch mit dem erbitterten Gegner zu erproben. Sie wollten nicht autoritär auftreten, sondern die Kommunikation aufrechterhalten – und sich doch auch nicht unterwerfen. Das wirkt wie eine klassische Doublebind-Situation ...

SCHULZ VON THUN: ... reagiere ich nämlich dialogisch aufgeschlossen, bin ich der Dumme und gehe ihnen auf den Leim. Reagiere ich abweisend und repressiv, bin ich der Böse, dessen wahres Gesicht jetzt entlarvt werden kann.

PÖRKSEN: Angenommen, Sie kämen noch einmal in eine solche Situation: Was würden Sie heute anders machen?

SCHULZ VON THUN: Ich würde mir selbst zwei Ratschläge geben. Erstens: »Mach dir die Wahrheit der Situation klar: Hier handelt es sich nicht um einen Verständigungsprozess unterschiedlich denkender Dialogpartner, die beide um die Wahrheit ringen. Dies ist, ob du das nun schön findest oder nicht, eine Kampfansage mit Zersetzungsabsicht.« Und zweitens: »Verleugne nicht den Teil in dir, der demoralisiert, genervt, verzweifelt und einfach wütend ist!« Ich habe ja, indem ich Witze machte, eine Schein-Souveränität vorgegeben und nach außen hin nicht erkennen lassen, wie es mit mir innerlich bergab ging. Das war nach außen hin halbwegs erfolgreich, aber nach innen demoralisierend. Denn was nicht herauskommt, bleibt innen drin und vergiftet das innere Betriebsklima. Heute würde ich vermutlich sagen: »Liebe Leute, ich begreife nicht, was ihr sagen wollt, tut mir leid. Und ich werde zunehmend ungeduldig, genervt und unwillig. Ich spiele nicht mehr mit, nehme ab jetzt keine Wortmeldungen mehr entgegen ... (und wenn jemand aufbegehrt) – nein, es bringt nichts, ich entziehe Ihnen das Wort!« – Vielleicht hätte es dann den Eklat gegeben, den ich immer vermeiden wollte. Aber mit Ehrlichkeit und Kampfgeist kann auch ein Eklat fruchtbar werden.

PÖRKSEN: Wir sind damit am Ende eines Gesprächs über die Maximen der Verständlichkeit und die Grenzen des Verstehens. Darf ich zusammenfassen? Wir haben über die Scherze des Physikers Alan Sokal und die einschüchternde Wirkung der Expertensprache gesprochen, über die Entstehung des Hamburger Verständlichkeitsmodells, die Merkmale der Populärwissenschaft und die Charakteristika Ihres eigenen Vortrags- und Vermittlungsstils, schließlich die Auseinandersetzung mit der Marxistischen Gruppe. Nun zum Schluss: Was heißt es überhaupt, einander zu verstehen? Worin besteht für Sie die Erfahrung und die Essenz glückender Kommunikation?

SCHULZ VON THUN: Ich muss gestehen, dass ich mir solche Fragen gar nicht stelle, sie kommen erst jetzt zwischen uns auf. Natürlich könnte

ich nun mit irgendeiner Standarddefinition reagieren: Gelingende
Verständigung, so könnte ich antworten, wird dann möglich, wenn
beide Gesprächspartner aus dem Gesagten das tatsächlich Gemeinte
erschließen. Und dann müsste ich noch hinzufügen: Oft ist für die
präzise Rekonstruktion des Gemeinten aus dem Gesagten ein her-
meneutischer Prozess notwendig, ein Akt der Interpretation. – Alles
klug und richtig, aber die Erfahrung glückender Kommunikation
reicht tiefer. Ihr Wesen besteht in einer energetischen Verbindung,
die etwas entstehen lässt, das man alleine gar nicht zustande bringen
könnte. Das dialogische Credo Nietzsches, dass »die Wahrheit zu zweit
beginnt«, wird in solchen Momenten erfahrbar. Sehen Sie, schon Ihre
Frage nach dem Wesen der Kommunikation bringt etwas hervor und
lässt etwas spruchreif werden, was sonst wahrscheinlich nie formuliert
worden wäre. Ich würde sagen: Dieser Augenblick unseres Gesprächs
ist ein Beispiel für das, worüber wir gerade sprechen.

3 Teufelskreis und Beziehungsdynamik

Ohne Anfang und ohne Ende

PÖRKSEN: Es ist ein Standardbeispiel, eine Schlüsselgeschichte der systemischen Therapie. Wir sehen: einen Mann und eine Frau, die sich im Zimmer des Therapeuten eingefunden haben. Und beide beklagen sich, kaum hat die Sitzung begonnen, bitterlich – nur eben über das verletzende und bösartige Verhalten des anderen. Der Mann sagt, dass ihn seine Frau fortwährend kritisiert und er sich eben deshalb von ihr zurückzieht, um den Härten ihrer Kritik zu entgehen, den Schmerz noch erträglich zu halten. Die Frau hingegen wird wütend und berichtet, dass sie ihn nur kritisiert, weil er sich immer mehr zurückzieht und sich dem Gespräch mit ihr verweigert. Mit der Brille des Kommunikationspsychologen betrachtet: Was ist hier eigentlich los?

SCHULZ VON THUN: Es ist ein Teufelskreis, der sich hier zeigt, eine kreisförmige Kommunikation, ohne erkennbaren Anfang und ohne absehbares Ende. Beide machen sich in dieser Verstrickung wechselseitig das Leben schwer – und sie erleben sich selbst jeweils als den Re-Agierenden, den anderen aber als den Täter, den Urheber.

PÖRKSEN: Und jeder sieht sich als Opfer in dieser Endlosschleife der wechselseitigen Attacken.

SCHULZ VON THUN: Ja, beide interpunktieren, wie die Systemiker sagen würden, die Ereignisfolgen unterschiedlich: Beide interpretieren das eigene Verhalten als Reaktion auf das Verhalten des anderen. Er sagt und empfindet: Meine Rückzugstendenz entsteht ja nur aufgrund deiner Übellaunigkeit! Und sie sagt und empfindet: Meine Übellaunigkeit entsteht ja erst aus deiner Rückzüglichkeit. Und beide empfinden: Ich bin sonst nicht so, aber hier kann ich nicht anders. – Solange beide verletzt und empört sind, sind sie zu zwei Dingen unfähig: zur Empathie und zum Einnehmen einer Metaperspektive.

PÖRKSEN: Gibt es eigentlich diese Ehepaare, die sich so wunderbar in das Lehrbuchschema der systemischen Therapie einfügen lassen, wirklich? Oder sind das für den Erkenntniseffekt geglättete Fälle, letztlich Ideenkonstrukte der Fachliteratur, die dazu dienen, das andere, das neue Denken der Systemiker vorzuführen und für ihre eigene, pfiffige Perspektive zu werben?

SCHULZ VON THUN: Nein, mit derartigen Teufelskreisen müssen Sie im realen Leben immer wieder rechnen. Mir selbst wurde dies – ich hatte natürlich das Standardbeispiel des nörgelnden Paares im Kopf – Anfang der 80er Jahre bei der Arbeit an einem Forschungsprojekt deutlich. Irgendwann kam es zu folgender Situation: Wir befanden uns alle in einem Raum. Ich saß hinten an einem Schreibtisch, machte mir Notizen und beobachtete die Arbeit meines Kollegen Christoph Thomann, der als Klärungshelfer aktiv war. Und vor unseren Augen beschuldigte und attackierte sich ein Ehepaar. Der Mann war misstrauisch, eifersüchtig und hatte seiner Frau hinterherspioniert – und warf ihr vor, sich immer stärker abzuwenden und zu mauern. Er hatte den Verdacht, dass sie ihn hintergeht. Die Frau hingegen empörte sich über sein Misstrauen, sie fühlte sich beständig von ihm ausgehorcht, überwacht und ganz wie in einer Vernehmungssituation behandelt.

PÖRKSEN: Wie hat sie sich geäußert?

SCHULZ VON THUN: Ihre Worte waren: »Und dann rufst du auch noch bei meiner Freundin an, um zu prüfen, ob ich auch wirklich bei ihr bin! Nein, mein Lieber, da mache ich natürlich die Luke dicht. Das ist *mein* Leben, *meine* Freiheit! Und ich habe ein Recht auf Geheimnisse. Und du musst nicht alles wissen!« Da hatten wir einen wahrhaften Teufelskreis mit empirischer Evidenz direkt vor unseren Augen! Er begründete sein Misstrauen mit ihrer angeblichen Geheimnistuerei. Und je mehr sie sich von ihm misstrauisch verfolgt und überwacht fühlte, umso mehr verschloss sie sich ihm gegenüber und verteidigte ihre nicht rechenschaftspflichtige Privatsphäre. Und beide sahen sich als Opfer des Fehlverhaltens des anderen. Allerdings: Christoph Thomann und mir wurde am Beispiel solcher Auseinandersetzungen klar, dass man das Modell des Teufelskreises erweitern muss, sodass neben den Äußerungen und den Verhaltensweisen jeweils auch die inneren Regungen eruiert und mit aufgenommen werden.

PÖRKSEN: Was genau tut ein Kommunikationspsychologe in einer solchen Situation? Macht er die Tiefenstruktur des Konflikts durchschaubar? Es liegt ja nahe, dass er zunächst in der Rolle des Erklärers in Erscheinung tritt, der nun – ein Schaubild der unheilvollen Interaktion auf dem Flipchart zeichnend – perfekt erläutern kann, was hier eigentlich los ist. Ganz nach dem Motto: »Seit den Tagen von Paul Watzlawick wissen wir, dass lineare Kausalität für die Realität des kommunikativen Geschehens nicht gilt. Was Sie hier demonstrieren, ist eine zirkulär verflochtene Wirkungskette, der typische Fall eines Circulus vitiosus. Und ich rate Ihnen: Hören Sie damit auf! Sie beide können schon aus logischen Gründen nicht gleichzeitig Opfer sein!«

SCHULZ VON THUN: So wäre die Ansprache zu akademisch. Aber die Darstellung der Teufelskreisdynamik mit ihren vier Stationen gehört in der Tat zum Repertoire eines Klärungshelfers. Eine solche kognitive Einordnung steht aber eher am Ende eines angeleiteten Dialogs, der zunächst einmal »zu Herzen geht«. Später kann der Zeitpunkt kommen, wo der Berater den beiden die Metaperspektive anbietet: dass ein zirkuläres Wechselspiel abläuft, an dem jeder seinen Anteil hat. Es wird dann sichtbar, dass der »normale« Ehedialog, um noch einmal auf das Beispiel des streitenden Paares zurückzukommen, von oben nach unten verläuft. Sie kritisiert ihn, weil er ihr nachspioniert (»Du traust mir nicht und überwachst mich! Nur deshalb ziehe ich mich immer mehr zurück!«). Er wird immer misstrauischer und wirft ihr vor, ihn zu betrügen (»Nur weil du immer mehr dichtmachst, muss ich überhaupt nachfragen und werde misstrauisch!«). Nun geht es darum, die Partner zu animieren, zu fühlen und auszusprechen, was jeweils *in ihnen* vorgeht – also die Gesprächsachse von der Senkrechten in die Waagerechte zu drehen und hier einen Dialog zu stiften [Abb. 5 und Abb. 6].

PÖRKSEN: Wie dreht man die Kommunikationsachse? Wie kann das gehen?

SCHULZ VON THUN: Gelingen kann dies, indem man sich als Klärungshelfer nacheinander und bei beiden darum bemüht, zu verstehen, wie ihnen ums Herz ist, was sie fühlen und empfinden. Oft wird dabei hinter der hässlichen Verhaltensfratze eines Teufelskreispartners ein innerer Mensch sichtbar, der den anderen in seinem Schmerz und seiner Einsamkeit rührt. Und so wird dann genau der Empathiebeitrag geleistet, den die gerade noch empört und verletzt Streitenden nicht mehr erbringen können und den beide aber doch so nötig haben, um sich aus der Verhärtung zu lösen. Manchmal kann hier auch das einfühlsame *Doppeln* helfen: Hier spricht man dann für einen der Gesprächspartner, fasst in Worte, was dieser im Moment vielleicht nur auf eine undeutliche Weise ahnt und was womöglich sonst nicht spruchreif werden könnte: »Darf ich«, so beginnt man dieses Doppeln, »einmal neben Sie kommen und etwas für Sie sagen – und Sie prüfen dann, ob und wieweit es stimmt?«

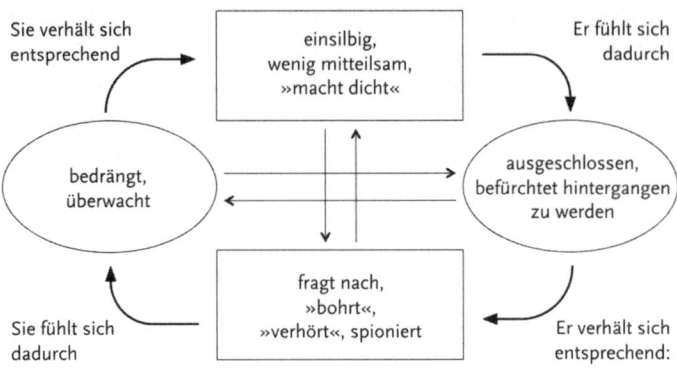

Abb. 5: Das Beispiel eines zwischenmenschlichen Teufelskreises, das die unterschiedliche Interpunktion von Wirklichkeit illustriert: Die Frau zeigt sich einsilbig und wenig mitteilsam; der Mann fühlt sich ausgeschlossen, befürchtet hintergangen zu werden und spioniert der Frau schließlich hinterher. Sie wiederum fühlt sich bedrängt und überwacht – und wendet sich eben deshalb, wie sie sagt, zunehmend ab.

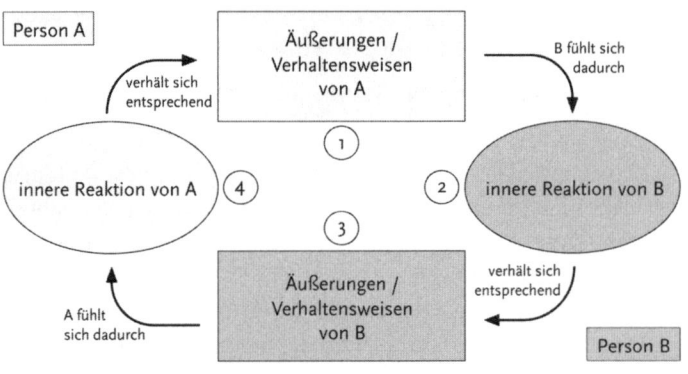

Abb. 6: Die Grundstruktur eines zwischenmenschlichen Teufelskreises, der Äußerungen und Verhaltensweisen sowie mögliche innere Reaktionen gleichermaßen in den Blick geraten lässt. Die Beteiligten sehen sich selbst als den Reagierenden, den anderen hingegen jedoch als den Verursacher ihrer eigenen Äußerungen und Verhaltensweisen.

Opfer und Täter

PÖRKSEN: Ich würde gerne an dieser Stelle unseres Gesprächs das Schicksal des Ehepaares nicht weiter analysieren, sondern nach diesem konkreten und praktischen Einstieg den Blick ins Allgemeine wenden, denn der Teufelskreis ist ja nicht nur ein Modell zur Analyse von Paarproblemen, sondern Ausdruck eines neuen Denkstils, der die Logik der Zirkularität offenbart: A erzeugt B und B erzeugt A. Man sieht, wenn man diese zirkuläre Logik visualisiert und skizziert, einen Kreis vor sich. Und hier gibt es keinen Anfang – es sei denn, irgendjemand macht einen Schnitt und setzt einen solchen Anfang, einen solchen Startpunkt, von dem aus man dann Ursache-Wirkungs-Beziehungen beschreibt. Was sind – allgemein gefragt – die Folgen, wenn man die Beziehungen von Menschen auf diese Weise beschreibt?

SCHULZ VON THUN: Die Folge ist, dass wir zwischenmenschliches Geschehen nicht mehr unter dem Paradigma von Ursache und Wirkung, von Täter und Opfer anschauen und interpretieren, sondern unter dem Paradigma der Wechselwirkung. Das Geschehen wird nicht mehr im Lichte individueller Eigenschaften interpretiert. Nicht die Frau ist eine Nörglerin, nicht der Mann ein kontaktunfähiger Stiesel, nach dem Motto: So sind sie nun mal! Sondern ihr Verhalten ergibt sich aus der Dynamik des Systems. Gut möglich, dass der Mann in anderen Zusammenhängen äußerst nahbar und gesellig erscheint, die Frau äußerst gut gelaunt, humorvoll und tolerant. – Eine weitere Konsequenz ist die moralische Entlastung. Die Aufspaltung in den bösen Täter und das arme Opfer wird aufgegeben, zugunsten der Sichtweise, dass beide ihren Beitrag zum unheilvollen Zusammenspiel leisten. Entsprechend dieser Logik wurde im deutschen Scheidungsrecht das Schuldprinzip vom Zerrüttungsprinzip abgelöst.

PÖRKSEN: Mir leuchtet diese Art der Analyse unmittelbar ein, wenn es um die Konfliktschlichtung zwischen zwei gleichberechtigten Menschen geht, die sich streiten und die nun beide lernen müssen, was sie selbst zu diesem Streit beigetragen haben. Aber ist ein solches Denkmodell nicht auch gefährlich? Was ist, wenn wir uns von den sehr eingängigen Beispielen aus dem Eheleben verstrittener Paare lösen und etwa an den sexuellen Missbrauch von Kindern denken? Würde man mit einer solchen Logik nicht sehr rasch zu grauenvollen Spekulationen kommen? Ganz nach dem Motto: Auch das Kind hat womöglich ein erotisches Begehren signalisiert, eventuell sogar den Erwachsenen in irgendeiner Weise verführt.

SCHULZ VON THUN: Mit der Folge, dass der erwachsene Täter moralisch entlastet wäre. Wir sehen an diesem Beispiel sehr klar: Auch die systemische Perspektive und das Interesse an der Zirkularität von Interaktionen stellt nur *eine* mögliche Sichtweise dar, es handelt sich um eine Variante der Betrachtung, die häufig aussichtsreich ist und gelegentlich fatal. Sie hat ihren Nutzen, um manche zwischenmenschliche Verwicklung in den Blick zu bekommen, die wir mit individualpsychologischen Augen schlecht erkennen würden. Aber es wäre tatsächlich, da gebe ich Ihnen recht, eine furchtbare Denkfigur, sich zu überlegen, wie es denn das Kind hinbekommen haben könnte, dass der andere, der Erwachsene, so begierig geworden ist, sich ihm in sexueller Weise zu nähern. Ganz gefährlich! Denn in einem solchen Fall möge der gesunde Menschenverstand regieren: Es gibt Täter. Und es gibt Opfer. Es gibt Schuldige. Und es gibt Unschuldige.

PÖRKSEN: Ich frage auch deshalb nach, weil mir auffällt, dass manche Systemiker die Auffassung vertreten, dass es eigentlich überhaupt nicht sinnvoll ist, von Opfern zu sprechen.

SCHULZ VON THUN: Wirklich? Können Sie ein konkretes Beispiel nennen, an dem Sie Anstoß nehmen?

Macht entsteht durch Gehorsam

PÖRKSEN: Darf ich zitieren? »Ein Opfer verachtet sich«, so hat der chilenische Biologe und Systemtheoretiker Humberto Maturana einmal gesagt, »weil es einem anderen Macht zugestanden und sich in einem Akt des Gehorsams selbst in seiner Autonomie verleugnet hat. In der Selbstbeschreibung als ein Opfer werden die eigentlichen Prozesse der Machtentstehung unsichtbar.« Maturanas These lautet: Macht entsteht durch Gehorsam; sie ergibt sich aus einem letztlich immer freiwilligen Akt der Unterwerfung. Wir sind, so lautet die Konsequenz, stets autonom Handelnde, niemals aber Opfer.

SCHULZ VON THUN: Da hätte ich dann doch eine kleine Gegenrede. Aber lassen Sie mich erst noch weiterfragen: Hat er bei seiner These ein konkretes Beispiel vor Augen?

PÖRKSEN: Humberto Maturana spricht hier über die Militärdiktatur unter Augusto Pinochet, die er selbst erlebt hat. Ich will noch einmal zitieren: »Niemand kann einen zwingen«, so sagt er, »einen anderen zu erschießen. Die Behauptung, man sei gezwungen worden, ist eine Ausrede, die das Ziel, auch um den Preis der eigenen Unterwerfung am Leben zu bleiben, verdeckt. Wenn sich jemand in dieser Situation entscheidet, einen anderen Menschen nicht zu erschießen, dann hört man vielleicht trotzdem das Krachen eines Schusses: Er wird selbst umgebracht – und stirbt in Würde.«

SCHULZ VON THUN: Das ist mir zu allgemein und absolut formuliert. Aber halten wir erst einmal fest, wo er recht hat: Ein erwachsener Mensch muss auch verantworten, was er auf Befehl oder unter Androhung tut. Jede Gehorsamsleistung wird erbracht von einem Menschen, der entschieden hat, gehorsam zu sein. So weit richtig, und gut auch, sich das bewusst zu machen: »Mach dich nicht zu früh zum Opfer! Sei nicht zu schnell dazu bereit, Macht abzugeben! Sei dir in dem Moment, wo du dich so eindeutig als Opfer fühlst, stets bewusst, dass du nicht ohnmächtig, sondern teilmächtig bist!« Und sich auf diese Teilmächtigkeit zu konzentrieren, das kann einen Menschen tatsächlich würdig und groß machen, ihn sogar in einen Helden verwandeln. So weit bin ich ganz einverstanden mit Maturana.

PÖRKSEN: An welchem Punkt beginnt der Dissens?

SCHULZ VON THUN: Ich selbst würde die Unterscheidung von Opfern und Tätern nicht aus einem systemischen Absolutheitsanspruch heraus abschaffen wollen; ich glaube vielmehr, dass diese Kategorien ihre Berechtigung haben und behalten. Manche Opfer verachten sich tatsächlich, aber in ganz anderer Weise, als Maturana es gemeint hat. Sie schämen sich zutiefst über das, was ihnen angetan worden ist, geben sich selbst die Schuld und leiten daraus ihre Minderwertigkeit ab. Hier wäre es ganz verkehrt, ihnen ihren vermeintlichen Eigenanteil an dem Geschehen vorzuhalten, sondern ganz im Gegenteil: Ihre Seele muss verstehen lernen, dass sie ein *Opfer* geworden sind und nichts dafürkönnen! Denn das ist erstens die Wahrheit und zweitens die heilsame Erkenntnis.

PÖRKSEN: Das heißt, wir brauchen die Unterscheidung von Tätern und Opfern noch?

SCHULZ VON THUN: Unbedingt. Und auch unter Erwachsenen gibt es klare Täter-Opfer-Konstellationen: Es mag ja sein, dass auch das Opfer in dem einen oder anderen Fall einen identifizierbaren Beitrag zu einem unheilvollen Geschehen geleistet hat. Vielleicht habe ich tatsächlich auf dem Bahnsteig jemanden provozierend und hochnäsig angeblickt: Aber wenn er mich daraufhin windelweich prügelt und auf mich eintritt, dann macht ihn das zum Täter und mich zum Opfer.

PÖRKSEN: Die Frage ist aber, ob das systemische Denken dieser moralischen Klarheit nicht die Basis entzieht. Mir erscheint die Ablehnung der Opfer-Perspektive zumindest intellektuell konsequent. Man kann doch als ein streng argumentierender Systemiker eigentlich nur zu der Schlussfolgerung kommen: Irgendwie sind alle Beteiligten schuld. Irgendwie trägt jeder die Verantwortung, denn es geht nur noch um Wechselwirkungen. Und dann muss man, wenn man dieser Spur weiter folgt, auch auf die Idee verfallen: Eigentlich ist keiner mehr wirklich verantwortlich. Die Schuldfrage verflüchtigt sich im Teufelskreis der Interaktionen. »Das systemische Denken verlässt somit« – so bekommt man zum Beispiel in den Lehrmaterialien der Systemiker zu lesen – »die Kategorien von Ursache und Wirkung (und somit Schuld) zugunsten einer zirkulären Sichtweise.«

SCHULZ VON THUN: Moment! Hier ist von einer *Sichtweise* die Rede, die in der Tat sehr fruchtbar und aussichtsreich sein kann. Aber eben nicht immer und in jedem Fall. Wenn man tatsächlich behaupten würde, dass mit dieser Sichtweise die Kategorien von Schuld oder Unschuld, Moral oder Unmoral schlicht hinfällig würden, dann müssten wir diesem gefährlichen Quatsch heftig widersprechen. Aber das sagt und meint man ja wohl nicht.

Abschied vom Entweder-oder

PÖRKSEN: Aber ist in solchen Sätzen nicht die Gefahr angelegt, die Fragen von Schuld oder Unschuld schlicht zu vergessen und zu verwischen? Mara Selvini Palazzoli, die große alte Dame der systemischen Therapie, hat das Individuum einmal zu einem »Element in einem Regelkreis« erklärt. Worauf es mir ankommt: Dies alles ist doch ein Reden mit Folgekosten. Denn auf einmal ist der verantwortlich oder eben unverantwortlich handelnde Einzelne aus dem Blickfeld verschwunden und einfach weg.

SCHULZ VON THUN: Ich will es mal ganz hemdsärmelig sagen: Es gibt schlicht und einfach schwierige, gestörte Menschen, die einem Team schwer zusetzen können. Es gibt den Armleuchter und den echten Schuft und denjenigen, der eine eigene zerstörerische Kraft entfaltet. Ich halte es unter allen Umständen für lohnend, sich den individualdiagnostischen Blick zu bewahren und eben nicht jedes Verhalten systemisch zu erklären und dann zu betonen: »Gut, da sitzt nun jemand, der nervt. Aber es ist eben seine ihm zugewachsene Rolle im Team, hier den Bösewicht zu spielen!« Das heißt: Man muss in jeder Situation ganz genau schauen, welche Erkenntnisse man mit der systemischen und welche Einsichten man mit der individualdiagnostischen Hypothese gewinnt. Und sich sodann fragen: Wie plausibel ist die eine Blickrichtung, wie fruchtbar die andere? Beide Perspektiven gehören zusammen, beide enthalten ihr eigenes, spezifisches Wahrheitspotenzial. Selten ist ein *Entweder-oder* am Platze, häufig ein *Sowohl-als-auch*.

PÖRKSEN: Damit stellt sich dann die Frage, nach welchem Kriterium und aus welchen Gründen man die Perspektive wechselt und, um eine Metapher zu verwenden, die »Brille« des Systemikers gegen die »Brille« des Individualdiagnostikers tauscht?

SCHULZ VON THUN: Es fällt mir schwer, hier eine allgemeine Faustregel zu formulieren, aber es gibt schon Indizien und Momente intuitiver Evidenz, die sich benennen lassen: Wenn ein Mensch seine Eigenheit offensichtlich mit sich herumträgt, sie von einem System ins andere mitnimmt, in sehr unterschiedlichen Kontexten mit ihr auffällig wird, sich etwa in ganz verschiedenen Situationen als unzuverlässig erweist, dann scheint dies eine Eigenschaft zu sein, die ihm selbst innewohnt. Dieses negative Potenzial würde ich dann auch ihm als Individuum zurechnen und nicht als Ausgeburt des Systems beschreiben. Dennoch (»sowohl als auch«!) kann es sinnvoll sein zu schauen, wie »das System« darauf reagiert und diese individuelle Eigenart ermöglicht oder jedenfalls nicht verhindert. Noch etwas: Welche Brille ich aufsetze, hängt auch ganz pragmatisch von meiner Rolle ab! Wenn ich der Richter bin, werde ich den Täter bestrafen und nicht das Opfer. Wenn ich der Coach des Opfers bin, kann irgendwann die Blickrichtung sinnvoll werden: Wie kriegst du es hin, dass du immer wieder gemobbt wirst?

PÖRKSEN: Mir leuchtet diese pragmatische Herangehensweise ein, aber ich will trotzdem – bei dieser Suche nach den blinden Flecken des systemischen Denkens – noch einmal einen grundsätzlichen Einwand formulieren. Ich erinnere mich, dass man in den autobiografischen Aufzeichnungen des Auschwitz-Kommandanten Rudolf Höß folgende Sätze lesen konnte: »Ich war unbewusst ein Rad in der großen Vernichtungsmaschine des ›Dritten Reiches‹ geworden«, so heißt es hier. »Die Maschine ist zerschlagen, der Motor untergegangen, und ich muss mit.« Hier verwendet Höß, dieser Schreckensmensch, eine Schwundform des systemischen Denkens: Er behauptet die eigene Abhängigkeit, um sich am Ende des Kriegs selbst zum Opfer zu stilisieren – wohlgemerkt, als Kommandant von Auschwitz. Ist dieser Verweis auf die ominöse Macht der Umstände nicht auch eine Argumentationsspur, die im systemischen Denken angelegt ist?

SCHULZ VON THUN: Nein, das ist sie nicht. Gewiss haben unheilvolle Umstände dazu beigetragen, dass Rudolf Höß zu dem geworden ist, der er war. Und ebenso gewiss hat er als teilautonomer Mensch auf diese Umstände, die er selbst mit herbeigeführt hat, so und nicht anders reagiert. Dialektisch formuliert: Er selbst hat das aus sich gemacht, was die Umstände aus ihm gemacht haben. Das Ergebnis war derart monströs, dass er zu dieser Selbstverantwortung nicht stehen konnte. Indem er sich als unbewusstes Rädchen einer großen Maschine darstellt, kann er sich moralisch ein wenig entlasten – ebenso wie der Kriegsverbrecher, der für sich einen »Befehlsnotstand« reklamiert. Aber er will nur die eine Seite der Wechselwirkung sehen. Dadurch *macht* er sich zum Opfer. Diese dependente Deutung des Geschehens vermeidet die Interdependenz, die im systemischen Denken vorgesehen ist.

PÖRKSEN: Das erscheint mir als eine erhellende Klärung. Sie sagen, wenn ich richtig sehe: Man kann Interdependenz ernst nehmen – und ist dann immer beteiligt, die Einflussrichtungen verlaufen von A nach B und von B nach A. Man kann allerdings auch faktisch gegebene Interdependenz zwar sehen, sie aber nur in eine Richtung, eben dependent, interpretieren. Dann stilisiert man sich zum Opfer. Und die Einflussrichtung verläuft scheinbar nur von A nach B. Eben dies behauptet ja Rudolf Höß in seinem Tagebucheintrag. Lässt sich dieser Gedanke noch auf andere Weise illustrieren?

SCHULZ VON THUN: Eventuell taugt hier eine Analogie: Jeder Schachspieler weiß, dass ein einziger Zug im System dieses System selbst verändert und im Spiel eine neue Situation entstehen lässt, die vorher

noch nicht bestand. Und genau in diesem Sinne kann man verallge-
meinern: Das System wirkt auf mich – und ich wirke auf das System.
Es geht dabei um das Anerkennen einer Wechselwirkung, nicht um
die Behauptung einseitiger Abhängigkeit.

Die Gleichzeitigkeit des Verschiedenen

PÖRKSEN: Wenn ich mir unser bisheriges Gespräch vergegenwärtige,
dann sehe ich ein stets um den Ausgleich bemühtes Denken, eine
Kombination der Perspektiven, die man – je nach konkretem Fall
und den Besonderheiten der Situation – unterschiedlich gewichtet:
Mal steht der Einzelne im Vordergrund, mal die Abhängigkeiten, die
diesen Einzelnen regieren.

SCHULZ VON THUN: Das ist wohl wahr. Ein leitender Gedanke meiner
Arbeit ist tatsächlich die Integration dieser verschiedenen Betrach-
tungsweisen, die jede für sich nur eine Teilwahrheit belichten und
sich deshalb wunderbar ergänzen können. Es ist ein humanistisch-
systemisches Menschenbild, mit dem ich arbeite. Auf der einen Seite
steht das humanistische Denken, bestimmt von einem Interesse am
inneren Menschen, an der Autonomie des Einzelnen und der sich
verwirklichenden Persönlichkeit des Individuums: Sei du selbst, so
sagen die humanistischen Psychologen, und werde, der du bist! Auf
der anderen Seite dann: die systemische Perspektive, die dazu anregt,
Kontexte wahrzunehmen, Wechselwirkungen zu erkennen, Regeln der
Interaktion und Interpunktion zu analysieren und Abhängigkeiten in
den Blick zu bekommen. Mir ist diese Verbindung der Perspektiven
so selbstverständlich, dass ich ungläubig staune, wenn jemand das
nicht so sieht. Nur am Rande und als kleine Anekdote: Mein Kollege
Christoph Thomann und ich waren im Jahre 1981 einmal bei Paul
Watzlawick am Mental Research Institute im kalifornischen Palo Alto
zu Besuch. Und wir stellten Paul Watzlawick – er hatte uns frühmor-
gens um 7.30 Uhr in sein Büro eingeladen – bei dieser Gelegenheit unsere Idee vor, den humanistisch-individuellen Ansatz, den Thomann
und ich favorisierten, bei Bedarf mit der systemischen Perspektive zu
kombinieren. Das fand er überhaupt keine gute Idee. Seine Warnung
habe ich heute noch im Ohr. »Macht kein Gulasch!« hat er uns damals
mit auf den Weg gegeben.

PÖRKSEN: Wie ist das zu verstehen? War das ein Plädoyer für die klare Paradigmentrennung?

SCHULZ VON THUN: Genau. Er war gegen die Vermischung und Vermengung des Verschiedenen. Warum ihm dies so wichtig erschien, weiß ich letztlich nicht genau. Es handelte sich damals mehr um einen Höflichkeitsbesuch von zwei ehrfürchtigen Adepten aus Hamburg beim großen Meister in Kalifornien, weniger um eine tiefschürfende Diskussion zur Klärung inhaltlicher Fragen. Aber Watzlawick war wohl der Auffassung, ein Therapeut müsse sich, um konsistent handeln zu können, für ein Paradigma entscheiden. Dabei hätte seine eigene Biografie eine Verbindung der Sichtweisen eigentlich nahegelegt. Er hatte sich ursprünglich zum Psychoanalytiker in der Tradition von C. G. Jung ausbilden lassen, dann aber offenkundig sein Interesse am inneren Menschen verloren und sich zunehmend von den Wechselwirkungen faszinieren lassen, die entstehen, wenn verschiedene Menschen aufeinandertreffen und ein System bilden. Für mich gehören die beiden Perspektiven jedoch zusammen.

PÖRKSEN: Aber hat diese klare Entscheidung für die eine Richtung nicht auch den Vorzug, dass man sich Widersprüche bei der allmählichen Verfertigung der eigenen Gedanken erspart? Es liegt ja auch eine eigene Schönheit in dem Versuch, die eine Logik, die eine Weltsicht und das eine Paradigma ganz strikt auszuarbeiten.

SCHULZ VON THUN: Diese Sehnsucht nach einer stets einheitlichen Logik und ihrer Schönheit, von der Sie sprechen, habe ich bei mir noch nicht festgestellt. Ich gehe bewusst als Eklektiker vor, der Sichtweisen kombiniert und darauf aus ist, verschiedene Perspektiven in ein Ergänzungs- und Anregungsverhältnis zu bringen. Mich selbst fasziniert der Gedanke, dass wir Menschen mehrfach determinierte Wesen sind, biologische und geistige Wesen: Mal treibt uns der Hunger auf ein saftiges Steak, dann wieder entscheiden wir uns – womöglich aus Protest gegen das entsetzliche Leid von Tieren in unserer Welt – für die vegetarische Ernährung. Was ich damit sagen will? Der Mensch ist doch, unabhängig von der Begeisterung für logische Strenge und die Orientierung an nur einem einzigen Paradigma, immer beides: biologisch und geistig, erdverbunden und himmelnah, abhängig und autonom, Subjekt und Objekt, determiniert und frei. Es ist diese *dialektische Gleichzeitigkeit des Verschiedenen*, die mich inspiriert, die mir aufregend erscheint – gerade als ein Psychologe, weil die Seele eben das Forum bildet, in dem all dies aufeinandertrifft und von unterschiedlichen Seiten her zusammenkommt. Daher ist auch die Psychologie als Wissenschaft ein Treffpunkt, nämlich von Natur-, Geistes- und Sozialwissenschaft. Oder sollte es jedenfalls sein.

Autonomie und Abhängigkeit

PÖRKSEN: Man könnte jedoch einwenden, dass diese Verbindung des Verschiedenen schlicht widersprüchlich ist. Entweder man sieht sich als Gefangenen des Systems. Oder man betrachtet sich als unabhängig und unbeeinflusst. Wenn ich deterministisch argumentiere, dann negiere ich die Möglichkeit persönlicher Autonomie. Wenn ich aber behaupte, dass das Individuum frei und verantwortlich handelt, dann muss ich die Möglichkeiten der externen Determinierung verneinen. Sonst entsteht ein logischer Widerspruch.

SCHULZ VON THUN: Wirklich? Was zwingt Sie, diese verschiedenen Positionen als derart unvereinbar anzusehen, sie in ein Entweder-oder-Schema zu setzen? Ich denke da anders und betrachte den Menschen als *mehr oder weniger* autonom. Meine Lehrerin und Kollegin Ruth Cohn, eine prominente Vertreterin der humanistischen Psychologie, hat einmal gesagt: »Der Mensch steht im Spannungsfeld von Autonomie und Interdependenz.« So ist es; das ist eine äußerst aufregende und stetig herausfordernde Spannung der menschlichen Existenz, nicht aber ein in den Begriffen der Logik zu beschreibender Widerspruch, der einem großes Kopfzerbrechen bereiten müsste. Die Rede von der Interdependenz betont gewiss die Dimension der wechselseitigen Abhängigkeit in einem äußeren Kräftefeld, aber die Reifung und Persönlichkeitsentwicklung erlaubt es, den Autonomieanteil zu erhöhen, die eigenen Freiheitsgrade zu steigern. Und eben das ist das Anliegen der humanistischen Psychologie.

PÖRKSEN: Das hieße dann, wenn ich Ihre Position weiterdenke: Man muss sich gar nicht entscheiden. Beides stimmt. Und beides stimmt gleichzeitig.

SCHULZ VON THUN: Genau. Und indem ich meine Abhängigkeiten erkenne, kann ich selbst ein Stück unabhängiger werden, das Ausmaß meiner Selbstbestimmung erhöhen und Verantwortung für meine

Entscheidungen übernehmen. Dieses Ringen um mehr Autonomie ist lohnenswert, auch wenn vollständige Selbstbestimmung existenziell unmöglich ist, denn schließlich sind wir als biologische und soziale Wesen abhängig von Nahrung und Bewegung, von Anerkennung und Liebe. Wahrscheinlich wäre vollständige Autonomie nicht einmal wünschenswert. Ruth Cohn hat gesagt: »Autonomie ohne Interdependenz führt zum Autismus.«

PÖRKSEN: Wenn ich Sie richtig verstehe, dann würden Sie eigentlich sagen: Der Kommunikationspsychologe und Therapeut *soll* Autonomie und Abhängigkeit zusammendenken; das ist gerade die besondere Herausforderung, vor der er steht, wenn er versucht, einem anderen zu helfen.

SCHULZ VON THUN: Es stimmt, aus meiner Sicht wäre die Vernachlässigung der Autonomie oder aber der Abhängigkeit geradezu ein schwerer Kunstfehler: Man würde entweder blind für die Selbstmächtigkeit des einzelnen Menschen oder aber für die Wirkungsmacht der äußeren Kraftfelder werden. Und man würde, zumindest implizit, so tun, als gebe es auf der einen Seite die äußere Welt und getrennt davon das Individuum, das dieser Welt gegenübersteht und mit sich selbst einig ist und mit Gewissheit zu sagen weiß, in welche Richtung es strebt und was zu tun ist. Aber genau dies trifft ja nicht zu. Was ich möchte, was ich fürchte, was ich sollte, was von mir erwartet wird und was situativ adäquat ist: Das alles verquirlt oft zu einem »diffusen Gemuse«. In der Beratung, im Coaching versuchen wir daher, Feldklärung und Selbstklärung als einen zweifachen Arbeitsschritt zu verfolgen.

Die doppelte Orientierung

PÖRKSEN: Man versucht also, wenn ich Ihnen folge, die im Inneren und im Äußeren wirkenden Kräfte zu verstehen ...

SCHULZ VON THUN: ... und beleuchtet zunächst das äußere Kräftefeld: Auf welchem Feld des Schachbretts stehst du, in welcher Rolle, mit welcher Zuständigkeit? Wer steht auf welchen Feldern um dich herum und wirkt auf dich ein? Bezogen auf dein Anliegen, dein Thema: Welcher Dynamik bist du ausgesetzt als *Mensch im System*? Sodann der zweite Arbeitsschritt: die Erkundung des *Systems im Menschen*: Wer meldet sich in dir selbst zu Wort? Welche Kräfteverhältnisse sind es, die nicht in der äußeren Welt, sondern in deiner Seele regieren? Welche inneren Teammitglieder tauchen auf und welche Dynamik entfaltet sich zwischen ihnen? Erst nach diesen beiden Arbeitsschritten, dokumentiert in zwei Bildern, kann man anfangen, über stimmige Lösungen nachzudenken. – Diese Doppelperspektive, die wir hier als Werkzeug des Beraters und Coaches kennengelernt haben, ist aber auch von allgemeiner Bedeutung für das Gelingen unserer Existenz. Der Mensch, so würde ich sagen, ist doppelt aufgerufen: zum Gelingen des Ganzen beizutragen, von dem er ein Teil ist, und zum Gelingen des Ganzen beizutragen, das er selbst ist!

PÖRKSEN: Diese Perspektive, von der Sie sprechen, enthält, so betrachtet, einen doppelten Auftrag: die Orientierung am eigenen Selbst und die Orientierung am anderen. Sie haben ganz in diesem Sinne einmal von einer *dualen Ethik* gesprochen. Was genau ist damit gemeint? Lässt sich auch hier ein Beispiel finden?

SCHULZ VON THUN: Die doppelte Dienstpflicht wird am einfachsten Fall eines Systems, der Ehe, unmittelbar deutlich. Ich bin Teil eines Ganzen, zu dessen Gelingen ich beitragen möchte – und dieser Beitrag setzt Kompromissbereitschaft, Aufgeschlossenheit und Empathie für einen anderen Menschen voraus. Aber ich bin ebenso »dienstverpflichtet«, für das Gelingen meines individuellen Lebens Sorge zu tragen. Ich bin auch als Befürworter meiner selbst gefragt – wer sonst käme dafür unmittelbar infrage? Ich muss darauf achten und mitunter auch dafür kämpfen, dass meine Entwicklungswünsche, meine Sehnsüchte und Bedürfnisse in diesem Beziehungsganzen ihren Platz finden und eine Chance haben aufzublühen.

PÖRKSEN: Dann wäre die systemische Betrachtung eine Aufforderung zur Sorge um den anderen, aber eben auch zur Selbstfürsorge. Am Beispiel der Ehe und der Beziehungsdyade leuchtet mir dies unmittelbar ein. Aber wie weit soll der systemische Blick reichen? Wer oder was gehört noch zu diesem Ganzen?

SCHULZ VON THUN: Die Ehe ist nur das einfachste, das trivialste Beispiel für die konkreten Herausforderungen einer dualen Ethik, aber diese doppelte Dienstpflicht gilt auch für mein Arbeitsteam, das Unternehmen, für das ich arbeite, die Kommune und die Nachbarschaft, zu der ich gehöre. Im Extremfall und zumindest im Prinzip – auch wenn mir diese Vorstellung selbst eher fremd ist – umfasst dieses Bemühen um eine gelungene Koexistenz auch den Kosmos oder jedenfalls unsere Welt, deren Zustand ich nolens volens als Konsument in einer globalisierten Welt beeinflusse.

PÖRKSEN: Wäre das nicht aber eine enorme Überlastung des eigenen Engagements, eine ziemlich monströse Strapaze? Man wäre ja aufgefordert, sich mit dem Schicksal der Welt zu verbinden und sich auf diffuse Weise für das Verschwinden der Arten, den Klimawandel und die ins Endlose wachsenden Müllberge verantwortlich zu fühlen. Und könnte dann eigentlich schon bei der Lektüre der Frühstückszeitung verzweifeln.

SCHULZ VON THUN: Ich gebe gerne zu, dass ich selbst es mit dem ganzen Kosmos nicht so habe, aber auch die Verzweiflung ist zuweilen angemessen und wäre, solange sie mich nicht lähmt, eine menschenwürdige Reaktion. Je nennenswerter mein persönlicher Einfluss ist, desto mehr lohnt es sich natürlich, den eigenen Beitrag genauer zu betrachten. Und es stimmt schon, dass es meine Kräfte überfordern würde, das Schicksal der Welt zu schultern. Das wäre Größenwahn und hart an der Gefahrengrenze zur Depression. Von Ruth Cohn habe ich jedoch gelernt: Man kann immer etwas tun – und sei es nur in einem ganz bescheidenen Umfang, einem Milliardstel. Und es lohnt sich, um der eigenen Seele willen und um des Ganzen willen.

PÖRKSEN: Was aber ist ein gelingendes Leben in diesen verschiedenen Wirkungskreisen? Gelingen könnte für das Ehepaar, von dem wir ausgegangen sind, bedeuten, sich drei Urlaubsflüge im Jahr zu leisten. Für das Unternehmen hieße Gelingen womöglich: maximaler Profit. Und dies wäre dann wiederum unter Umständen für den ökologischen Gesamtzustand der Welt fatal.

SCHULZ VON THUN: Das ist ein guter Punkt. Aber ich will noch einmal an meine Formulierung erinnern. Ich hatte dafür plädiert, der Einzelne solle zum Gelingen des Ganzen beitragen, von dem er selbst ein Teil ist – und zugleich an dem Gelingen des Ganzen mitwirken, das er selbst ist. Sie sehen, dass in dieser Aussage noch keine Definition des Gelingens steckt, die automatisch mitgeliefert würde. Diese Bestimmung des Gelingens ist dem Menschen nicht *vor*gegeben, sondern sie ist ihm *auf*gegeben; er muss sie für sich und sein Leben entdecken.

PÖRKSEN: Warum lassen Sie hier bewusst eine Leerstelle? Ist dies ein Versuch, der missionarischen Bevormundung und der Rolle eines

Gurus zu entkommen, der weiß, was für den anderen das richtige, sinnvolle Leben ist?

SCHULZ VON THUN: Absolut. Als Berater würde ich immer darauf bestehen, dass ich selbst nicht weiß und nicht wissen darf, was der Mensch, der zu mir kommt, als ein gelingendes Leben ansehen sollte. Das gilt es vielmehr herauszufinden. Und ich kann auf diesem Weg einer existenziellen Erkundung gewiss ein mitdenkender und mitfühlender Dialogpartner sein, darf und soll hin und wieder auch Farbe bekennen, sobald und sofern zu einem Lebensthema eine eigene Überzeugung herangereift ist. Dies aber nicht als Guruoffenbarung, sondern als Angebot für die Selbstklärung eines Menschen, der die Hoheit über den Sinn seines Lebens innehat. Nicht mehr und nicht weniger.

Theorie und Biografie

PÖRKSEN: Wenn ich dieses Gespräch auf eine einzige Schlussfolgerung reduzieren müsste, dann würde ich sagen: Friedemann Schulz von Thun wirbt in seinem Denken und in seiner Kommunikationsphilosophie um Versöhnung. Er versöhnt das Individuum mit dem System, die Autonomie mit der Abhängigkeit, das Interesse am inneren Menschen mit dem Blick auf das äußere Kräftefeld, die Freiheit des Einzelnen mit der Orientierung am anderen und der Gemeinschaft. Ist dies eine Assoziation, die Ihnen selbst plausibel erscheint?

SCHULZ VON THUN: Doch, schon. Es stimmt, dass ich gerne davon spreche, das systemische und das humanistische Denken miteinander zu verbinden und diese Perspektiven miteinander zu versöhnen. Das sind, da haben Sie recht, Formulierungen, die bei mir ganz aus dem Herzen kommen. Aber ist das nicht schlicht und einfach kognitiv naheliegend? Handelt es sich hier nicht um zwei Perspektiven, die jede für sich eine Teilwahrheit verkörpern und geradezu nach Ergänzung schreien?

PÖRKSEN: Natürlich ist es schlicht einleuchtend, die individualpsychologische und die systemische Perspektive zu verknüpfen – das ist die eine Seite einer Theorieentscheidung, die Dimension intellektueller Plausibilität. Und doch haben Theorieentscheidungen mitunter auch einen persönlichen Grund, der die eigene Arbeit dann mit der nötigen Energie und Entschiedenheit versorgt. Bei Fichte, dem großen Philosophen des Deutschen Idealismus, heißt es: »Was für eine Philosophie man hat, hängt davon ab, was für ein Mensch man ist.« Und man könnte hinzufügen: »Und was für ein Mensch man ist, hängt davon ab, was man erlebt hat.« Und ganz im Sinne dieser Verbindung von Person und Philosophie habe ich mich gefragt, ob Ihr eigenes Interesse an Kategorien der Versöhnung auch einen biografischen Anlass besitzt.

SCHULZ VON THUN: Ich würde diesen Moment der Versöhnung und die Suche nach einem guten Ausgleich nicht allzu sehr biografisch überhöhen. Denn tatsächlich erscheint mir primär, dass es hier um eine plausible, unbedingt naheliegende Perspektiven- und Paradigmen-Kombination geht. Und doch ist die Hoffnung, dass wir nicht aufeinander schießen müssen, sondern dass wir miteinander reden und uns versöhnen können, für mich fundamental. Und es stimmt auch: Ich habe tatsächlich ein harmoniebedürftiges Wesen und weiß doch gleichzeitig, dass die Aufgeschlossenheit für Konflikte, für Trennendes und für Unterschiede ein wichtiges Bildungsziel darstellt, das ich nur eben nicht so leicht erreiche wie andere. Woher das kommen mag? Ich weiß es nicht; ich kann da nur Vermutungen äußern.

PÖRKSEN: Mögen Sie einen Moment lang spekulieren?

SCHULZ VON THUN: Es ist tatsächlich so, dass mich die Erfahrung gestörter Harmonie meine Kindheit und Jugend hindurch begleitet hat. Meine Eltern hatten keine gute Ehe, sie haben Gegensätze nicht mit Feuereifer ausgetragen, sondern gemault. Und das Empfinden von gestörter Harmonie hing genau wie der beißende Zigarettenrauch in den Zimmern und prägte die Atmosphäre. Und Sie wissen auch, dass man mir den Vornamen *Friedemann* gegeben hat. Dieser Vorname ist mir in den Bombennächten des Jahres 1944 zuteilgeworden. Es war eine Zeit, zu der mein Vater in Russland im Krieg war und meine Mutter – wie alle gebärenden Mütter – für die Geburt aus Hamburg in die Lüneburger Heide nach Soltau ausquartiert wurde, um mich da zur Welt zu bringen. Mein erstes Jahr, so hat sie mir erzählt, war ein entsetzliches Bombenspektakel. Permanent musste man in den Keller fliehen und in einem Bunker oder unterirdischen Keller Unterschlupf suchen. Jede Nacht heulten die Sirenen, fast jede Nacht hieß es: »Hamburg brennt!« Als ich meine Mutter einmal gefragt habe, warum sie diesen Namen gewählt hat, da nannte sie zwei Gründe. Zum einen kannte sie einen Spielfilm über Friedemann Bach, den sie sehr mochte. Zum anderen hat sie zu mir gesagt: »Weißt du, wir hatten damals eine solche Sehnsucht nach Frieden.« Offenbar war ich diesbezüglich auch ein Hoffnungsträger für sie. Und vielleicht wurde mir damit der Versöhnungsgedanke in die Wiege gelegt. Das ist natürlich schwer zu sagen, aber ich will es nicht ausschließen.

4 Das Ideal der Stimmigkeit

Das narzisstische Dilemma

PÖRKSEN: Die amerikanische Psychologin Jean Twenge hat eine grassierende »Epidemie des Narzissmus« diagnostiziert. Es sei, so ihre mit vielen Studien belegte These, allmählich eine Generation der Selbstverliebten entstanden, die vergessen hat, dass es neben dem eigenen Ego auch noch eine äußere Welt mit ihren eigenen Anforderungen gibt. Teilen Sie diesen Befund?

SCHULZ VON THUN: Ich bin kein guter Gesellschaftsdiagnostiker, aber ich reagiere mit Skepsis auf solche pauschalen Trendmeldungen, besonders wenn sie ohne Selbstreflexion auf die Verderbtheit der anderen deuten sollen. Ganz grundsätzlich sollten wir, bevor wir eine Klage über die Epidemie des Narzissmus anstimmen, die keineswegs selbstverständliche Würdigung des Individuums begrüßen. Der Individualismus ist nämlich, bevor er möglicherweise ins Kraut geschossen ist, erst einmal eine humane Errungenschaft. Kontrastieren Sie dagegen den Satz der Nazis: »Du bist nichts – dein Volk ist alles«!

PÖRKSEN: Aber ist hier nicht längst etwas gekippt? Jean Twenge argumentiert, dass die Ich-Medien und die sozialen Netzwerke des digitalen Zeitalters, die weitverbreitete Verehrung von Prominenten in der Öffentlichkeit, die Alles-ist-machbar-Ideologie und eine Jubel-Pädagogik der fortwährenden Ermutigung und des Lobens eine aggressive, das Gemeinwesen beschädigende Form der Selbstverwirklichung erzeugt haben. Überall sieht sie Narzissten und Ego-Shooter, die von der eigenen Bedeutung überzeugt sind. Überall sieht sie Menschen, die meinen, sie könnten erreichen, was immer sie wollen und sie seien auch eben deshalb auf der Welt.

SCHULZ VON THUN: Überall? Mir erscheint ein solcher, hier bissig attackierter Omnipotenzwahn und der Glaube, ein jeder sei unter allen Umständen seines Glückes Schmied und für sein Schicksal verantwortlich, lediglich als eine übersteigerte Form des Individualismus. Das Ideal der Selbstverwirklichung und der Selbstwirksamkeit ist doch – bei aller Kritik an Auswüchsen und Exzessen – ein wunderbarer Ansporn, ein großartiger Aufruf, der dem einzelnen Menschen Würde und Wert gibt. Und es ist ja zumindest die eine Hälfte der Wahrheit, dass man in den halbwegs geordneten Verhältnissen unserer Existenz (bei uns fallen keine Bomben, wir haben Trinkwasser und leiden keinen Hunger, die Erde trägt uns und bebt nicht) tatsächlich ein wenig seines Glückes Schmied sein kann. Die andere Hälfte der Wahrheit lautet allerdings, dass Gene und gesellschaftliche Herkunft, tragische Umstände und gravierende Krankheiten das eigene Schicksal entscheidend mitbestimmen. Ich würde sagen, dass ein gelingendes Leben beide Wahrheiten erkennt und bewusst lebt: die eigene Schwäche, das Ausgeliefertsein, die Ohnmacht, aber auch die Fähigkeit, etwas aus dem zu machen, was aus einem gemacht wurde.

Pörksen: Wie würden Sie selbst – abseits der kulturkritischen Fundamental-Diagnose – das Phänomen des Narzissmus und der Ego-Gesellschaft beschreiben?

Schulz von Thun: Ich sehe ein narzisstisches Dilemma, aus dem wir gar nicht leicht herauskommen können. Einerseits leben wir in einer Gesellschaft, die das Selbstmarketing und die Selbstanpreisung permanent fördert und verlangt: »Arbeite dein Profil heraus! Zeige deine Alleinstellungsmerkmale! Begreife dich als strahlender Leuchtturm und führe vor, was in dir steckt!« Der Appell an den Einzelnen, sich möglichst optimal zu verkaufen und Selbstverwirklichung als fortwährende Selbstoptimierung aufzufassen, weht durch die gesamte Gesellschaft. Andererseits ist kaum eine Gestalt derart verhasst und angeprangert wie der Narzisst, dieser Egomane, dieser entsetzliche Selbstbeweihräucherer und Nabelschau-Aristokrat, der nur um sich selber kreist! Der Narzissmus ist somit hierzulande eine hochachtungsvolle Schlüsselqualifikation und ein empörendes Charakterdefizit gleichzeitig. Um diesem Dilemma gewachsen zu sein, wird es darauf ankommen, die unverstellte Freude am eigenen Aufblühen mit einigen Gegentugenden im Gleichgewicht zu halten, zum Beispiel mit Bescheidenheit, Hingabe und Demut – und mit dem Eingeständnis, auch nur mit Wasser zu kochen.

Das Urbedürfnis der Seele

Pörksen: Sie selbst werden bei Ihren Auftritten mitunter regelrecht gefeiert, man nennt sie einen *Kommunikationspapst.* Liegt in einer solchen öffentliche Rolle auch eine Verführung zum Narzissmus?

SCHULZ VON THUN: Ganz gewiss. Ich lasse mir diesen Honig um den Bart schmecken als ein zweifelhaftes, aber harmloses Vergnügen und reagiere mit humorvoller Ironie, etwa so: »Willkommen im Vatikan, lassen Sie mich gleich urbi et orbi ein paar unfehlbare Worte verkünden!« Gefährlicher ist die Verführung, den ständigen Beifall bei öffentlichen Auftritten zu suchen und zu steigern. Ich reduziere solche Auftritte inzwischen drastisch und versuche, das Rampenlicht herabzudimmen. Aber klar ist eben auch: Gänzlich unbeeindruckt bleibt man selbst doch nicht, weil man eben nicht nur ein urtümlich Vorhandener, sondern auch ein Gewordener ist, der von Außenzuschreibungen geprägt wurde und wird. Womöglich wachse ich also eines Tages wirklich in die Soutane eines Kommunikationspapsts hinein. Momentan sehe ich mich noch an der Grenzlinie zwischen dem weisen Gelehrten und dem suchenden Lebenslehrling – ganz dort übrigens, wo man den Papst wahrscheinlich auch antrifft.

PÖRKSEN: Der Künstler Salvador Dalí hat einmal gesagt: »Nur durch stolze Selbstverherrlichung gelang es mir, mich vor dem systematischen Selbstzweifel zu retten.« Das ist die Kernthese der Psychoanalyse zur Narzissmus-Entstehung; der Narziss ist eigentlich, so die Annahme, eine zutiefst unsichere Persönlichkeit, die permanent nach Aufmerksamkeit giert, um nicht in die Verzweiflung abzustürzen.

SCHULZ VON THUN: Stimmt, Narzissmus ist dann allerdings ein individualpsychologisches, nicht so sehr ein gesellschaftliches Schicksal. Und die narzisstische Störung erscheint demnach als die Spätfolge einer mangelnden Spiegelung in einer Zeit, in der der kleine Mann oder die kleine Frau elementar darauf angewiesen war, sich auf dieser Welt willkommen zu fühlen, mit spürbarer Wonne aufseiten von Mutter und Vater gesehen und lieb gehabt und empathisch gespiegelt zu werden. Ein solcher Mangel schneidet tief in die Seele hinein und kann nicht (und später nur sehr schwer) bewusst gemacht und verschmerzt werden. Die »stolze Selbstverherrlichung«, von der Dalí spricht, ist dann die Notlösung einer verletzten Seele, die immer noch und immer wieder verzweifelt um die eigene Selbstwertachse kreist. Aber wie gesagt: Es gibt nicht nur narzisstische Störungen, es gibt auch einen selbstbewussten, »gesunden« Narzissmus, der darin besteht, sich selbst wichtig zu nehmen und die Daseinsfreude *auch* an der eigenen Biografie zu empfinden und nicht nur im Einsatz für

Volk und Vaterland. Und der an der eigenen Selbstverwirklichung ein existenzielles Interesse hat.

PÖRKSEN: Schon vor mehr als 30 Jahren hat der amerikanische Kulturkritiker Christopher Lasch in einem kontrovers diskutierten Buch über *Das Zeitalter des Narzissmus* die These aufgestellt, dass es genau dieses Ideal der Selbstverwirklichung sei, das einen dekadenten Ich-Kult befördert habe. Für ihn sind die 60er und 70er Jahre, die Jahre der Rebellion und des Aufbruchs, ein kultureller Wendepunkt: Plötzlich beginnt man – in Yoga-Workshops und Selbsterfahrungsgruppen, in den Seminaren der humanistischen Psychologen und der New-Age-Apostel – das eigene Selbst zu entdecken und sich von der äußeren Welt zurückziehen. Aus der Revolte wird schließlich die Nabelschau, auf die revolutionäre Geste folgt die Glorifizierung der eigenen Innerlichkeit.

SCHULZ VON THUN: Diese Gleichsetzung von Selbstverwirklichung und beklagenswertem Narzissmus ist verständlich und teilweise zutreffend, solange das Pendel ins Gegenextrem schwingt. Bei mancher Psychobewegung war das sicher der Fall. Wer darauf hinsozialisiert worden ist »adjusted« zu sein, Konformität als Ideal zu verinnerlichen und vor allem zu funktionieren – für den ist die Ermutigung »Ich« zu sagen, zu fühlen, zu würdigen erst einmal eine befreiende Wonne und weckt die Sehnsucht nach einem seelischen Schlaraffenland. Wenn das Pendel in diese Gegenrichtung schwingt, haben die alten Werte – Pflichterfüllung, Disziplin, anständiges und zivilisiertes Benehmen, Frustrationstoleranz, Selbstlosigkeit – hier und da erst einmal ausgedient. Sobald das Pendel aber wieder einschwingt, erkennen wir, dass Selbstverwirklichung im wohlverstandenen Sinne kein Egokult ist und sein darf. Im Gegenteil, der seelisch gesunde Mensch braucht einen Sinn, so hat der Psychiater und Begründer der Logotherapie Viktor Frankl stets betont, der über ihn selbst hinausweist. Diese Selbsttranszendierung ist nicht nur moralische Verpflichtung, sondern ein Urbedürfnis der Seele. Andernfalls entsteht ein existenzielles Vakuum. Das weiß jeder, der in die Depression gefallen ist, sobald er sich nicht mehr gebraucht fühlte.

Die Wutrede von Abraham Maslow

PÖRKSEN: Als ich mir für dieses Gespräch Notizen machte, habe ich mich gefragt, ob der verbreitete, oft programmatische Anti-Intellek-

tualismus der Psycho- und Selbsterfahrungsszene den unprodukti-
ven Narzissmus zumindest befördert hat. Wer das Nachdenken und
die intellektuelle Auseinandersetzung diskriminiert, der raubt sich
ein Stück Irritationsfähigkeit durch fremde Gedanken, Einsprüche,
Gegenargumente. Die Konzentration auf das eigene Ich und den
Krümmungswinkel des eigenen Bauchnabels wird so leichter möglich.

SCHULZ VON THUN: Sie sehen eine Verbindung von Anti-Intellektualismus und Narzissmus? Da muss ich nachfragen: Wie kommen Sie
darauf? Lässt sich ein Beispiel finden?

PÖRKSEN: In der Biografie des humanistischen Psychologen Abraham
Maslow wird von einer merkwürdigen Begegnung berichtet, die er mit
einem anderen großen Psychologen, dem Erfinder der Gestalttherapie
Fritz Perls, hatte. Maslow gab im Esalen-Institut – dem kalifornischen
Zentrum der gerade entstehenden New-Age-Bewegung – einmal ein
Seminar, bei dem auch Perls zugegen war. Und Perls begann im Laufe
des Wochenendes immer stärker zu stören, beschimpfte Maslow als
verkopften Intellektuellen, attackierte ihn für seine angeblich verschul-
te Seminarführung ...

SCHULZ VON THUN: ... Perls nannte das *Mindfucking,* wenn jemand sich
ohne zu fühlen dem Intellekt hingab. Aber erzählen Sie weiter ...

PÖRKSEN: Weil Maslow ihn und seine Zwischenrufe konsequent ignorierte, ließ sich Perls auf den Boden fallen und robbte in der Art
eines wimmernden Kleinkindes auf den auf einem Stuhl sitzenden
Maslow zu, umklammerte seine Beine und wimmerte weiter. Maslow
war fassungslos und hielt schließlich – er war eigentlich ein äußerst
gelassener, alles andere als impulsiver Mensch – eine furchtbare Wut-
rede, attackierte den Anti-Intellektualismus, die Wissenschaftsfeind-
lichkeit und den Narzissmus der Seminarteilnehmer und sagte voller
Verachtung zu Perls: »This begins to look like sickness.« Verstehen
Sie? Maslow steht hier für die Figur des interessierten Intellektuellen,
der aber das Denken bei allem Interesse an der Selbsterfahrung nicht
abschalten will. Und Perls verkörpert die Idee, dass man jetzt endlich
mit dem ganzen *Mindfucking* aufhören und in sich hineinhorchen und
hineinspüren sollte. Am Schluss drehte sich alles nur noch um ihn,
das Seminar war gescheitert.

SCHULZ VON THUN: Nicht jeder Infantilismus darf sich als Avantgarde
ausgeben. Hier war Perls wohl wirklich ein wenig *sick.* Aber womöglich

hatte selbst ein derart vulgärer Anti-Intellektualismus vorübergehend sogar eine emanzipatorische Komponente, in einer Welt nämlich, in der nur Zahlen, Daten und Fakten und sogenannte Sachzwänge zählten. »Give up your mind and come to your senses!« »Hört auf mit dem Mindfucking!« – das war natürlich eine Gegenbewegung zu der übertriebenen Kopfbetonung und einer allzu abgehobenen Klugheit, die längst den Kontakt zu Körper und Gefühl verloren hatte. Ich selbst hatte diese Kur bitter nötig, und wer einmal wissenschaftliche Kongresse erlebt hat, wird für einen Protest gegen das abgehobene Intellektualisieren eine gewisse Sympathie aufbringen können. Und wenn jemand wimmernd an den Beinen des Referenten hängt, ist das sicher spektakulär und aufrüttelnd. Mir selbst wäre dies allerdings fremd, ich halte es hier mit einer anderen großen humanistischen Psychologin, Ruth Cohn, die stets gesagt hat: »Und vergiss nicht: Der Kopf ist ein wichtiger Teil des Menschen!« Kopf, Herz und Hand: Das Denken und der Intellekt, die eigene Herzensbildung und das praktische Handeln gilt es, frei nach Pestalozzi, zu einer Ganzheit zusammenzufügen.

PÖRKSEN: Sie selbst haben durchaus eigene Erfahrungen mit der Selbsterfahrungsszene und der Welt der Encounter-Gruppen gemacht und sind 1973, gemeinsam mit dem Hamburger Psychologen Reinhard Tausch, ins kalifornische La Jolla gereist – und hier Carl Rogers begegnet, auch er eine Schlüsselfigur der 60er und 70er Jahre, der in seinen Gruppen den authentischen Selbstausdruck des Einzelnen fördern wollte. Rogers war eine Gründergestalt der humanistischen Psychologie, er revolutionierte die Gesprächsführung in der Gruppen- und Individualtherapie. Wie haben Sie selbst diese Zeit in Kalifornien erlebt?

SCHULZ VON THUN: Ich litt unter einem Kulturschock und war unglücklich. Mein Englisch war *very bad* und es fiel mir schwer, meine Emotionen auszudrücken, so flott und leichtgängig über das eigene *Feeling* zu sprechen. Andere hingegen konnten das perfekt und ich fühlte mich als ein weitgehend stummer Außenseiter, der nicht richtig hineinpasste und auch befremdet war. Darf ich ein Beispiel für dieses Gefühl des Befremdens nennen? Ich erinnere mich noch, wie ich auf dem Weg zum Essen an meiner eben beendeten Gruppe vorbeikam, sie standen vor der Mensa im Kreis, hielten sich an den Händen, summten und genossen hingegeben die Energie dieses Kreises. Ich schlich peinlich berührt, staunend und doch irgendwie fasziniert an ihnen vorbei. Als ich aus der Mensa zurückkam, da standen sie dort immer noch summend im Kreis. Oh nein, immer noch!? Mir wurde klar: Da gehöre ich nicht dazu.

Maximale und optimale Authentizität

PÖRKSEN: Für Carl Rogers und seine Anhänger gab und gibt es ein entscheidendes Kommunikationsideal. Es heißt: Authentizität, Kongruenz, Übereinstimmung von innerem Erleben und kommunikativem Selbstausdruck. Man soll stets sagen, was in einem vorgeht, was man gerade innerlich erlebt. Kurios ist, dass hier – schon in der Ausrichtung der eigenen Lehre an einem letztlich solipsistischen Kommunikationsideal – die äußere Welt gar keine Rolle mehr spielt, sie ist gleichsam aus dem Horizont des eigenen Nachdenkens und Erlebens verschwunden. Es geht um eine rein interne Relation; es geht um das eigene Ich und sein inneres Erleben, das mehr oder minder präzise in Sprache gefasst wird. Meine Frage lautet nun: Hat nicht auch das Authentizitätsideal den Ego-Kult begünstigt?

SCHULZ VON THUN: In der Tat hat das Ideal der Authentizität eine enorme Karriere gemacht, und es mag manche Übertreibung in Richtung einer maximalen Selbstoffenbarung geben, aber ich teile Ihre Kritik in dieser Schärfe nicht, im Gegenteil. Authentizität und Kongruenz sind aus meiner Sicht wichtige Meilensteine der Menschwerdung, die dazu anregen, mit sich selbst in Kontakt zu treten, in sich hineinzuschauen und zur Sprache zu bringen, was in einem vorgeht. Man braucht diese Fähigkeit zur Selbstempathie, und es gilt, sich zu fragen: Wie ist mir ums Herz? Wofür stehe ich? Wogegen wende ich mich? Sich darüber klar zu werden und dafür eine stimmige Sprache zu finden ist schon eine wertvolle Leistung, die einem nicht unbedingt nur Freunde macht. Natürlich läuft etwas schief, wenn die Artikulation des eigenen Erlebens mit einem Mal zur selig machenden Norm erkoren wird, wenn man plötzlich auch im wirklichen Leben nur noch Ich-Botschaften formuliert, die man gerade erst in der Übungs- und Sondersituation einer persönlichen Weiterbildung kennengelernt hat. Aber zunächst ist es eine Errungenschaft, die eigene Selbstwahrnehmung zu schulen und dann auch zu sich selbst zu stehen.

PÖRKSEN: Aber gibt es nicht lange schon einen Terror der Authentizität im öffentlichen Raum? Wir haben längst Tränen, Liebesschwüre,

Heiratsanträge und jede Menge private Regungen und Berichte, die die öffentliche Sphäre fluten.

SCHULZ VON THUN: Das ist leider wahr, aber ich glaube nicht, dass wir diese Intimität am falschen Ort dem Authentizitätsideal anlasten sollten. Ob es im Falle einer öffentlichen Liebeserklärung oder eines tränenreichen Bekenntnisses wirklich darum geht, das eigene Empfinden zu artikulieren und das, was mich innerlich ausmacht, in meinem äußeren Gebaren auszudrücken? Ich habe da meine Zweifel und glaube nicht, dass wir hier von Authentizität sprechen sollten. Eher habe ich den Eindruck, dass die zur Schau gestellte Intimität einem Wirkungskalkül unterliegt, geleitet von der Annahme: »Das macht sich hier gut!«

PÖRKSEN: Das leuchtet mir ein, gerade weil das scheinbar private Sprechen in der Öffentlichkeit ein Vermarktungstrick von mehr oder weniger Prominenten sein kann, um gleichzeitig die wunderbare Autobiografie, die gerade erschienene CD oder den selbst kreierten Schmuck zu verkaufen. Diese öffentliche Authentizität wäre dann eigentlich eine raffinierte Form der Inszenierung, ein Versuch, durch die scheinbare Selbstoffenbarung zu punkten und auf sich und die eigenen Produkte aufmerksam zu machen. Aber darf ich noch einmal stärker mit Blick auf Ihr eigenes Werk nachfragen: Ergibt sich Ihr Plädoyer für Authentizität auch aus eigenen biografischen Erfahrungen?

SCHULZ VON THUN: Unbedingt, ja. Als ich selbst die Bühne des Erwachsenenlebens betrat, gab es eine tiefe Spaltung zwischen dem, was ich in Sprechblasen von mir gab, und dem, was tatsächlich in mir vorging. Ich war rhetorisch begabt, war eloquent und konnte elegant formulieren, aber war mir selbst doch weitgehend unzugänglich. Und daher konnte mein inneres Erleben auch nicht glaubwürdig in meine eigene Kommunikation einfließen. Allerdings taugt das Authentizitätsideal – und da gebe ich Ihnen recht – auch nicht als Leitstern für alle kommunikativen Lebenslagen, weil es unzählige Situationen gibt, in denen es gar nicht angebracht ist, sich selbst möglichst unverfälscht zum Ausdruck zu bringen oder gar alles »herauszulassen«. Das wäre ein Missverständnis. Um diesem Missverständnis zu begegnen, hat Ruth Cohn den Begriff der *selektiven Authentizität* geprägt und diesen Gedanken mit folgender Formulierung veranschaulicht: »Nicht alles, was echt ist, will ich sagen, doch was ich sage, soll echt sein.«

PÖRKSEN: Das ist vermutlich auch ein Plädoyer gegen vollständige Offenheit, die totale Transparenz und Aufhellung des eigenen Ich.

SCHULZ VON THUN: Ganz genau. Und selbstverständlich kann das Authentizitätsideal missverstanden werden, und man sieht sich dann aufgefordert nach dem Motto vorzugehen: »Lass alles raus – und was der andere dann damit macht, ist ganz und gar sein Problem!« Aber darum geht es nicht. Totale Aufrichtigkeit und Offenheit, ohne ein Gefühl für Takt und Zeitpunkt, für Kontext und Verkraftbarkeit, können rücksichtslos und zerstörend sein. Ruth Cohn unterscheidet daher zwischen maximaler und optimaler Authentizität. Erstere ist erstrebenswert sich selbst gegenüber, Letztere gegenüber dem anderen. Und optimale Authentizität ist immer selektiv.

Wesensgemäß und situationsgerecht

PÖRKSEN: Sie verabschieden sich damit von einem sehr radikal und absolut formulierten Authentizitätsideal, das noch für Carl Rogers und seine Anhänger maßgeblich war. Man muss, wenn ich richtig verstehe, nun den doppelten Blick trainieren und gleichermaßen nach innen und nach außen schauen: Was man äußert, soll das eigene Empfinden und Erleben repräsentieren, aber das Gesagte muss doch auch zum jeweiligen Kontext passen, ihm angemessen sein.

SCHULZ VON THUN: So ist es, ich würde dies nur etwas anders formulieren. Der Leitstern meiner eigenen Kommunikationspsychologie, wenn man so will, das Metaideal ist die Stimmigkeit. Was ich sage, soll *wesensgemäß und situationsgerecht* sein – das ist in der Tat ein doppelter Anspruch, die Suche nach einer doppelten Passung, die das Authentizitätsideal nicht aufgibt, aber das Ringen um den authentischen Selbstausdruck doch im Kontext der Gesamtsituation und der Rollenerfordernisse betrachtet wissen will. Die ziemlich anspruchsvolle Herausforderung lautet damit: »Sei in Übereinstimmung mit dir selbst! Und sei auch in Übereinstimmung mit der Wahrheit der Situation!« Man braucht also einerseits den ungehinderten Zugang zur inneren Wahrheit, mit der Frage: Was macht mich in dieser Situation aus, was entspricht mir, sodass ich dazu stehen kann? Und zweitens: Was ist die Wahrheit der Situation, worauf kommt es hier an und was verlangt sie mir in meiner gegenwärtigen Rolle legitimerweise ab?

PÖRKSEN: Aus der pauschalen Authentizitätsforderung wird damit die konkrete, situationsbezogene Stimmigkeitsforderung. Das erscheint mir als eine äußerst folgenreiche Idee, die es sich lohnt, genauer zu betrachten. Aber zunächst: Wie sind Sie überhaupt darauf gekommen?

SCHULZ VON THUN: Ich habe wiederholt eine Differenz mit meinem Hamburger Lehrer Reinhard Tausch empfunden, und zwar in Hinblick auf die prägende Kraft der Rollenhüte, die wir unsichtbar auf dem Kopf tragen, wenn wir uns begegnen und miteinander reden. Er wollte vorrangig die Begegnung von Mensch zu Mensch sehen und fördern. Allein der Begriff *Rolle* war ihm zuwider – für ihn steckte darin der Ungeist von *eine Rolle spielen*. Und dieses Rollengehabe, etwa von Amtsträgern, wollte er ja gerade abschaffen. Die soziale Rolle erschien ihm als ein Zwang zum Rollengehabe und damit als Gegenpol zur Echtheit, als ein Korsett, das authentisches Sprechen und die menschliche Begegnung auf Augenhöhe verhindert.

PÖRKSEN: Wie lässt sich Ihre Position erfassen?

SCHULZ VON THUN: Aus meiner Sicht soll stimmige Kommunikation immer beides zugleich sein: eine Begegnung von Mensch zu Mensch *und* von Rollenhut zu Rollenhut. Wenn ich in der Uni der Prüfer bin und jemand kommt zu mir in die mündliche Prüfung, dann kann die authentische Begegnung von Mensch zu Mensch nicht der einzige, nicht einmal der vorrangige Zielwert sein. Dies widerspräche der »Wahrheit der Situation«, welche zum Teil unabhängig von den Akteuren vorgegeben, vorgeprägt ist. Diesen Begriff verdanke ich Karin van der Laan, und das war ein weiterer Impuls für die Herausbildung des Stimmigkeitskonzepts. Sie war Psychologin und Organisationsentwicklerin, ich lernte sie in den 70er Jahren kennen. Es ist ergreifend und schrecklich, sich ihrer zu erinnern, sie kam 1998 bei dem Zugunglück in Eschede zusammen mit ihren beiden Kindern ums Leben. Bei der Analyse kritischer Momente stellte sie immer wieder die Frage: »Was ist hier die Wahrheit der Situation?« Das heißt: Worum geht es hier? Wer hat welchen Hut auf und welche Ziele? Wie ist die Situation in ihren systemischen Kontext eingebunden?

PÖRKSEN: Was bedeutet diese Neuorientierung, die den Einzelnen und sein Empfinden und die Situation gleichermaßen betrachtet, handwerklich, im konkreten Geschäft der Kommunikationsberatung? Wie geht man da vor?

SCHULZ VON THUN: Wenn jemand fragt: Wie reagiere ich hier am besten?, dann wissen wir als Kommunikationsexperten die Antwort nicht, dürfen sie nicht einmal wissen. Stattdessen beginnen wir mit einem doppelten Arbeitsschritt. In einer Kommunikationsberatung gilt es zunächst den *äußeren Kontext* klug zu analysieren; das ist der erste Schritt in Richtung einer stimmigen Lösung. Was ist die Wahrheit der Situation? Wie sieht die eigene Rolle aus? Wer ist man oder wer sollte man – nach Auffassung der anderen, nach der Betrachtung der Umstände – auf dem Spielfeld sein, das man betritt?

PÖRKSEN: Und wie geht man – nach der Klärung der äußeren Situation – weiter vor?

SCHULZ VON THUN: Der zweite Schritt besteht in der Betrachtung des *inneren Kontexts* und in einer Befragung des inneren Teams: Wer meldet sich in einem selbst zu Wort?[2] Welche inneren Stimmen wollen gehört werden? Wie lassen sich die verschiedenen inneren Stimmen, die alle nicht dumm sind und oft alle ihre Berechtigung haben, im Sinne einer stimmigen Antwort und mit Blick auf die besonderen Herausforderungen der Situation integrieren? Nun, nach diesem doppelten Arbeitsschritt, der am Anfang steht, ist erneut der mitfühlende und mitdenkende Coach bei der Erarbeitung einer stimmigen Antwort gefragt, die eben wesensgemäß und situationsgerecht sein sollte. Das heißt, es ist der Coach, der – um den Familientherapeuten Helm Stierlin zu zitieren – dabei hilft, *das Individuum im System und das System im Individuum* gleichzeitig zu betrachten. Das ist eine sehr elegante und geniale Formulierung, die die Aufgabe der Kommunikationsberatung prägnant auf den Punkt bringt.

PÖRKSEN: Allerdings kann diese innere und äußere Kontextbestimmung doch sehr viel Zeit kosten, die man manchmal einfach nicht hat, weil ein anderes Entscheidungstempo gefordert ist.

SCHULZ VON THUN: Nicht unbedingt. Im alltäglichen Normalfall gelingt es uns ganz gut, diese doppelte Achtsamkeit in wenigen Sekunden zu realisieren, in einer Mischung aus Intuition und blitzschneller Analyse. Und Intuition kann durch Übung geschult werden. Hingegen in verzwickten Situationen und Lebenslagen lohnt es sich, sich die Zeit zu nehmen und methodisch vorzugehen.

---

2 Das Modell des inneren Teams wird im nachfolgenden Kapitel beschrieben.

Das Situationsmodell

PÖRKSEN: Wenn wir jetzt für einen Moment noch etwas genauer auf den äußeren Kontext blicken: Was ist eine Situation? Wie lässt Sie sich erfassen und noch präziser dechiffrieren?

SCHULZ VON THUN: Es mag Menschen mit begnadeter Intuition geben, die den Gehalt und die Erfordernisse einer Situation treffsicher erfassen oder erspüren. Es gibt solche Leute. Aber für die anderen, zu denen auch ich selbst gehöre und denen dieses Talent zur unfehlbaren Intuition abgeht, habe ich ein kleines Modell erfunden, um dem Gehalt und der Wahrheit einer Situation auf die Spur zu kommen [Abb. 7]. Ich behaupte: Jede Situation setzt sich aus vier Komponenten zusammen. Es gibt, erstens, die historische und kausale Komponente, das Geflecht der *Anlässe*, die *Vorgeschichte*, die zu dieser Situation geführt hat, denn die meisten Begegnungen und Gespräche ereignen sich ja nicht spontan oder absichtslos, sondern ergeben sich aus einer Logik heraus. Oft hat jemand dazu eingeladen. Warum? Und warum gerade sie oder er?

PÖRKSEN: Man fragt sich bei der Situationsanalyse also zunächst: Was war vorher?

SCHULZ VON THUN: Genau. Was ist dem Treffen vorausgegangen? Es gibt, zweitens, die inhaltliche Komponente, die *thematische Konstellation*. Die entsprechenden, mitunter strittigen Fragen lauten: Worum geht es bzw. worum sollte es eigentlich gehen? Was ist das Thema, was nicht? Was gehört zu unseren Aufgaben und was muss hier gar nicht besprochen werden? Was steht also auf der Tagesordnung oder sollte auf ihr stehen? Die dritte Komponente betrifft die menschliche Konstellation: Wer ist – mit welchem unsichtbaren Hut auf dem Kopf – anwesend? Und wieso, aus welcher Logik heraus? Das ist die *systemische Rollenkonfiguration*.

PÖRKSEN: Was ist damit gemeint?

SCHULZ VON THUN: Hier geht es um die Frage: Wer ist in welcher Funktion, mit welchen Interessen und in welcher Rolle anwesend? Wer ist aus welchen Gründen und in wessen Auftrag in diese Situation entsandt worden? Sind die richtigen Leute zu diesem Anlass beisammen? Fehlt vielleicht der Wichtigste? Oder hat jemand Anlass, sich hier als »nicht richtig« zu empfinden? Schließlich und viertens gibt es eine finale Komponente in jeder Begegnungssituation. Es soll, eben weil man zusammengekommen ist, auch etwas dabei herauskommen, es existiert ein *Ziel*. Soll vielleicht eine Entscheidung getroffen oder bloß ein Meinungsbild erhoben werden? Oder eine gemeinsame Haltung zu einer wichtigen Frage entwickelt werden? Wenn man ein Treffen mithilfe dieser vier Komponenten durchdenkt, dann kommt man der Wahrheit der Situation näher. Die Frage, welche Kommunikation für mich hier stimmig und passend ist, wird jetzt beantwortbar. Und vielleicht wird einem selbst oder durch einen geübten Moderator plötzlich deutlich, dass die Situation selbst unstimmig konstruiert ist, dass also beispielsweise das Thema nicht zur Vorgeschichte passt oder dass nicht die richtigen Leute für die geplante Entscheidung da sind, dass die wichtigsten Akteure fehlen oder jemand zugegen ist, der gar nicht dabei sein sollte. – Ich habe an etlichen Sitzungen teilgenommen, bei denen mir die Wahrheit der Situation nicht wirklich klar war.

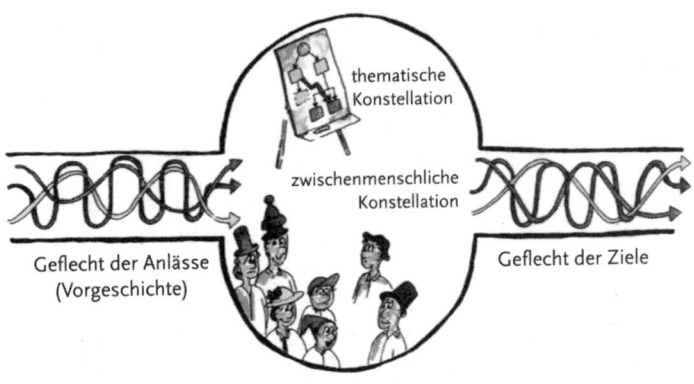

Abb. 7: Das Situationsmodell mit vier Komponenten

PÖRKSEN: Aber wer entscheidet über die Wahrheit der Situation? Ist das nicht eine reine Machtfrage? Man kann sich doch vorstellen, dass tatsächlich bei einem beliebigen Treffen ganz unterschiedliche Situationsbeschreibungen aufeinanderprallen. Aber die entscheidende Definitionshoheit hat dann derjenige, der die größte Autorität besitzt und den Chefposten besetzt hält, der Hierarch.

SCHULZ VON THUN: Das kann durchaus der Fall sein, ja. Manchmal entscheidet schlicht die Macht, dann weiß man wenigstens, woran man ist. Aber häufig lohnt es sich, bevor man richtig loslegt, erst einmal ein Einverständnis über Anlässe, Themen und Ziele eines Treffens zu bestimmen, eventuelle Unklarheiten und Uneinigkeiten darüber zu identifizieren. Denn eine Kommunikation, die von Anfang an von sehr unterschiedlichen Situationsauffassungen bestimmt wird, führt in ein babylonisches Desaster. Allerdings lassen sich unterschiedliche Auffassungen natürlich nicht immer in einen Konsens überführen, denn jeder bringt seine eigene Perspektive und seine eigenen Ziele mit. Das heißt: Über das, was situationsgerecht ist, lässt sich nicht in jedem Fall Einigkeit erzielen.

PÖRKSEN: Können Sie für diesen *Clash* der Situationsauffassungen ein Beispiel nennen?

SCHULZ VON THUN: Einem Musterbeispiel bin ich als Student 1967 an der Universität Hamburg bei der feierlichen Eröffnungszeremonie für die Erstsemester begegnet. Das war unglaublich: Zu den Klängen von Georg Friedrich Händel zogen der Rektor und dann die Professoren mit ihren schwarzen Talaren in den Saal ein. Und plötzlich setzten sich der AStA-Vorsitzende Detlev Albers (ich kannte ihn von früher aus der Tanzstunde!) und ein weiterer Student an die Spitze der Prozession, sie entrollten ein Transparent mit dem längst historisch gewordenen Spruch: »Unter den Talaren – Muff von tausend Jahren!« Diese Aktion, ein Aufbruchsignal für die Studentenbewegung, war aus der Sicht der Professoren natürlich eine grobe Unverschämtheit und ein eklatanter Verstoß gegen alle guten akademischen Sitten. Für die beiden Studenten hingegen war dieser Versuch, eine Feier umzufunktionieren und ihr hohles, falsches Pathos zu entlarven, durchaus stimmig. Denn aus ihrer Sicht war die Provokation sowohl authentisch als auch situationsgemäß – denn die Situation war optimal geeignet, den »Muff« beispielhaft vorzuführen. Man sieht daran: Die Wahrheit der Situation kann gelegentlich extrem strittig sein. Und genau das wurde hier offenbar.

PÖRKSEN: Das erscheint mir als ein interessanter Fall, weil hier am konkreten Beispiel deutlich wird, dass sich Ihre Unterscheidung des situations- und wesensgerechten Sprechens auch verwenden lässt, um genauer herauszukriegen: Was lief äußerlich gut und was lief innerlich schief; was hat innerlich gepasst, war aber situativ nicht angemessen. Man bekommt so ein Suchschema geliefert, um Stimmigkeitserlebnisse und Erfahrungen des Misserfolgs zu erkunden.

SCHULZ VON THUN: So ist es, genau. Wenn wir Stimmigkeit als doppelte Übereinstimmung (mit sich selbst *und* der Situation) definieren und einmal – eigentlich herrschen hier ja fließende, gleitende Übergänge und unterschiedliche Mischungsverhältnisse – dichotomisch denken, dann können wir festhalten: Man kann in Übereinstimmung mit sich *und* der Situation handeln; das ist der Idealfall der Stimmigkeit. Man kann in Übereinstimmung mit sich selbst und hochauthentisch auftreten, aber dabei den Charakter der Situation verfehlen. Vorstellbar ist drittens, dass man durchaus passend zur Situation kommuniziert, aber sich selbst dabei verfehlt und verleugnet, sich also angepasst oder überangepasst verhält. Und viertens kann es vorkommen, dass man beides verfehlt: die eigene innere Wahrheit wie auch die Erfordernisse der Situation und meiner Rolle darin. Ich nenne das *verquer*: Da stimmt und passt es weder hinten noch vorn.

Souveränität höherer Ordnung

PÖRKSEN: Aber man muss doch sagen, dass sich die Einschätzung der Stimmigkeit oft erst im Nachhinein feststellen lässt; erst dann weiß man, ob ein Auftritt funktioniert hat oder nicht. Stimmigkeit lässt sich, so lautet die Konsequenz, nicht wirklich planen. Vielleicht ein Beispiel – die Geschichte eines eigenen Misserfolgs: Als ich mich um eine erste Professur an der Universität bewarb und zum sogenannten Vorsingen auftauchte, hatte ich einen Vortrag vorbereitet, der für das ganz große Publikum angelegt war, für die Masse der Zuhörer, die große Zahl der Studenten. Es waren allerdings nur sieben Menschen erschienen und überhaupt keine Studenten, nur die Mitglieder der Kommission, die sich in einer irgendwie bedrückt wirkenden Stimmung eingefunden hatten. Und ich selbst habe dann bei meinem Vortrag für die Massen so laut gesprochen, ja gebrüllt, dass sich ein Professor, der am Tag zuvor eine Ohrenoperation gehabt hatte und daher kaum etwas hören konnte, sich aber trotzdem irgendwie in die Kommission geschleppt hatte, um mich zu unterstützen, nachher bei mir über die enorme, selbst für ihn unerträgliche Lautstärke beschwerte. Was ich damit sagen will: Was mir selbst zunächst zumindest in der Planung angemessen und akzeptabel erschien, war im Nachhinein betrachtet ein einziges Vortragsfiasko, ein rhetorisches Desaster. Allgemeiner formuliert heißt dies, dass sich die eigenen Stimmigkeitshypothesen nur in der konkreten Situation testen lassen. Und dann ist es wiederum schon zu spät.

SCHULZ VON THUN: Ein eindrückliches und – im Nachhinein – witziges Beispiel! Subjektiv haben Sie sich stimmig verhalten, insofern Sie immer noch den erwarteten großen Hörsaal vor den geistigen Augen hatten. Allerdings haben Sie in der Aufregung und der Anspannung die objektive Situation verkannt. Ob man das immer erst hinterher erkennen kann, wenn es zu spät ist? Das wäre wohl zu pessimistisch. Ein zutreffendes Situationsgespür gleich an Ort und Stelle wäre schon menschenmöglich. Aber ganz grundsätzlich gesprochen: Es ist durchaus denkbar, dass ich ein für mich stimmiges Verhalten zeige und auf eine Art und Weise kommuniziere, die im Nachhinein oder aber von anderen als *schräg*, provozierend, im Extremfall auch als völlig deplatziert empfunden wird. Das bedeutet, dass das Stimmigkeitskonzept nicht unbedingt Frieden und Harmonie garantiert. Was für mich stimmig ist, kann für dich entsetzlich sein. Da schlägt dann die Stunde der Metakommunikation.

PÖRKSEN: Es geht, wenn ich das Ideal der Stimmigkeit richtig deute, nicht mehr allein und nicht einmal primär um das Funktionieren und die geschmeidige Selbstoptimierung, die Anpassung an äußere Standards. Sie verweigern sich dem klassischen Erfolgsversprechen, das eine ganze Legion der Berater propagiert.

SCHULZ VON THUN: Jedenfalls ist es der Abschied von jeglicher Verhaltensschablone. Und es ist ein Abschied von einem Ideal der Erfolgsoptimierung in allen Lebenslagen. Ich unterscheide zwischen einer *Souveränität erster Ordnung*, die dieses Ideal anzielt, und einer *Souveränität höherer Ordnung*, die etwas anderes im Sinn hat. Der Ehrgeiz einer Souveränität erster Ordnung besteht darin, alles im Griff zu haben, mit exzellenter rhetorischer Schlagfertigkeit zu glänzen, sich keine Blöße zu geben, fabelhaft fit und gut gelaunt zu erscheinen, perfekt professionell in allen Lebenslagen die Oberhand zu behalten. Macken und Schwächen sind aus dieser Sicht ein beklagenswertes Versagen und schnellstens zu beseitigen – der ganze Mensch wird hier zu einer permanenten Exzellenzinitiative.

PÖRKSEN: Was ist demgegenüber mit der Souveränität höherer Ordnung gemeint?

SCHULZ VON THUN: Sie strebt ebenfalls an, den Herausforderungen des Lebens gewachsen zu sein, gewachsen zu werden, mit allen dafür erforderlichen professionellen Kompetenzen. Jedoch gestehe ich mir

Schwächen, Irrtümer und Begrenzungen zu, auch dass ich zuweilen ratlos, melancholisch, empfindlich, hilfsbedürftig, gelähmt und unbedacht bin, mich womöglich schuldig gemacht habe. Und indem ich mir alles dies nicht als kläglich angehörig, sondern als menschlich zugehörig ansehe, erkenne ich es als Teil der humanen Realität an. Mir fällt, indem ich die Fehlbarkeit zugestehe und zugebe, kein Zacken aus der Krone – im Gegenteil: Die Krone der Menschlichkeit wird jetzt erst wirklich. Und zu dieser Menschlichkeit gehört eben, dass man nicht permanent leidenschaftlich, begeistert und entscheidungsfreudig ist, sondern eben manchmal auch ratlos, vergrübelt, von Selbstzweifeln zermürbt, begrenzt, ohnmächtig und verletzlich.

Von der Norm zur Option

PÖRKSEN: Aus dem, was Sie sagen, ergibt sich noch eine weitere, zunächst ziemlich ernüchternde Konsequenz: Es ist nicht nur die Aussicht auf die unter allen Umständen erfolgreiche Selbstoptimierung, die einem genommen wird. Man muss überdies von einem bequemen Rezeptdenken Abschied nehmen, der Suche nach fertigen, situationsunabhängig gültigen Prinzipien, die für alle gelten können – immer und überall. Was Sie selbst liefern, sind hingegen Meta-Rezepte und gedankliche Rahmenbildungen, Werkzeuge zur Entdeckung der eigenen, individuellen Lösung.

SCHULZ VON THUN: Das ist wunderbar ausgedrückt. Wer das Stimmigkeitskonzept ernst nimmt, kann keine Verhaltensschablonen mehr empfehlen – und wenn man doch einmal ein Rezept präsentiert, so bleibt dies der Selbsterarbeitung überlassen. Natürlich ist der Wunsch nach Orientierung legitim und ich versuche ihm zu entsprechen, aber die Rezepte, die man dann anbieten kann, werden anders, eben weniger schematisch und normativ.

PÖRKSEN: Können Sie ein Beispiel geben, das dies deutlich werden lässt?

SCHULZ VON THUN: Um ein Rezept gebeten, hat Ruth Cohn einmal gesagt: »Wenn es in der Kommunikation schwierig wird, dann sag', was mit dir ist!« Das ist ein Beispiel für eine andere Art der Rezeptformulierung, weil diese eine Orientierung im Sinne eines Auftrags zur Selbsterforschung und Selbstkundgabe liefert, aber keine konkrete Verhaltensvorgabe macht. Allerdings kann der Coach – nach dem doppelten Arbeitsschritt, nach der Erkundung der äußeren und inneren Wahrheit – durchaus Lösungsoptionen anbieten und selbstverständlich auch mal einen konkreten Vorschlag machen. Aber dieser Vorschlag ist dann eben – und das ist entscheidend – keine *neue Norm* für alle Fälle, sondern eine *neue Option* für die konkrete Situation; sie erweitert das eigene Verhaltensrepertoire und eröffnet eine Reaktionsmöglichkeit, die bei manchen Gelegenheiten passend sein könnte.

PÖRKSEN: Ihre Art der Kommunikationsberatung widersetzt sich damit klar irgendwelchen Fertiglösungen, die Machbarkeit, Manipulierbarkeit und situationsunabhängige Effektivität versprechen. Gibt es ein Schlüsselerlebnis, das Ihnen selbst deutlich gemacht hat, dass die ewig gleichen Rezepte einfach nicht funktionieren?

SCHULZ VON THUN: Es ist weniger ein einzelnes Erlebnis, von dem ich berichten könnte, mehr die allmähliche Einsicht, dass doch stets die situative und persönliche Originalität gefordert ist. Noch in den 70er Jahren war ich, beeinflusst von Carl Rogers und Reinhard Tausch, der Meinung, dass es ideales Verhalten gibt – und zwar unabhängig von Kontexten und Personen. Und dass man dann eben dieses Verhalten trainieren sollte. Meine damalige Auffassung war: Gefordert ist der sozialintegrative-partnerschaftliche Kommunikationsstil, das heißt: die maximale Wertschätzung des Gegenübers und eine mittlere bis geringe Direktivität. Das erschien mir als das Optimum, an dem sich Kommunikation, jedenfalls im Bereich der Pädagogik, messen lassen müsste.

PÖRKSEN: Das klingt nach harten Vorgaben und einer Rezeptur für alle Fälle.

SCHULZ VON THUN: So ist es. Ich hatte damals klare Gut-böse-Schemata im Kopf. Wertschätzung ist gut, Geringschätzung böse. Dirigismus ist tendenziell böse, weil man so Unmündigkeit und Autoritätsgläubigkeit erzeugt. Laissez-faire (»Mach doch, was du willst!«) ist zwar freilassend und non-direktiv, aber eben auch geringschätzend, also eigentlich ebenso nicht wirklich gut. Und die non-direktive Herangehensweise, die dem anderen Menschen seinen eigenen Weg ebnet, steht für das Gute. Und dann haben meine Kollegen und ich auf der Basis solcher klaren Einteilungen den pädagogischen Dreischritt empfohlen, der durchaus als Rezept gedacht war.

PÖRKSEN: Können Sie ein Beispiel nennen?

SCHULZ VON THUN: Unser Standardbeispiel für Lehrerseminare und Volkshochschulkurse war damals: Es ist der Tag einer Taufe und alle in der Familie ziehen sich schön an für diese feierliche Zeremonie und machen sich fein. Nur die Tochter wählt ihre abgewetzten, kaputten Jeans – das war im Jahre 1971 noch ein ziemlich lebensnahes Beispiel! Dann haben wir gefragt:»Und wie reagiert die Mutter nun?« Wir empfahlen in jedem Fall den Dreischritt. Die Mutter sollte – erster Schritt – empathisch auf die Situation der Tochter eingehen:»Ja, Moni, für dich ist es wichtig, dass du bequem gekleidet bist, da fühlst du dich einfach wohler!?« Dann sollte sie – zweiter Schritt – eine ehrliche Selbstkundgabe der eigenen Gefühle und Gedanken liefern, also beispielsweise sagen:»Wenn ich mir vorstelle, dass bei der Feier alle so fein angezogen sind und du kommst in den alten Jeans – das wäre mir etwas peinlich vor den anderen!« Schritt drei war die zieloffene Ansprache, die keine Lösung vorgab, nichts erzwingen sollte:»Lass' uns gemeinsam überlegen, wie wir das Problem lösen können!«

Stimmige Lebensführung

PÖRKSEN: Wie haben die Leute in Ihren Seminaren reagiert?

SCHULZ VON THUN: Ambivalent. Einerseits wurden wir gelobt, weil endlich einmal von der Universität auch praktische Ratschläge kamen. Andererseits sagte man uns:»Aber so redet doch kein Mensch! Wenn ich mit meiner Tochter so sprechen würde, dann würde sie sagen: ›Sag' mal Mutti, hast du einen Kurs in Gesprächsführung besucht?‹« Gegenüber diesem Einwand haben wir unser Ideal mit Leidenschaft verteidigt:»Eben, das ist doch gerade das Problem, dass hierzulande kein Mensch so spricht. Und deshalb üben wir das jetzt gemeinsam im Rollenspiel ein!«

PÖRKSEN: Mir wird deutlich, dass sich – gerade im Vergleich zu einer derart schematisierten Kommunikation, im Kontrast zu der Rezeptideologie – die Stimmigkeitsidee sehr viel weiter fassen lässt. Es ist nicht einfach ein neues Tool, das Sie vorschlagen, sondern letztlich kann Stimmigkeit auch als der Leitwert einer kommunikationspsychologisch begründeten Lebenskunst verstanden werden. Es wird natürlich auch in Ihren heutigen Seminaren noch geübt, es wird noch trainiert, aber ...

SCHULZ VON THUN: ... es geht nicht mehr um ein uniformiertes Idealverhalten. Es geht um stimmige Kommunikation – und darüber hinaus um eine stimmige Lebensführung überhaupt! Was will ich vom Leben – und was will das Leben von mir? Wie finde ich meine wahren Bedürfnisse heraus (gar nicht so leicht!), was sehe ich als meine Pflichten an, wo spüre ich meine Berufung (wo Bedürfnis und Pflicht zur Einheit werden)? An welchen Stellen und in welche Richtungen möchte ich mich weiterentwickeln, um meinem Leben noch besser gewachsen zu sein? Auf solche Fragen gibt es keine vorgegebenen Antwortmuster, wohl aber Methoden, um nach stimmigen Antworten zu suchen.

PÖRKSEN: So betrachtet wäre das Stimmigkeitsideal auch eine existenzielle Leitlinie, ein Aufruf, den eigenen, selbst entdeckten inneren und äußeren Spuren zu folgen.

SCHULZ VON THUN: Tatsächlich fasziniert mich der Gedanke, dass es eine mir gemäße, eine mir eigene existenzielle Leitlinie gibt, die meinem Leben Sinn und Richtung bietet. Und dass ich selbst es bin, der diese Leitlinie – im Blick auf das Innere und die äußere Welt – entdecken muss, freilich nicht im stillen Kämmerlein, sondern in der Begegnung mit anderen und mit dem Ausschnitt der Welt, der mich erreicht und herausfordert. Und es gibt, davon bin ich überzeugt, im eigenen Leben Stimmigkeitserlebnisse und auch Symptome der Abweichung von dieser Leitlinie, von der kleinen Verstimmung bis hin zur Depression oder Krankheit, die einem signalisieren, dass man nicht oder nicht mehr im Einklang ist mit der ureigenen Werdeformel, die sich wohl erst nach und nach entziffern lässt. Die Kommunikationspsychologie kann durch klärende Einordnung solcher Erfahrungen ihren Beitrag zu einer stimmigen Lebensführung leisten. Sie kann dabei helfen, die eigene Berufung zu entdecken, in der sich äußere und innere Komponenten des eigenen Daseins treffen.

5 Kommunikation mit dem inneren Menschen

Die Parallelitätsthese

PÖRKSEN: Wir nehmen für gewöhnlich an, dass wir ein Ich besitzen, eine stabile, fortdauernde Instanz, die unser Denken, Fühlen und Handeln regiert. Sie demontieren diesen Glauben an das eine, fixierbare Ich, das nur mit einer einzigen Stimme spricht und stets kompakt und geordnet kommuniziert. Sie sagen, dass der Blick in das Innere des Menschen zeige, dass wir viele sind. Wie sind Sie selbst auf diese innere Pluralität gestoßen?

SCHULZ VON THUN: Leider kann ich auf diese Erfindung kein Patent anmelden. Die Einsicht findet sich schon bei Plutarch, sie findet sich in Goethes Faust und dem zum geflügelten Wort gewordenen Ausspruch: »Zwei Seelen wohnen, ach! in meiner Brust.« Man kann sie von Bismarck hören, der gesagt hat: »Faust klagt über die zwei Seelen in seiner Brust; ich beherberge aber eine ganze Menge, die sich zanken. Es geht da zu wie in einer Republik.« Und natürlich gehört diese innere Vielstimmigkeit zu den Grundgedanken fast aller psychotherapeutischen Schulen. Schon Sigmund Freud hat die Seele als einen Kampfplatz beschrieben, auf dem sich eine naturnahe Triebinstanz (das *Es*) und eine zivilisatorisch und kulturell geprägte moralische Instanz (das *Über-Ich*) in ständiger Auseinandersetzung befinden, wobei eine realitätsnahe übergeordnete Instanz (diese nennt er das *Ich*) vermittelt.

PÖRKSEN: Und doch geben Sie diesem sehr alten Gedanken der inneren Pluralität eine neue, überraschende Wendung. Natürlich, Freuds Instanzenlehre, Roberto Assagiolis Konzept der Teilpersönlichkeiten und C. G. Jungs Vorstellung von Archetypen und Komplexen im Inneren der Seele, von Schatten, von Animus und Anima gab es bereits. Der Gedanke der Multiplizität war da. Sie haben ihn aber anders gefasst, ihn sehr viel zugänglicher gemacht und ihn aus dem therapeutischen Kontext herausgelöst. Sie sprechen von einem *inneren Team*, das jedem Menschen eigen ist. Was ist damit gemeint?

SCHULZ VON THUN: Diese Metapher vom inneren Team, die ein Arbeitswerkzeug und gleichzeitig auch ein aussichtsreiches, positives Bild der menschlichen Seele darstellt, habe ich aus verschiedenen Gründen gewählt. Zunächst hat mich die Parallelität zwischen dem Seelenleben und dem Arbeitsleben fasziniert, weil etwa in beiden Welten gilt: *Wer sich übergangen fühlt, wird sich rächen*; er wird eine Entscheidung sabotieren, ausbremsen, zumindest nicht wirklich mittragen und nach Kräften für schlechte Laune sorgen – das stimmt mit Blick auf die Arbeitswelt, aber auch mit Blick auf unsere Innenwelt. Und umgekehrt lässt sich zeigen, dass die gute Aussprache, das gemeinsame Brainstorming, die Würdigung aller Stimmen, die Nutzung der Diversität und der Perspektivenvielfalt im inneren und äußeren Team für ein gedeihliches Betriebsklima und für bessere Ergebnisse sorgt.

Pörksen: Sie sprechen auch von der *Parallelitätsthese* – ein Begriff, der diese Ähnlichkeit von äußerer und innerer Welt beschreibt.

Schulz von Thun: Und genau diese Annahme parallel verlaufender Gesetzmäßigkeiten ist der eine, der erste Grund für die Wahl dieser Metapher. Sodann wollte ich ein Modell und eine Methode vorschlagen, die gut anschlussfähig ist für psychoferne Praktiker. Für normale Leute ohne Therapieerfahrung. Gerade der Profi soll wissen, dass sich in ihm eine innere Gruppendynamik ereignet, die dort ihr Wesen und zuweilen ihr Unwesen treibt. Dass das aber nichts mit Pathologie und Psychotherapie zu tun hat, sondern ein menschliches Energiereservoir enthält, das der Führung zugänglich ist und ihrer bedarf. Das Bild von einem Team eröffnet große Chancen für den Umgang mit uns selbst: dass es menschenmöglich ist, aus der Not der inneren Zerstrittenheit eine Tugend der Synergie und der vereinten Kräfte zu machen. Das ist die Verheißung, die in dem Teamgedanken steckt.

Selbstlähmung und Selbstsabotage

Pörksen: Aber ist dies nicht eine dramatische Idee, die Sie in Form einer so eingängigen, so unschuldig wirkenden Metapher vertreten: Das Ich zerfällt. Es existiert keine kompakte, zentrale Steuerungsinstanz. Die organisierende Einheit fehlt.

Schulz von Thun: Die muss ja nicht fehlen. Mit der Akzeptanz der inneren Pluralität ist nicht auch noch gleichzeitig die Annahme des Zerfalls verbunden. Denn es gibt auch noch das Teamoberhaupt, den Chef, der die Einheit der Person sicherstellt. Erst wenn dieser schwächelt und einzelne Teile gleichberechtigt das Regiment übernehmen, nichts voneinander wissen und wissen wollen, dann zerfällt das Ich in eine multiple Persönlichkeit. Aber das ist dann der Störungsfall, nicht die innerseelische Normalität all der vielen Alltagsbewältiger, mit denen ich zu tun habe und denen ich die Selbstklärung und die innere Teamentwicklung auf diese Weise schmackhaft machen kann.

PÖRKSEN: Der Familientherapeut Richard C. Schwartz – auch er ein prominenter Verfechter des Pluralitätsgedankens und Autor eines Buches über die *innere Familie* – hat einmal geschrieben: »Den ganzen Tag über wechseln wir gewöhnlich von Persönlichkeit zu Persönlichkeit.« Die Identität eines Menschen ist für ihn die augenblicksgebundene Erscheinungsform eines Menschen, das Ergebnis sich beständig wandelnder Interaktionen und Begegnungen. Die einzige Konstante wäre demnach die Veränderung. Das sehen Sie, wenn ich richtig verstehe, anders.

SCHULZ VON THUN: Ja, aber auch Richard Schwartz postuliert eine innere Zentrale, die er das *Selbst* nennt. Sie soll zunehmend die Führung übernehmen, freilich in gutem Kontakt und in Kooperation mit den Teilen. Auch diese sind insofern identitätsstiftend, als sie zum festen Ensemble gehören, als Stammspieler immer wieder auftreten und somit die Persönlichkeit prägen. Aber nicht so stempelfest, dass wir immer gleich wären. Die Pluralität des Ensembles, seine Offenheit für die Aufnahme auch neuer Mitglieder ermöglicht eine *personale Bandbreite,* sodass wir je nach Situation, Herausforderung und Beziehungspartner ganz unterschiedliche Saiten aufziehen können, sprich: mit immer anderer Teamaufstellung das Spielfeld betreten. Das ist auch gut so, denn die Aufstellung soll stimmigerweise ja situationsgerecht sein.

PÖRKSEN: Wissen Sie noch, wie Sie auf Ihre eigene Leitmetapher zur Klärung des inneren Geschehens gekommen sind? Es ist ja wirklich ein erstaunlicher Einfall, die Seele als ein inneres Team zu betrachten und das Wissen über Steuerungsprozesse und die eigene Dynamik in Gruppen auf das innerseelische Geschehen zu übertragen, um dieses Wissen dann – gemäß Ihrer Parallelitätsthese – für ein besseres Verständnis der Psyche nutzbar zu machen.

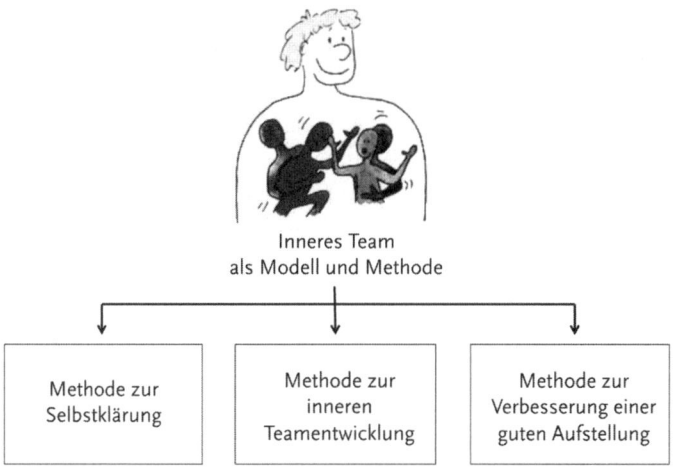

Inneres Team
als Modell und Methode

| Methode zur Selbstklärung | Methode zur inneren Teamentwicklung | Methode zur Verbesserung einer guten Aufstellung |

Abb. 8: Das Modell des Inneren Teams leistet dreierlei: Es enthält eine Methode der Selbstklärung (Wahrnehmung der Vielstimmigkeit und Integration der verschiedenen Perspektiven zu einer stimmig erscheinenden Stellungnahme). Es liefert Ansatzpunkte der inneren Teamentwicklung (Sichtbarmachung von inneren Außenseitern, Auseinandersetzungen mit inneren Konflikten und Dilemmata, innere Moderation und Mediation). Und schließlich wird es mithilfe dieses Modells möglich, eine situativ stimmige innere »Mannschaftsaufstellung« zu entdecken, die zu den äußeren Herausforderungen passt.

SCHULZ VON THUN: Ich erinnere mich an ein Bild, das ich Anfang der 90er Jahre in einem meiner Seminare zeichnete: Man sieht da eine Führungskraft, die in ihrem Inneren ganz unterschiedliche Kommunikationspersönlichkeiten in sich trägt: Manche davon sind schutzbedürftig und abhängig, andere treten aggressiv und entwertend auf, wieder andere sind hilfsbereit und fürsorglich. Manche sind hart und unerbittlich, andere sind voller Verständnis und Mitgefühl. Unter dieses Bild schrieb ich: »Führungskraft nach innen.« Mir fehlte damals noch die Metapher vom Team, aber die Tatsache, dass ein und derselbe Mensch mehrere Seelen in seiner Brust hat, war mir natürlich längst geläufig. Mir dämmerte damals, dass jede Führungskraft auch und nicht zuletzt mit dieser inneren Gruppendynamik zurechtkommen muss, dass auch hier »Führung« nötig ist, damit nicht alles durcheinander und gegeneinander läuft. Und ich fing an, Goethes Metapher von den »Seelen in der Brust« ernst und wörtlich zu nehmen: Ich malte den Menschen mit einer leeren Brust und zeichnete die »Seelen« dort hinein. Ich war hocherfreut, dass das Seelenleben in seiner Dynamik auf diese Weise verständlich und anschaulich wurde. Und plötzlich die Erleuchtung: Alles hängt davon ab, ob es gelingt, aus der Not des Durcheinanders und Gegeneinanders eine Tugend zu machen! Und diese Tugend war das Team! Acht Jahre später war es endlich soweit, mein Buch über das innere Team kam 1998 heraus, als Modell und Methode für die Selbstklärung in allen Lebenslagen [Abb. 8].

PÖRKSEN: Wie lässt sich die Verbindung von Selbstklärung und Kommunikation beschreiben? Gilt hier die Gleichung, dass erst die innere Klärungsarbeit klare Außenkommunikation erlaubt?

SCHULZ VON THUN: Genau. Eine unklare Kommunikation auf der Sachebene, der Beziehungs-, der Appell- oder der Selbstkundgabebene und die entsprechenden Kommunikationsprobleme resultieren häufig aus der Tatsache, dass man eine innere Diskussion noch nicht zu Ende geführt hat, die Selbstklärung noch nicht abgeschlossen hat. Da herrscht dann ein inneres Kuddelmuddel, das berühmte »diffuse Gemuse«; da regiert ein zerstrittener Haufen – mit der Folge einer höchst unklaren, herumeiernden Form der Kommunikation. Eventuell spricht man dann mit einer ganz leisen Stimme oder auf eine sehr hastige Weise, lässt sich leicht unterbrechen oder streut Floskeln ein, die einen selbst relativieren und Unsicherheit signalisieren, weil die eigene Stellungnahme während ihrer Verlautbarung intern noch umstritten ist. Das ist wie wenn der Regierungssprecher etwas verlauten lässt und sogleich fallen ihm diverse Kabinettsmitglieder aufgebracht in den Rücken und verlangen, dass er seine Worte revidiert. Gleichzeitig verkeilen sie sich ineinander und streiten um den Inhalt der Revision [Abb. 9].

PÖRKSEN: Dieser innere Disput kann sehr anstrengend sein, sehr belastend.

SCHULZ VON THUN: Und ob! Dass der Mensch mit sich selber nicht ein Herz und eine Seele ist, das ist sein vorgegebenes Schicksal. Bevor wir das innere Team genießen können, müssen wir erst den zerstrittenen Haufen bewältigen. Wenn dies nicht gelingt, kostet es Kraft und Lebensenergie, im Extrem kann es zu lähmender Selbstsabotage und zu einer permanenten inneren Zerrissenheit führen.

graphische Umsetzung K. Knipping   © Prof. Dr. F. Schulz von Thun

Abb. 9: Typen von inneren Teammitgliedern

PÖRKSEN: Und im umgekehrten Fall? Wie wirkt sich die gelungene innere Selbstklärung auf die Kommunikation aus?

SCHULZ VON THUN: Wer mit sich selbst einig geworden ist, der kann der Welt mit vereinten Kräften begegnen. Seine Kommunikation hat inneren Rückhalt, seine Worte haben Ruhe, Kraft und Autorität. Der Mensch und seine Worte bilden eine Einheit. Das kann jeder bezeugen, der Kinder hat: Sobald man sich selbst ganz sicher ist, dass der Fernsehabend nun unbedingt und definitiv zu Ende gehen muss, wird dies auch den Kindern deutlich. Der Tonfall, die Mimik, die ganze Ansprache – all dies signalisiert die Klarheit einer inneren Entschiedenheit, die Kinder, die weniger auf den verbalen Inhalt reagieren, sofort bemerken.

Das Rätsel des Charismas

PÖRKSEN: Ließe sich auf diese Weise auch erklären, was eigentlich Charisma ist, wie die charismatische Ausstrahlung zustande kommt? Der Soziologe Max Weber, der den Begriff zuerst in unserem modernen Sinne gebrauchte, hat ja versucht, das Rätsel des Charismatikers zu lösen, indem er Stefan George beobachtete, den Dichter, der seine männlichen Jünger um sich scharte, die in treuer Ergebenheit seine Gedichte lasen. Für Weber war das Charisma solcher Führungsfiguren etwas Magisches, das Begeisterung auslöst und Anhänger elektrisiert. Aber eigentlich konnte er das Phänomen selbst nicht erklären, sondern es nur von seinen Wirkungen her beschreiben. Wenn ich Ihnen zuhöre, könnte man sagen: *Charisma ist das Resultat absoluter innerer Entschiedenheit, die zur äußeren Kommunikationsmacht wird.*

SCHULZ VON THUN: Ob innere Einigkeit die charismatische Ausstrahlung erzeugt? Das ist eine interessante Frage, aber ich zögere, generell zustimmen. Ich sage: *Wer sich selbst versteht, kommuniziert besser.* Selbstklärung ist die Grundlage für eine klare, kraftvolle Kommunikation; sie ist innere Voraussetzung für ein dem eigenen Wesen angemessenes Verhalten, das dann noch zum Gehalt der Situation passen muss, um dem Oberideal der Stimmigkeit zu genügen. Aber ob der Charismatiker immer eine geklärte, reife Beziehung zu seinen inneren Stimmen hat, sich seiner inneren Ambivalenzen in nachdenklicher Weise bewusst ist? Ich wäre mir da nicht so sicher. Womöglich hat er nur einen selektiven Zugriff auf den erstbesten Fanatiker in ihm, der alle anderen zum Schweigen bringt und eben gerade dadurch kraftvoll und in seiner scheinbaren Eindeutigkeit mitreißend wirkt. Vielleicht werden wir irgendwann den Begriff des Charismas differenzieren und ein Charisma erster und zweiter Ordnung unterscheiden.

PÖRKSEN: Bei dem Philosophen und Essayisten Michel de Montaigne heißt es: »Ich habe von mir selbst nichts Ganzes, Einheitliches und Festes, ohne Verworrenheit und in einem Gusse auszusagen. [...] Wir sind alle aus lauter Flicken und Fetzen und so kunterbunt unförmlich zusammengestückt, dass jeder Lappen jeden Augenblick sein eigenes Spiel treibt.« Montaigne sieht diese Verworrenheit des Ich als einen Dauerzustand; Sie betrachten diese Situation hingegen als eine Übergangsphase, die wir durch die Kommunikation mit uns selbst überwinden können, um zu einer festeren, ausgereifteren Form unserer Identität und unserer Entscheidungen zu gelangen.

SCHULZ VON THUN: Stimmt, ja. Ein schönes Zitat! Ja, Montaigne beobachtet gut, aber er kannte die integrative Kraft einer inneren Ratsversammlung nicht, die die »Flicken und Fetzen«, die im Moment noch gar nicht zueinanderpassen wollen, zusammenfügt, widerstreitende Anteile von ihrer Ausschließlichkeit befreit, innere Wahrheit und äußere Klarheit, Harmonie nach innen und Wirksamkeit nach außen verbindet. Der Zustand, den Montaigne hier beschreibt, erscheint mir als Durchgangsstadium, als die Vorstufe einer *Harmonie höherer Ordnung*, die sich erreichen lässt, wenn die Unterschiedlichkeit der Teammitglieder erst einmal überhaupt wahrgenommen, benannt und begrüßt wird. Sodann braucht es in einem nächsten Schritt die klärende Selbstbefragung in Form einer inneren Ratsversammlung, um die einzelnen Wortmelder zu würdigen – und um dann zu entscheiden, wie sich unterschiedliche Positionen verbinden, entpolarisieren und von ihrer scheinbar so unbedingten, so harten Gegensätzlichkeit befreien lassen. Da geht es dann darum, das *Entweder-oder* zu überwinden und in der Verbindung des Verschiedenen in ein *Sowohl-als-auch* zu transformieren. Die verschiedenen, widerstreitenden Impulse und Anteile werden nicht abgewürgt, verteufelt oder verbannt, sondern integriert.

Stadien der Selbstklärung

PÖRKSEN: Können wir den Weg einer solchen inneren Ratsversammlung und Teambesprechung einmal exemplarisch durchexerzieren? Wie geht man überhaupt vor?

SCHULZ VON THUN: Zunächst gilt es – ob für sich allein oder im Rahmen eines Coachings –, die verschiedenen inneren Wortmelder, die sich zu einem Thema regen und rühren, zu identifizieren und zu personalisieren. Damit ist gemeint: Man stellt sie sich als »Personen« und als »Botschafter im Kleinformat« vor, eben als Mitglieder eines Teams. Es ist dabei enorm hilfreich und eigentlich unabdingbar, diese verschiedenen »Personen« zu visualisieren, weil diese objektivierende Sichtbarmachung die Disidentifikation erleichtert, das Heraustreten aus der konkreten Situation, die einen gerade so sehr umtreibt und vielleicht noch ganz und gar gefangen hält. Im Coaching und in der Beratungsarbeit hilft neben der Visualisierung auch die Inszenierung des inneren Konfliktgeschehens durch erlebnisaktivierende Methoden, das können beispielsweise Rollenspiele sein, in denen einzelne Seminarmitglieder unterschiedliche Teammitglieder verkörpern.

PÖRKSEN: Lässt sich das Vorgehen noch konkreter illustrieren?

SCHULZ VON THUN: Einmal angenommen, jemand bittet Sie um einen Gefallen. Sie spüren diffus: Oha, da habe ich mehrere Seelen in meiner Brust! Um es genauer herauszufinden, setzen Sie sich an den Schreibtisch, malen eine große Brust mit viel Platz darin und gehen der Frage nach: Wer meldet sich in mir? Wer meldet sich als Erster, welche leiseren Tiefenbewohner des eigenen Selbst tauchen erst nach längerem Nachspüren auf? Womöglich lautet die erste Reaktion eines Teammitgliedes, das sich vor weiteren Belastungen schützen will: »Bloß nicht, bitte nicht das auch noch! Ich habe ohnehin schon genug am Hals.« Diesem Botschafter meiner Seele gebe ich dann einen Namen, ich taufe ihn, nenne ihn beispielsweise den *überforderten Ressourcenwächter*, der schon ohne diese neue Aufgabe müde und am Rande ist. Und um nicht nur den analytischen Verstand, sondern auch die rechte Gehirnhälfte an dieser Klärungsarbeit zu beteiligen, suche ich nach einem symbolischen Ausdruck und einem Bild, das auch gefühlsmäßig anspricht. Ich male dann ein inneres Teammitglied, das mit müde herabhängenden Schultern dasteht. Und dann frage ich weiter: Wer meldet sich noch in dir? Denkbar ist, dass nun ein *Verständnisvoller* in Erscheinung tritt, der dem anderen liebend gerne diesen Gefallen tun würde, wenn es nur nicht mit soviel Arbeit verbunden wäre. Und auch dieses innere Teammitglied braucht dann liebevolle Zuwendung und eine passende Charakterisierung seiner Botschaft. Und so fährt man weiter fort. Vielleicht taucht aus der Tiefe der Seele noch ein Empörter auf, der diese Bitte als Zumutung empfindet. Wie auch immer – man darf gespannt sein. Am Beginn der Selbstklärung, am Anfang der inneren Teamkonferenz steht also zunächst die Erhebung, Anhörung, die Benennung und die Visualisierung der Einzelstimmen.

PÖRKSEN: Bedeutsam erscheint mir, wie die Teammitglieder bezeichnet werden, weil man auf diese Weise dem eigenen Nachdenken Richtung gibt, den Weg der Entscheidung und einer möglichen Reaktion bereits bahnt. Wie aber lässt sich feststellen, ob der Akt der Taufe gelungen ist? Woran merkt man, dass die Benennung sitzt? Man könnte ja den *überforderten Ressourcenwächter* auch als den *Faulen* etikettieren oder den *Verständnisvollen* als den *Harmoniesüchtigen* beschreiben, der sich nicht ausreichend abgrenzen kann.

SCHULZ VON THUN: Häufig gibt es zu dem Namen ein inneres Jawort, das spürbar wird. Aber tatsächlich ist es ein wesentlicher Bestandteil der Selbstklärung, den richtigen, für sich stimmigen Namen zu finden und auch Spätmeldungen zur Namensgebung wahrzunehmen. Im Coaching würde ich Sie zunächst fragen, welcher Name Ihnen passend scheint. Und wenn Ihnen nichts einfällt, dann mache ich einen Vorschlag, versuche aber an Ihrer Reaktion zu erspüren, ob diese Bezeichnung ins Schwarze trifft oder nicht. Das ist nicht einfach nur ein mehr oder minder beliebiges Benennungsspiel, sondern diese Namensgebung hat eine psychologische Bedeutung für das weitere Vorgehen – auch für den Coach, dem hier deutlich werden kann, mit welchen inneren Stimmen und seelischen Regungen sich der Ratsuchende identifiziert oder auch überidentifiziert, welche er hingegen ablehnt und ausgrenzt. Mitunter wird nämlich ein einzelnes Teammitglied sehr abwertend beschrieben und erhält dann einen Namen wie *Weichei, Duckmäuser, Spießer* oder *Schweinehund*.

PÖRKSEN: Die Abwertung eigener innerer Anteile kann selbst ein Symptom sein.

SCHULZ VON THUN: Genau. Dies deutet dann darauf hin, dass eben dieses Teammitglied in die Gefahr gerät, zum Außenseiter zu werden und der Verachtung und Verbannung anheimzufallen und eben nicht wirklich Gehör zu finden. Das heißt: Die Namensgebung signalisiert in einem solchen Fall, dass auf dem Weg zu einer von Wertschätzung und Ressourcenorientierung geprägten Perspektive noch ein Stück Arbeit zu tun ist. Wer weiß, vielleicht sollte man gerade dem *Weichei* noch dankbar sein? Vielleicht verkörpert gerade dieses Mitglied jene *Berührbarkeit*, die einem noch erhalten geblieben ist, nachdem die Seele in einer auf Effektivität eingeschworenen Kultur zum funktionierenden Betriebssystem degeneriert ist?

PÖRKSEN: Wie laufen die einzelnen Stadien der Selbstklärung im Detail ab? Der erste Schritt hin zu einer gelingenden Kommunikation mit dem inneren Menschen besteht darin, dass man die einzelnen Stimmen überhaupt wahrnimmt, sie personalisiert, visualisiert und möglichst wertschätzend benennt ...

SCHULZ VON THUN: Genau, dass man sich sammelt und die innere Versammlung nach und nach vervollständigt. Man muss dann auch noch mit Spätmeldern rechnen, die einen längeren Anlaufweg haben und bei der ersten »Einberufung« noch nicht kommen können. Der nächste Schritt könnte dann die Leitung der Teamkonferenz sein, mit dem Oberhaupt als Moderator. Das Ziel dieser internen Aussprache besteht darin, eine gemeinsame Antwort auf die Ausgangsfrage – Was soll ich tun? Wie soll ich reagieren? – zu erarbeiten. Oft muss man sich richtiggehend zusammenraufen. Im Idealfall kommt eine Antwort dabei heraus, die angemessener und stimmiger ausfällt, als wenn nur die erstbeste Stimme das Sagen gehabt hätte.

PÖRKSEN: Wie können Sie sicherstellen, dass bei dieser Suche nach einer ausgereiften Stellungnahme nicht zu viel Zeit verloren geht? Vermutlich könnte ein gestresster Manager einwenden: »Das ist eine charmante Idee, lieber Herr Schulz von Thun. Aber diese Ruhephasen zur Selbstklärung habe ich in meinem Alltag gar nicht. Ich muss meine inneren Streitigkeiten oft einfach abwürgen und sagen: »Schluss jetzt, wir müssen weiter!«

SCHULZ VON THUN: Darauf kann man verschiedene Antworten geben. Natürlich gilt, dass das Prinzip der Verhältnismäßigkeit gewahrt werden muss. Drei Stunden Selbstklärungszeit für die Frage, ob man am Abend noch ins Kino will, sind eindeutig zu viel, denn dann ist der Film schon vorbei – und der Klärungsaufwand steht in keinem Verhältnis zur dafür benötigten Zeit. Des Weiteren gibt es in unserem Leben viele Standardsituationen, die einem immer wieder neu Mühe bereiten. Zum Beispiel: Gebe ich dem Bettler am Wegesrand etwas Kleingeld oder gehe ich rasch an ihm vorbei? Mit dieser Frage werde ich mich oft konfrontiert sehen. Und es lohnt sich, derartige Standardsituationen zu durchdenken, sie wirklich einmal *durchzufühlen*, um dann zu einer Standardlösung zu kommen, die zeitraubende Selbstklärung künftig erspart. Überdies: Auch die innere Ratsversammlung ist Übungssache. Mit zunehmender Übung geht alles schneller, manchmal reichen schon ein paar Sekunden für das intuitive Abwägen und Entscheiden. Und schließlich: Wenn es um das Gelingen des eigenen Lebens geht, dann kann es sehr weise und angeraten sein, sich für solche Lebensthemen die Zeit der Selbstklärung zu nehmen und nicht gleich dem erstbesten Impuls zu folgen. Denn mit der Entscheidung müssen nachher alle (in mir) leben, sonst bleibt sie eine Kopfgeburt und erweist sich als seelisch nicht tragfähig. Jeder kluge Manager weiß: Man muss die Betroffenen zu Beteiligten machen!

Die pluralismusfreundliche Grundhaltung

PÖRKSEN: Welches Kriterium habe ich, um zum Schluss zu kommen und zu sagen: Genug, nun wird entschieden! Wann und aus welchen Gründen setzt das Teamoberhaupt ein Stoppsignal, um dann mit einer Stellungnahme nach außen zu gehen? Wer in meinem Inneren setzt sich am Ende des Tages durch? Der Kognitionswissenschaftler und Philosoph Douglas R. Hofstadter hat dies einmal folgendermaßen formuliert:»Wer von den vielen, die ich bin, wird dominieren, welche der vielen inneren Stimmen das Sagen haben? Wer oder wie werde ich sein? Welcher Teil von mir wird entscheiden?«

SCHULZ VON THUN: Das klingt so, als müsste einer gewinnen und sich gegen die anderen durchsetzen. Dann gewänne, wer am lautesten brüllt. Aber mein Teamgedanke enthält ja gerade die Utopie, dass das Oberhaupt durch eine gute Moderation der inneren Diversität und durch eine Würdigung der Einzelbeiträge zu einer Lösung und einer integrierten Stellungnahme kommt, die von allen getragen wird. Darf ich von einem eigenen Erlebnis berichten, das dies zeigt? Nach den Morden von Mölln 1992, denen zahlreiche neonazistische Anschläge auf Asylbewerber vorausgegangen waren, wollte ich am Tag darauf in meiner Vorlesung nicht einfach zur Tagesordnung übergehen. Viele Studenten trugen damals Buttons mit der Aufschrift:»Stoppt den Hass!« Daher hielt ich, abweichend vom Lehrplan, eine Sondervorlesung zum Thema:»Stoppt den Hass – aber wie?« Zufällig und ohne mein Wissen saß ein Mitarbeiter einer holsteinischen Sparkasse als Gasthörer im Publikum. Der rief mich später an und lud mich zu einem Vortrag ein. Sie hätten da ein Jubiläum ihrer Sparkasse, das man im Hotel Atlantik würdig feiern wolle, so sagte er. Und ob ich genau zu diesem Thema der Sondervorlesung den Festvortrag halten könnte. Ich merkte sofort, wie das»diffuse Gemuse« sich in mir breitmachte und ich anfing, herumzueiern: einerseits geschmeichelt und erfreut und gleichzeitig doch abwehrend und skeptisch. Und so bat ich um Bedenkzeit.

PÖRKSEN: Und dann haben Sie eine innere Ratsversammlung durchgeführt?

SCHULZ VON THUN: Ja. Allerdings wurde dadurch im ersten Moment alles nur noch schlimmer, denn die Unvereinbarkeit der Teammitglieder, ihr Gegeneinander, die Dominanz der Lauten und Schnellen und das gesamte innere Wirrwarr traten zunächst einmal so richtig deutlich hervor. Zunächst meldete sich das *Nervenbündel*, dem ohnehin alles zu viel wurde: »Nein, nein! Das gibt Stress! Zu diesem Thema bist du nicht sattelfest, da fehlt die gewohnte professorale Souveränität. Und dann bist du für deine Familie über drei Tage hinweg nicht ansprechbar, weil dir alles so zusetzt.« Sodann betrat der *politisch Erwachte* die innere Bühne, der die Sache mit ganz anderen Augen anschaute: »Großartig! Endlich wird mal das politisch-gesellschaftliche Engagement verlangt! Endlich mal keine Anfrage nach dem Motto: ›Wie ziehe ich den Kunden so geschickt über den Tisch, dass er die Reibungshitze als Nestwärme empfindet?‹« – Drittens meldete sich ein *Habgieriger* mit dem Hinweis: »Wenn ich schon so viel Stress auf mich nehme für diesen Verein, dann muss aber auch richtig etwas dabei herausspringen, ein Sonderhonorar der Extraklasse.« Sogleich protestierte ein anderer, den ich später den *Sozial-Gewissenhaften* nannte: »Das ist obszön! Da verbrennen Menschen bei lebendigem Leibe. Und mit diesem aktuellen Thema gehst du auf den Markt, um damit kräftig Kasse zu machen! Wenn schon, dann spende das Honorar den Angehörigen!« »So edel bin ich aber nicht!«, blockte der Habgierige ab. – Und schließlich meldete sich ein Fünfter, der hatte noch ein ganz anderes Bedenken auf dem Herzen: »Ein Festvortrag im Hotel Atlantik? Hoch die Tassen – und dann dieses Thema? Machst du dich da nicht zum Zirkuspferd mit der falschen Nummer? Anlass und Thema passen doch gar nicht zusammen!?« Dieses Mitglied habe ich *Zirkuspferd-Skeptiker* genannt.

PÖRKSEN: Wie sah die Lösung konkret aus?

SCHULZ VON THUN: Ich sagte den Vortrag zu, bestand aber darauf, dass dieser vor der Feier in einem Hörsaal der Universität stattfand, dass also der Vortrag und das Jubiläumsfest im Hotel räumlich voneinander getrennt wurden. Damit war das gestresste Nervenbündel besänftigt, weil ich im Hörsaal ein Heimspiel hatte. Und zugleich war der Skeptiker, der befürchtet hatte, zu einem unstimmigen Zirkuspferd zu werden, einigermaßen beruhigt. Dann habe ich ausgehandelt, dass ich kein persönliches Honorar möchte, dass mein Auftraggeber aber für die Universität mit ihren schmuddeligen Seminarräumen, den zerbrochen Stühlen und den abgerissenen Gardinen etwas tun möge. Immerhin war die Universität mein Arbeitsplatz. Ich bat um 30 gepolsterte Seminarstühle mit Lehne. Die Sparkasse stiftete schließlich – das war unser Verhandlungskompromiss – 15 Stühle mit Lehne und 15 ohne Lehne, die dort noch heute existieren.

PÖRKSEN: Die inneren Teammitglieder fanden alle irgendwie Gehör.

SCHULZ VON THUN: Genau. Ich konnte auf diese Weise den sozial Gewissenhaften und den Habgierigen in mir gleichermaßen zufriedenstellen, der auch etwas für sich wollte und nun seinen Arbeitsplatz verschönerte. Und ich konnte dem politisch Erwachten gerecht werden, der ja gerne solche gesellschaftlich wichtigen Themen aufgreifen wollte. Das schien mir eine elegante Lösung, die eines deutlich macht: Die stimmige Reaktion setzt stets voraus, dass die innere Pluralität zunächst erkannt, akzeptiert und schließlich im Sinne einer integrierten Stellungnahme genutzt wird. So wird aus der Not eine Tugend.

PÖRKSEN: Das erscheint mir als ein faszinierender Fall, weil tatsächlich alle Teammitglieder in irgendeiner Form berücksichtigt wurden – auch diejenigen, die erst einmal nur zu stören schienen bei der gefälligen, marktgerechten Präsentation in der Außenwelt. Meine Frage lautet: Kann man die Strategien der Moderation und der Spielregeln für die innere Aussprache und Entscheidungsfindung, die Sie verwendet haben, noch allgemeiner fassen? Gibt es bestimmte Prinzipien, auf die Sie hier zurückgegriffen haben?

SCHULZ VON THUN: Natürlich lief dies nicht alles derart geordnet und reflektiert ab, aber wenn ich die Vorgehensweise im Nachhinein analysiere, dann kann man festhalten: Es reicht nicht einfach nur, alle anzuhören; man muss als Oberhaupt einer inneren Ratsversammlung dann auch überlegen, welche strittigen Punkte sich eigentlich hinter den einzelnen Beiträgen verbergen und sich diese klarmachen. In diesem Fall ging es um mehrere Knackpunkte gleichzeitig: Ist der Stress für mich verträglich? Darf ich dafür Geld nehmen? Passt das bedrückende Thema zu einer Jubiläumsfeier? Bei der Suche nach einer Lösung bin ich so vorgegangen, dass ich den Beiträgen jedes Teammitglieds wertvolle Hinweise entnommen habe. Mein *Nervenbündel* hat sich zum Beispiel mit seinem Votum (»Erspare dir diesen Stress, sag' den Vortrag ab!«) zwar letztlich nicht durchgesetzt, aber es wurde vom Chef und den anderen gehört, fühlte sich verstanden und gewürdigt – und wurde schlussendlich bei der Lösungsfindung berücksichtigt. In so einem Team würden Sie auch gerne arbeiten, oder? Neben der besseren Lösung gewinnen Sie auch ein gedeihliches Miteinander – und dieses innere Betriebsklima prägt ja Ihr Lebensgefühl.

PÖRKSEN: Welche anderen Spielregeln der inneren Klärungsarbeit lassen sich ausfindig machen?

SCHULZ VON THUN: Des Weiteren habe ich mich darum bemüht, *das Interesse bzw. das Bedürfnis hinter einer Position* zu entdecken; auch das kann, grundsätzlich gesprochen, sehr sinnvoll sein, um eine drohende Verhärtung der Standpunkte abzuwenden, denn Interessen kann man zumeist auf ganz verschiedene Weise gerecht werden – und dies eben auch dann, wenn man die ursprüngliche Position nicht übernimmt. Der Habgierige wollte gut verdienen und für seine Leistung auch persönlich etwas haben, aber es ging ihm nicht unbedingt darum, viel Geld auf das Konto zu bekommen. Mit der Idee, das Honorar zur Verschönerung des eigenen Arbeitsplatzes und zum Nutzen der Studierenden einzusetzen, konnte ich seinem Interesse nach einer adäquaten Bezahlung, aber auch den Einsprüchen des Gemeinwohl-interessierten gerecht werden, ohne ihre jeweiligen Positionen direkt umzusetzen. Die gute alte Win-win-Idee feiert hier ihr Comeback in der inneren Verhandlung. Und bei dem gemeinsamen Brainstorming all derer, die um den runden Tisch versammelt sind, wird in aller Regel schnell deutlich, dass es nicht nur die Alternative *ja* oder *nein* gibt (wie ich anfangs am Telefon dachte), sondern dass eine integrierte Antwort die Scheinalternative transzendiert. Allein dafür würde sich das Innehalten lohnen.

PÖRKSEN: Diese Würdigung der einzelnen Teammitglieder haben Sie in einem Aufsatz einmal als »pluralismusfreundliche seelische Grund-haltung« bezeichnet. Können Sie noch genauer ausführen, was Sie damit meinen?

SCHULZ VON THUN: Damit meine ich ein Ideal im Umgang mit sich selbst, das darin besteht, Unterschiede willkommen zu heißen – mit der Idee, sie fruchtbar werden zu lassen. Es gilt: »Heiße jeden so willkommen, wie er kommen will! Auch und gerade die, die vielleicht deinem Ich-Ideal zuwiderlaufen. Geh davon aus, dass in ihrem Votum eine gute Absicht und zumindest ein Körnchen Wahrheit steckt, das beachtet sein will und noch gebraucht wird.« Unter dem Regiment des Ich-Ideals wäre es eine große Verführung gewesen, einige Wortmelder aus dem vorigen Beispiel abzuwürgen und auszugrenzen, beispiels-weise das klägliche *Nervenbündel*, das nun wirklich nicht für Dynamik und Tatkraft steht. Oder den *Habgierigen* (der Name ist bereits mora-lisch abqualifizierend, was eigentlich nicht sein soll) zum Beispiel als

Kapitalistenschwein zu denunzieren. Oder den *Sozial-Gewissenhaften* als *Gutmenschen* zu verhöhnen. – Nein, man empfange sie alle mit offenen Armen! Alle Schmerzen, alle Sehnsüchte, alle Bedürfnisse, denen ich innerlich kein Daseinsrecht zubillige, alle erschöpften Teammitglieder, die ich mit Durchhalteparolen wie »Reiß dich zusammen!« und »Das ist erbärmlich!« attackiere, die ich verachte oder verteufele, schließen sich, wenn sie zu lange ignoriert und dauerhaft übergangen werden, zu einer Untergrundbewegung zusammen, rauben mir Energie – und ergreifen eines Tages in Form von Depression oder Burn-out die Macht. Sie sind dann auf einmal wieder da, als seelische Heckenschützen, oder artikulieren sich, wie der Psychologe Alfred Adler einmal gesagt hat, im *Organdialekt*, zeigen sich also in Gestalt einer körperlichen Erkrankung. Ich reime gern: *Ohne deine Außenseiter kommst du garantiert nicht weiter.* Auch zweifelnde, melancholische und erschöpfte Teammitglieder gehören zu mir. Und wenn sie ausgestoßen und geächtet sind, sollen sie als würdige Mitglieder der inneren Gesellschaft rehabilitiert werden. Sie müssen ja nicht zum Spielführer des eigenen Lebens werden, aber besitzen doch das Recht, dass man sie hört und berücksichtigt!

Gegen die Verbannung

PÖRKSEN: Aber gibt es nicht auch Impulse, die keineswegs tageslichttauglich sind? Existieren nicht auch bösartige Teammitglieder, die schlicht in die Verbannung gehören? Kürzlich wurde eine Langzeitreportage der Journalistin Heike Faller mit einem der wichtigsten Preise des deutschen Journalismus ausgezeichnet, die hier als Beispiel taugen könnte. Es war der Bericht über die Therapieversuche eines Pädophilen, der sich verzweifelt in Behandlung begibt, um nicht schuldig zu werden und sich weiter mit Kinderpornos zu vergnügen. Das Interessante ist: Diese Geschichte liest sich stellenweise wie das Dokument einer inneren Ratsversammlung. In diesem Menschen kämpfen Gier und Empathie gegeneinander, Moral und Sehnsucht, Verantwortung und Triebsteuerung. Er wird mit folgenden Worten zitiert: »Als würden zwei Personen in mir wohnen. Die eine will es unbedingt, die andere ist das gute Gewissen und versucht ständig, es aufzuhalten.« Es mag polemisch wirken, aber ich denke, dass ein solches Extrembeispiel auch zur Verdeutlichung des Modells beitragen könnte. Gibt es manchmal nicht doch nur eine, meinetwegen brachiale

Lösung im Umgang mit dem eigenen Selbst? Dieser Mann muss ein inneres Teammitglied in die Verbannung schicken; er muss es in ein inneres Gefängnis einmauern.

SCHULZ VON THUN: Es darf seine Impulse nicht ausleben, das ist wahr. Macht es hier noch Sinn, davon zu sprechen, ein Teammitglied »willkommen zu heißen«? Ich meine ja. Zwar nicht willkommen zu heißen als jemanden, dessen Bedürfnisse erfüllbar wären – das wäre fatal. Aber willkommen zu heißen als jemanden, der zu mir gehört, und der nicht der inneren Verachtung anheimfallen muss. Selbsthass wäre keine Lösung. Ich habe diesen Anteil in mir nicht erfunden, sondern vorgefunden. Und ein *Gefühl* und ein *Begehren* unterliegen nicht der moralischen Beurteilung – ganz im Gegensatz zu *Handlungen*, die ich zu verantworten habe. Die Moral beginnt nach meinem Dafürhalten dort, wo der verantwortungsvolle Umgang mit den Triebimpulsen einsetzt. Das Oberhaupt steht vor der doppelten Aufgabe, das pädophile Teammitglied drastisch zu begrenzen und zugleich sich seiner anzunehmen und mit ihm in ein verträgliches Verhältnis zu kommen. Nur dann bleibt es der bewussten Selbstführung zugänglich.

PÖRKSEN: Ich will – gerade mit Blick auf dieses heikle Beispiel – noch einmal nachfragen. Bei dem humanistischen Psychologen Carl Rogers findet sich das Credo, »dass ich mehr und mehr versuche, der zu werden, der ich in Wahrheit bin«. In der Reportage von Heike Faller heißt es über den Pädophilen, den sie Jonas nennt: »Wenn ein Leben gelungen ist, weil Menschen ihr Potenzial ausgeschöpft haben, dann wird Jonas' Leben gelungen sein, weil er das, was in ihm ist, mit allen Mitteln unterdrückt hat. Er wird kein Bundesverdienstkreuz dafür bekommen. Er kann noch nicht einmal ein Schulterklopfen erwarten. Keiner darf je von dem Kampf erfahren, den er führen muss, solange er lebt.« In diesen Zitaten scheinen zwei unterschiedliche Denkwelten auf. Zum einen das pauschale Votum von Carl Rogers, das aber vermutlich eher für harmlose Situationen und Neigungen gemeint ist. Zum anderen das Fazit der Journalistin, die im konkreten Fall für die Unterdrückung eines Potenzials plädiert. Wie lässt sich die Kluft zwischen diesen Positionen auflösen? Oder sind sie unvereinbar?

SCHULZ VON THUN: Dies sind, so scheint mir, unterschiedliche Perspektiven. Natürlich, dieser Mann muss, wie dies die Journalistin beschreibt, die in ihm angelegte Verhaltensweise unterdrücken – und das ist eine Lebensleistung, die eine besondere Würdigung und Achtung verdient. Und wer weiß, womöglich kann dieser Mann die in ihm angelegte Menschlichkeit mehr und mehr zur Entfaltung bringen, indem er sich diese Verzichtsleistung auferlegt. Jedes Menschenleben ist eine Kombination aus Erfüllung und Entsagung – und treu kann ich mir auch durch Entsagung werden, oder? Vielleicht ist es ihm gegeben, sein Triebschicksal entsagungsvoll auf sich zu nehmen und trotzdem oder gerade dadurch ein Leben in Liebe zu führen!? Und aus dem Blickwinkel des Psychologen ist es angeraten, potenziell destruktive Anteile nicht zu verdrängen und zu verbannen, sondern, eben damit sie überhaupt der inneren Führung zugänglich bleiben, liebevoll wahrzunehmen. Nehmen Sie ein anderes, drastisches Beispiel: Eine Mutter, die ihr eigenes kleines Kind in manchen Augenblicken »am liebsten an die Wand klatschen möchte« – was gibt es Schlimmeres? Und dennoch sollte sie sich dem inneren Teammitglied, das diesen Impuls verspürt, mit innerer Anteilnahme zuwenden, weil sich hier ein Notschrei der Überforderung kundtut, der nicht überhört werden darf, der ernst genommen werden will. Dieses Teammitglied vermag dann, wenn man ihm mit Empathie begegnet, seine Not und seine vielleicht nur momentane, vielleicht aber auch andauernde Verzweiflung auszudrücken. Und je mehr dies gelingt, umso weniger muss das Mörderische in uns seine Impulse ausagieren.

PÖRKSEN: Das ist die alchemistische Hoffnung des Psychologen: In der Akzeptanz liegt das Potenzial zur Veränderung.

SCHULZ VON THUN: Akzeptanz für die Person und ihre inneren Anteile! Für Äußerungen und Taten kann zuweilen deutliche Konfrontation angebracht sein. Aber für innere »schwierige Teilnehmer« gilt: Wer sich gehört und verstanden fühlt, muss sich nicht mehr unerhört benehmen. Je mehr die verzweifelte Wut der Mutter in gute Hände kommt – bei ihr selbst, bei ihrem Mann, bei einem Berater – umso kleiner wird die Wahrscheinlichkeit, dass sie gegen das Kind tatsächlich gewalttätig wird.

Die Kraft der Metapher

PÖRKSEN: Wie real sind für Sie diese inneren Teammitglieder, die das Ich eines Menschen bevölkern? Anders gesagt und anders gefragt: Ist die Rede von einem inneren Team bloß eine nützliche Metapher, eine

Hilfsvorstellung? Oder meinen Sie, dass ein solches Bild die Wirklichkeit des Seelischen doch ziemlich exakt abbildet?

SCHULZ VON THUN: Da muss ich zurückfragen: Was heißt für Sie real? Natürlich glaube ich nicht, dass in meinem Inneren kleine grüne Männchen herumgaunern und sich zu Wort melden. Irgendwann wird sich wahrscheinlich nachweisen lassen, dass es andere neuronale Erregungsmuster hervorbringt, wenn man sich in sein Teammitglied A hineinversetzt als bei B. Aber das ist mir nicht so wichtig. Vielmehr ist für mich entscheidend, dass es mithilfe dieses Bildes gelingen kann, die eigene innere Dynamik zu fassen zu kriegen, kognitiv und emotional zugleich, und sich darauf einen Reim zu machen. Real spürbar ist auch, dass jemand sich deutlich beruhigt und entspannt, wenn alle inneren Regungen und Teilnehmer zu Wort gekommen sind.

PÖRKSEN: Jede Metapher hat jedoch nur eine begrenzte Erklärungskraft. Und natürlich muss man sich irgendwann fragen: Dechiffriere ich, wenn ich von einem inneren Team spreche, gerade die Seele – oder folge ich lediglich den Spuren einer Metapher und deute sie aus? Denn Metaphern erzeugen Metaphern, sie können sich zu eigenen Bildwelten verketten, in denen man dann herumdriftet. Hat Sie diese Gefahr einer Sprachverführung des eigenen Denkens nie beunruhigt?

SCHULZ VON THUN: Vielleicht sollte mich diese Gefahr beunruhigen, aber ehrlich gesagt bin ich viel mehr von der stimulierenden Erkenntniskraft der Metapher fasziniert. Wie Sie wissen, gibt es einen *Dummie* in mir. In mir wohnt einer, der kapiert abstrakte, analytische Zusammenhänge nur sehr schwer. Und wenn man dem eine Brücke baut (und Metaphern sind ja meistens Brücken zu einem Verständnis, die man – wenn man verstanden hat – eventuell auch wieder abbauen kann), dann empfindet er dies schlicht als Wohltat.

PÖRKSEN: Aber auch die Teammetapher hat ihre Grenzen, erfasst nicht die Gesamtheit des seelischen Geschehens.

SCHULZ VON THUN: Sie haben recht: Ein Team in der Arbeitswelt wird oft mit Blick auf ein zeitlich begrenztes, vorab definiertes Ziel zusammengestellt; man kann einzelne Mitglieder auswechseln, entlassen, ersetzen. Hier endet die Parallele zum inneren Team, denn ich muss mit mir selbst bis weit nach der Pensionierung und bis zu meinem Lebensende klarkommen, auch wenn ich den einen oder anderen in mir gern auf den Mond schießen möchte. Ganz in diesem Sinne hat die Philosophin Hannah Arendt einmal gesagt: »Ich bin der einzige Mensch, von dem ich mich nicht trennen kann, zeitlebens.«

PÖRKSEN: Mir fällt auf, dass Sie manchmal die Metaphern wechseln und auf unterschiedliche Bildwelten zurückgreifen: Es ist nicht nur die Arbeitswelt, sondern auch die Welt des Sports, des Kampfs, des Theaters.

SCHULZ VON THUN: Stimmt, ich benutze je nach Gelegenheit, Thema und Zielgruppe durchaus unterschiedliche Metaphern. Manchmal spreche ich statt eines Teams von der *inneren Mannschaftsaufstellung*, die auf das Spielfeld läuft. Wenn es darum geht, in Kampf und Konflikt zu bestehen, kann es gelegentlich sinnvoll sein, von einer *inneren Schlachtordnung* zu sprechen. Auch das Bild einer *inneren Bühne* ist mir wichtig, weil man mithilfe dieser Metapher deutlich machen kann, dass wir dazu neigen, die Hauptdarsteller besonders zu beachten, die oft und gern im Rampenlicht stehen. Und wir übersehen dabei leicht, dass es aber auch andere Mitspieler gibt, die nicht so sichtbar sind, die vielleicht verstohlen hinter dem Vorhang hervorlugen oder sogar hinter der Bühne oder unter der Bühne bleiben und sich allenfalls durch Klopfzeichen bemerkbar machen. Und doch sind sie vorhanden, man muss mit ihnen rechnen. Es sind eben solche Boten aus dem Untergrund und aus den Tiefenschichten der eigenen Seele, die mithilfe einer solchen Metapher auf einmal in den Blick geraten. Und der Regisseur hat prinzipiell die Freiheit, ihre Rolle aufzuwerten und zu verändern.

PÖRKSEN: Sie selbst haben das Modell des inneren Teams einmal als eine *Demokratisierung der Psychoanalyse* bezeichnet. Wie ist das zu verstehen? Meinen Sie, dass dieses Modell – eben aufgrund der so unmittelbar einleuchtenden Metaphorik – die Hindernisse abbaut, die einer psychischen Selbstklärung im Wege stehen könnten?

SCHULZ VON THUN: Ich meinte damit, dass Erkenntnisse über innere Dynamiken aus dem Geheimkabinett psychoanalytischer Expertise herausgeholt und allgemein zugänglich werden. Mit dem Modell vom inneren Team werden innerseelische Phänomene wie Ambivalenz und Abwehr, Widerstand, Verdrängung und Projektion, welche die Psychoanalyse in einer für den Laien oft schwer zugänglichen Sprache beschreibt, anschaulich und mitbestimmungsfähig. Denken Sie nur an psychoanalytische Schlüsselbegriffe wie *Widerstand, Verdrängung* oder *Projektion.* Wie lassen sich diese mit der Teammetapher erklären? *Widerstand* heißt: Da ist einer in dir drin, der etwas dagegen hat, dass dieses heikle Thema nun zur Sprache kommt. Oder dass eine anstehende Entwicklung in Fahrt kommt. Therapeutisch lohnt es sich demzufolge, mit diesem »Widerständler« in Kontakt zu kommen, denn er ist mächtig und manchmal weise. Nur wenn es gelingt, ihn ins Boot zu holen, sprich ins innere Team zu integrieren, kann der therapeutische Prozess fortschreiten. Wahrscheinlich wird er seine Bedingungen nennen, unter denen er dazu bereit ist. *Verdrängung* meint, dass einzelne Teammitglieder ins innere Sibirien verbannt werden.

PÖRKSEN: Wie lässt sich schließlich das Phänomen der Projektion fassen?

SCHULZ VON THUN: *Projektion* bedeutet: In dir gibt es jemanden, den du gar nicht gerne hast. Genauer gesagt: Jemand anders in dir findet ihn beispielsweise erbärmlich oder widerwärtig – und hält ihn gefangen. Um die Aggression auf der inneren Bühne nicht ausbrechen zu lassen, gehst du dazu über, mit scharfer Brille auf andere Menschen in der Außenwelt zu schauen – und entdeckst dort superscharf genau jene Eigenschaften, die bei dir der inneren Verachtung anheimgefallen sind. Jetzt kannst du Verachtung und Aggression nach außen verlagern, dein innerer Mensch ist vorerst aus dem Schneider. Der Wilhelm Busch in mir reimt: »Was ich an mir nicht leiden kann, das häng ich einem andern an!« – All diese psychischen Mechanismen gehen uns etwas an, und zwar nicht nur auf der Couch, sondern im alltäglichen Leben. Daher mein Anliegen, die Psychoanalyse zu demokratisieren. Die Aufklärung, das Mündigwerden, soll sich nicht nur auf Naturvorgänge und gesellschaftliche Phänomene beziehen, sondern auch auf das innere Selbst.

PÖRKSEN: Für Sigmund Freud war der Mensch »nicht Herr im eigenen Haus«, das Unbewusste erschien ihm als die eigentliche Macht, die er sich als eine brodelnde Mixtur aus Trieben, Affekten, archaischen Impulsen und verdrängten Erlebnissen vorstellte, kaum gezähmt durch ein vergleichsweise schwaches Bewusstsein. Sie selbst wählen Bilder des Seelischen, die doch zumindest Durchschaubarkeit und eine gewisse Kontrollierbarkeit unterstellen: Es gibt klar identifizierbare Teammitglieder; es existiert ein Oberhaupt, eine leitende Instanz. Das Ich kann sich steuern.

SCHULZ VON THUN: Mehr oder weniger! Und ein »Mehr« ist sowohl erstrebenswert als auch erreichbar. Das innere Team verheißt weder totale Bewusstheit, Kontrollierbarkeit noch totale Steuerungsfähigkeit. Auch nicht innere Harmonie. Aber es erweist sich als menschenmöglich, aus der Not des inneren Gegeneinanders und Durcheinanders eine Tugend des Miteinanders von Unterschiedlichen zu machen. Jedenfalls, wie man so schön sagt, »ein Stück weit«! Und dieses Stück passt zur Würde des Menschen. Auch ein realer Teamchef hat nur begrenzte Steuerungsmacht, wie es in seiner Abteilung zu- und hergeht. Und die auch nur dann, wenn er gelernt hat, wie man gut moderiert und führt und wie man gute Beziehungen aufbauen kann. Ebenso kann und muss die Selbstführung durch Selbsterfahrung und Training geübt und entwickelt werden. Und der Leitstern – im äußeren wie im inneren Team – lautet nicht Harmonie, sondern *Harmonie höherer Ordnung*. Das ist eine Harmonie, in der Unterschiede und Konflikte integrale Bestandteile sind, weil die Wahrheit zu zweit beginnt.

PÖRKSEN: Ich erinnere mich, dass ich vor etlichen Jahren einmal den buddhistischen Kognitionsforscher Francisco Varela besucht habe, der – als Wissenschaftler, aber auch als Meditationslehrer – mit Vehemenz die These vertrat, dass es diese organisierende, lokalisierbare Instanz eines Ich, dieses dauerhaft stabile Selbst, das unsere Entscheidungen bestimmt, gar nicht gibt. Ihn trieb die Frage um, warum uns das Leben einer Person kohärent erscheint, wenn wir doch kein Ich haben. Sind Ihnen solche Ideen vertraut?

SCHULZ VON THUN: Ich habe davon gehört, aber es entspricht nicht meinem Evidenzerleben. Für mich ist der Mensch stets beides, Einheit und Vielheit gleichermaßen. Was ich für stabil halte, ist ein bewusster, achtsamer Zeuge, eben das Oberhaupt, das spürt (und später erinnert), was alles an Freude oder Melancholie, an Wut oder Aufbruchsstimmung in ihm aufkommt. Es bildet die ordnungsstiftende Instanz, die schmerzlich fehlt, wenn die Einheit der Person durch eine auseinanderdriftende Pluralität gefährdet ist. Wenn man nun annimmt, dass es gar kein Ich und kein Oberhaupt gibt: Wer ist es dann, der bemerkt, dass ihn der Ärger gepackt hat? Ist dies dann, wenn ich Francisco Varela folge, eine Teilpersönlichkeit, die dies von einer anderen Teilpersönlichkeit mitbekommt? Wie gelingt es den verschiedenen Anteilen, sich, wenn ich diesem Denkmodell weiter folge, auf eine Weise selbst zu regulieren, die etwa bei aufkommendem Ärger im Inneren nach außen hin einen sachlichen und gelassenen Eindruck erzeugt? Das ist die Frage, die er dann beantworten müsste.

PÖRKSEN: Und man muss dann erklären, wie die Illusion des Ich überhaupt entsteht.

SCHULZ VON THUN: Wenn jemand sagt: »Ich behaupte, das Ich ist eine Illusion!« – dann möchte ich zurückfragen: Wer ist dieses »Ich«, das diese Behauptung aufstellt? Eine Chimäre? Eine Teilinstanz, die gerade das Wort hatte, aber morgen kann eine andere Teilinstanz das Sagen haben? So etwas kann zwar vorkommen, auch in meinem Modell des inneren Teams. Aber noch häufiger kommt es vor, dass jemand nach Anhörung seiner diversen inneren Stimmen ein integrales »Ich« ausspricht und dafür auch die Verantwortung übernimmt. Diese integrale und integrierende Instanz, die im Innendienst als *Pontifex oppositorum* wirksam wird (Pontifex heißt Brückenbauer), kann führungsschwach sein, das ist wahr. Aber sie ist als menschliches Potenzial vorhanden und kann gestärkt werden. – Wie können wir empirisch ergründen, ob es diese integrale Instanz, die sich im Getümmel der Anteile die souveräne Metaposition bewahrt, wirklich »gibt«? Durch Introspektion, durch neuronale Mustererkennung? Bis auf Weiteres halte ich die Annahme eines Oberhaupts für eine nützliche und lebensphilosophisch weise Unterstellung. Es ist diejenige Instanz, die dann auch verantworten muss, was man tut, was man entschieden hat und was einem einfach unterlaufen ist.

6 Wertequadrat und Menschenbild

Die dritte Qualität

PÖRKSEN: Immanuel Kant hat die verschiedenen Gebiete der Philosophie kurz und knapp mithilfe von vier Fragen umschrieben. Die erste Frage markiert das Terrain der Erkenntnistheorie: Was kann ich wissen? Die zweite Frage bezieht sich auf die Ethik: Was soll ich tun? Die dritte Frage umschreibt die Sphäre der Metaphysik: Was darf ich hoffen? Alle diese Fragen lassen sich, so Kant, zu der Schlüsselfrage der philosophischen Anthropologie verdichten, die da heißt: Was ist der Mensch? Auch Sie selbst haben sich diese Urfrage nach dem Wesen und der Natur des Menschen gestellt, sie in eigenen Modellen für sich bearbeitet. Wenn man Ihr Werk durchstreift, stößt man – nicht im Sinne einer mit großem Getöse präsentierten Idee, eher in Form von vorsichtigen Formulierungen – auf Ihre eigene Antwort. Sie schreiben, der Mensch sei »ein Sowohl-als-auch-Wesen«, er führe eine »dialektische Existenz«. Was ist damit gemeint?

SCHULZ VON THUN: Tatsächlich erscheint mir der Mensch als ein *Doppelwesen*; er stammt aus dem Tierreich, hat biologisch alle Merkmale eines Säugetiers und ist doch zunehmend auch ein geistiges Wesen, das nicht aus einem Guss ist, sondern in dialektische Daseinsverhältnisse hineingestellt ist und sehr unterschiedliche Strebungen in sich trägt. Er ist, dies hat mir erstmals die Arbeit des Psychoanalytikers Fritz Riemann über die vier Grundstrebungen des Menschen verdeutlicht, sowohl auf Verbundenheit und auf ein liebendes Miteinander angewiesen – und zugleich ein Wesen, das ein enormes Freiheitsbedürfnis besitzt und seine autonome Individualität entwickeln will. Der Mensch braucht nicht nur Nähe, sondern auch Distanz. Und er trägt das Archische, Festhaltende, Bewahrende in sich und hat das Bedürfnis nach Beständigkeit, Sesshaftigkeit und Struktur, aber will doch auch ein Nomadendasein führen, zu neuen Ufern aufbrechen und sich spontan verändern, besitzt also gleichzeitig Wurzeln und Flügel.

PÖRKSEN: Das bedeutet, dass ein Nachdenken über das Wesen des Menschen sich nicht in ein schlichtes *Entweder-oder-Schema* fügt. Es kommt auf die individuelle Verbindung des Verschiedenen an.

SCHULZ VON THUN: Ganz genau. Ich glaube, man wird dem Doppel-wesen des Menschen und seinem existenziellen Balanceakt nicht gerecht, wenn man glauben machen möchte, der Mensch sei entweder *innovativ* oder *beständig*, entweder *altruistisch* oder *egoistisch*, entweder *rational* oder *emotional*, entweder *abhängig* oder *autonom*, entweder *unfrei* oder *frei*, entweder *biologisch* oder *geistig*. Im menschlichen Leben und in der menschlichen Seele treffen diese unterschiedlichen Wahrheiten aufeinander und wollen und sollen hier in der Dialektik des eigenen Daseins miteinander koexistieren, in je unterschiedlichen Ausprägungen und Mischungsverhältnissen. Und das eigene Leben gelingt – das würde ich so pointiert in die Welt hinein behaupten – in dem Maße, in dem es möglich wird, diese Spannungen auszuhalten, Balancen zu finden und die Gegensätze zu integrieren.

PÖRKSEN: Können Sie diesen Gedanken noch genauer ausführen?

SCHULZ VON THUN: Hier passt im Sinne einer kleinen Parabel ein Ge-dicht von Hermann Hesse und ein Gegengedicht, für das ich selbst einmal zum Lyriker geworden bin. Hesse formuliert in den *Stufen* eine Hymne auf die Freiheit und die Veränderung; er beschreibt den dynamischen Pol des Menschen. So heißt es hier: »Und jedem An-fang wohnt ein Zauber inne,/Der uns beschützt und der uns hilft zu leben.//Wir sollen heiter Raum um Raum durchschreiten,/An keinem wie an einer Heimat hängen,/Der Weltgeist will nicht fesseln uns und engen,/Er will uns Stuf' um Stufe heben, weiten./Kaum sind wir heimisch einem Lebenskreise/Und traulich eingewohnt, so droht Er-schlaffen,/Nur wer bereit zu Aufbruch ist und Reise,/Mag lähmender Gewöhnung sich entraffen.«

PÖRKSEN: Das ist eine poetische Glorifizierung des Aufbruchs und des Ausbrechens ...

SCHULZ VON THUN: Wunderschön, finden Sie nicht? Mir scheint aller-dings, dass Hesse nur die eine Wahrheit beleuchtet, und deshalb habe ich meiner Gegenhymne den Titel *Stammsitz* gegeben und dabei doch versucht, seine Tonart aufzunehmen. Darf ich ein paar Sätze daraus vorlesen? »Wie jeder Baum im Erdreich sich verwurzelt/und steht und wächst an seinem Platz, /so soll der Mensch an dem Ort heimisch werden,/wo er ganz hingehört und wo er reifen kann./Wir sollen nicht nomadenhaft/irrlichternd zieh'n von Raum zu Raum –/kaum sind wir gerade angekommen,/nicht rastlos gleich zum Aufbruch blasen/und ruhelos und flüchtig rasen/und ohne festen Stammsitz sein./Vergänglichkeit ist uns im Leben/von der Natur umsonst gegeben:/der Wechsel kommt von ganz allein./Nur durch Beständigkeit und kluges Walten/kannst du Bewährtes lang erhalten/und in der Welt geborgen sein.«

PÖRKSEN: Sie wollen, wenn ich richtig verstehe, Hermann Hesses Sicht des menschlichen Lebens als eine fortwährende Verwandlung nicht im Anschein des Allgemeingültigen stehen lassen, sondern sie um ein anderes existenzielles Bedürfnis ergänzen: der Sehnsucht nach Verwurzelung, Beständigkeit, Geborgenheit.

SCHULZ VON THUN: Ja, genau. Seine Hymne auf den ewigen Aufbruchsgeist braucht eine Gegenhymne. Denn das Geheimnis des glückenden Lebens liegt, wie mir scheint, in der Koexistenz und der Integration von polaren Gegensätzen, die logisch unvereinbar erscheinen mögen, aber doch in der Psycho-Logik des eigenen Lebens zu einer einander ergänzenden Einheit und einer anspruchsvollen Dialektik finden können. Damit ist nicht gemeint, dass man stets nach dem Mittelwert zwischen den Extremen streben sollte, gewiss nicht. Es geht mir nicht um eine statische, sondern um eine dynamische Balance, die aus der Verbindung des Unterschiedlichen und zunächst unvereinbar Erscheinenden eine dritte Qualität entstehen lässt, eine *Regenbogenqualität*.

PÖRKSEN: Was ist mit dieser Metapher gemeint?

SCHULZ VON THUN: Sehen Sie, der Regenbogen geht nur auf, wenn zwei konträre Erscheinungen – Regen und Sonnenschein – gleichzeitig vorhanden sind; erst dann entsteht diese besondere Schönheit einer Verbindung von Gegensätzlichem, das gleichzeitig vorhanden ist und sich durchdringt. Bei den Römern hieß es *contraria sunt complementa*, die Widersprüche ergänzen sich. Und Heraklit soll gesagt haben: »Die schönste Harmonie entsteht durch das Zusammenbringen der Gegensätze.« Ganz in diesem Sinne meine ich, dass sich auch das gelingende Leben und Kommunizieren als ein Ensemble von Regenbogenqualitäten begreifen lässt, die widerstreitende Impulse oder Werte von ihrer scheinbaren Ausschließlichkeit befreien und Unterschiedliches verbinden: *Beständigkeit* und *Wandel, Ehrlichkeit* und *Takt, Authentizität* und *Diplomatie, Autonomie* und *Angewiesenheit*.

Anleitung zum dialektischen Denken

PÖRKSEN: Sie selbst haben in dem Werk des weitgehend unbekannten Psychologen und Schriftstellers Paul Helwig das sogenannte Wertequadrat für sich entdeckt und entfaltet, das es erlaubt, diese Verbindung und Integration von gegensätzlichen Strebungen fassbar zu machen. Können Sie beschreiben, wie es zu dieser Entdeckung kam?

SCHULZ VON THUN: Das war purer Zufall. Paul Helwig war in meinem Studium überhaupt nicht vorgekommen. Und es gab für mich keinen besonderen Anlass, mich mit ihm zu befassen. Irgendwann Mitte der 8oer Jahre war ich jedoch in der Bibliothek, blätterte ziellos in seinem Buch mit dem Titel *Charakterologie* und entdeckte seine Schilderung eines Wertequadrats, das er nur auf drei, vier Seiten präsentiert. Bereits beim ersten Lesen war ich elektrisiert und hegte sofort den Anfangsverdacht, dass dieses Wertequadrat auch für kommunikative Qualitäten und deren Entwicklung von größter Bedeutung ist. Das sind die seltenen Momente im Leben, wo man beim Lesen Herzklopfen bekommt!

PÖRKSEN: Helwig formuliert in diesem kurzen Abschnitt seines Buchs eine Absage an die Vereinseitigung und Verabsolutierung von Eigenschaften und Lebensformen und stellt ein eigenes »Wertegesetz« auf, das besagt: »Jeder Wert ist nur in ausgehaltener Spannung zu seinem *positiven* Gegenwert ein wirklicher Wert.« Und weiter: »Kein Wert ist an sich allein schon, was er sein soll – er wird es erst durch Einbeziehung des positiven Gegenwertes.«

SCHULZ VON THUN: Gemeint ist: Jede Tugend, jedes Ideal, jede menschliche Qualität, eben jeder Wert kann nur dann für das Leben konstruktiv werden, wenn er sich in einer Balance zu einer komplementären »Schwestertugend« befindet. Ohne diese Balance, ohne diese ausgehaltene Spannung entsteht nach Helwig eine »Entartungsform« – sagen wir besser: eine Übertreibung im Sinne »des Guten zu viel«, die eine positive Qualität in eine Schwäche und Untugend verwandeln kann. Helwigs Beispiel: Sparsamkeit verkommt ohne den positiven Gegenwert der Großzügigkeit zum Geiz; umgekehrt ist aber auch Großzügigkeit ohne Sparsamkeit in der Gefahr, zur Verschwendung zu missraten – auch dies eine Übertreibung, der es an Balance, an ausgehaltener Spannung mit der Schwestertugend fehlt. Mir fiel auf, dass die Art der Beziehung zwischen den jeweiligen vier Wertebegriffen wichtige Einsichten bereithält und sich als eine Anleitung zum dialektischen Denken begreifen, aber auch als Instrument der Persönlichkeitsentwicklung nutzen lässt. Die obere Linie zwischen den positiven Werten *Sparsamkeit* und *Großzügigkeit* bezeichnet ein positives Spannungs- und Ergänzungsverhältnis. Wir können hier von einem polaren oder einem komplementären Gegensatz sprechen. Die senkrechten Linien von oben nach unten, etwa von der Sparsamkeit zum Geiz, bezeichnen die Gefahr der Übertreibung oder Extremisierung. Die diagonalen Linien bezeichnen konträre Gegensätze – zum Beispiel Großzügigkeit und Geiz. In der Kommunikation sind das die typischen Vorwurfsrichtungen: »Ich bin großzügig, du bist geizig!«, sagt der eine. »Nein«, sagt der andere, »ich bin sparsam und du ein Verschwender!« Von unten nach oben gelesen bezeichnen die Diagonalen eine anzustrebende Entwicklungsrichtung der Persönlichkeit, deshalb spreche ich vom Werte- und Entwicklungsquadrat. Die untere Linie schließlich bezeichnet einen diametralen Gegensatz. Er ist psychologisch bedeutsam, wenn jemand von einem Extrem überkompensatorisch ins andere kippt [Abb. 10]. Übrigens habe ich jetzt erfahren, dass der Berliner Philosoph Nicolai Hartmann es war, der dieses Wertequadrat entworfen und in seiner Vorlesung »Einführung in die Philosophie« vermittelt hat. Helwig war sein Student und hat 1934 bei ihm promoviert, jedoch seine Quelle nicht angegeben.

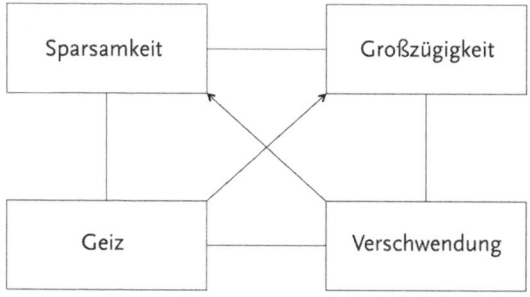

Abb. 10: Die Struktur des Wertequadrats: die komplementären Positiv-Werte Sparsamkeit und Großzügigkeit

PÖRKSEN: Sie haben die Entdeckung des Wertequadrats einmal als eine »kopernikanische Wende« für Ihre eigene Arbeit bezeichnet, als den Durchbruch zu einer neuen, andersartigen Perspektive der Weltbetrachtung.

SCHULZ VON THUN: Stimmt, diese kleine, zunächst so unscheinbare Denkfigur setzt uns eine neue Brille auf, mit der wir Menschen betrachten können. Diese Brille schärft den Blick dafür, dass sich auch in dem abgelehnten Unwert – eben zum Beispiel dem *Geiz* – nicht etwas prinzipiell Schlechtes, Krankhaftes oder gar Böses verbergen muss, sondern dass es sich hier um eine Überdosierung handelt, die problematisch geworden ist. In der Logik des Wertequadrats wird unmittelbar deutlich, dass sich Geiz als übertriebene, ins Extrem getriebene Sparsamkeit begreifen lässt. Auch eine abgelehnte Eigenschaft enthält somit – wenn man die Dinge auf diese Weise betrachtet – einen positiven, vielleicht sogar kostbaren und erhaltenswerten Kern. Wenn wir diese Untugend oder Schwäche als »zu viel des Guten« begreifen, dann geht es nicht mehr um ihre endgültige Beseitigung oder Verteufelung, sondern um ihre graduelle Rückführung und um die Vereinigung mit der Schwestertugend. Mit dieser Brille wird das Modell zu einer Schule der Würdigung, die abgelehnte Eigenschaften und Verhaltensweisen, Macken und Schwächen leichter besprechbar macht.

PÖRKSEN: Diese Schwächen bekommen einen Sinn. Sie müssen nicht mehr prinzipiell verdammt und grundsätzlich abgelehnt werden und können in einem neuen Licht erscheinen.

SCHULZ VON THUN: Zum Beispiel könnten wir im abweisenden Grimmbart die Tugend der ehrlichen Distanzwahrung entdecken, ist er doch jedenfalls von distanzloser Anbiederung meilenweit und wohltuend entfernt. Im mimosenhaft Empfindlichen könnten wir die Berührbarkeit schätzen, lässt er doch jedenfalls nicht alles emotionslos an sich abprallen. Für mich war das Wertequadrat auch deshalb eine kopernikanische Wende, weil es einen Abschied von den alten Gutböse-Skalen bedeutete.

Abschied von der Einseitigkeit

PÖRKSEN: Der Gedanke, dass sich die eigentliche ethisch-moralische Tugend als Mitte (mesotês) zwischen zwei Extremen fassen lässt, findet sich schon bei Aristoteles. Das angemessene Maß der Tapferkeit liegt für ihn – das ist sein eigenes Beispiel – zwischen dem Extremwert einer allzu großen Furcht (Feigheit) und dem Gegenpol eines zu großen, letztlich unrealistischen Leichtsinns (Tollkühnheit).

SCHULZ VON THUN: Gewiss, die Struktur des Wertequadrats ähnelt der Vorstellung, die Aristoteles in der Nikomachischen Ethik entwickelt:

Tugend erscheint hier als die *rechte Mitte* zwischen zwei Extremen, die beide als fehlerhaft gelten. Insofern ist der Grundgedanke nicht neu. Aber ich sehe doch bei Nicolai Hartmann einen gedanklichen Fortschritt darin, dass er das Ideal nicht als eine Mitte definiert, sondern als eine Synthese von zwei gegensätzlichen positiven Polen.

PÖRKSEN: Vermutlich beunruhigt Sie die bei Aristoteles zumindest angelegte Idee, man könne nun das jeweils richtige und angemessene Verhalten als eine arithmetische Größe errechnen und damit prinzipiell festlegen. Dann hätte man situationsunabhängig fixierbare Leitwerte und eine mathematisierbare Moral. Allerdings spricht auch Aristoteles davon, es gehe jeweils um »die Mitte für uns« und das individuell Angemessene. In Ihrem Sinne hieße das: *individuelle Stimmigkeit in einer konkreten Situation.*

SCHULZ VON THUN: Das wohl, aber ich will noch auf etwas anderes hinaus. Sehen Sie, im Sinne von Aristoteles lässt sich Sparsamkeit als die rechte Mitte zwischen Geiz auf der einen Seite und Verschwendung auf der anderen Seite begreifen – und erscheint damit als eine wahre, anzustrebende Tugend. Bei Nicolai Hartmann bildet Sparsamkeit hingegen den *einen* positiven Pol, der in der Gefahr steht, zum Geiz zu missraten. Aber hier gerät auch der andere positive Pol in den Blick, nämlich die Großzügigkeit, die darin besteht, sich und anderen etwas zu gönnen. Das ist eine kleine, aber doch folgenreiche Verschiebung der Perspektive. Das anzustrebende Ideal ist jetzt nicht mehr als Mittelpunkt zwischen zwei Extremen definiert, sondern als dynamische und dialektische Balance zwischen *zwei positiven Qualitäten*, die in eine Ergänzungspartnerschaft zu bringen sind. Zugleich ist uns damit die Koexistenz zweier Wahrheiten aufgegeben. Dieser gedankliche Fortschritt ermöglicht dann all das, worüber wir schon gesprochen haben: die Entdeckung sich überkreuzender Entwicklungsrichtungen und Würdigung von manchen Untugenden als des Guten zu viel [Abb. 11].

PÖRKSEN: Wenn man sich auf diese Denkweise einlässt, dann erscheint einem jede noch so alltägliche Situation als Manifestation einer existenziellen Dialektik, als Ausdruck verschiedener nebeneinander existierender Wahrheiten, aus denen sich bei Bedarf ein Wertequadrat konstruieren lässt. Können wir diesen Abschied von der Einseitigkeit – nun mit dem Arbeitsinstrument des Wertequadrats im Gepäck – einmal an ganz alltäglichen Beispielen anschaulich werden lassen?

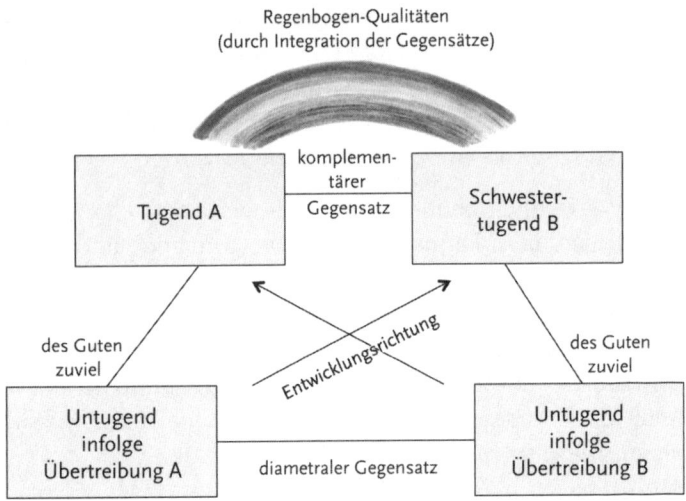

Regenbogen-Qualitäten
(durch Integration der Gegensätze)

Abb. 11: *Die Grundstruktur eines Wertequadrats: Es handelt ein heuristisches Modell, das eine Tugend nicht – in der Tradition der aristotelischen Ethik – als Mitte zwischen zwei Extremen begreift, sondern auf die Integration zweier positiver Werte, die einander gegensätzlich sind. Es ist eine Anleitung und Anregung zum dialektischen Denken und macht deutlich, dass jede Tugend, jeder Wert und jede positive Qualität nur dann konstruktiv und produktiv im eigenen Leben zu wirken vermag, wenn sie sich in ausgehaltener Spannung zu einer gegenwertigen Schwestertugend mit Komplementärqualität befindet.*

SCHULZ VON THUN: Gern. Denken Sie etwa an folgende Situation: Mein Kind klaut oder lügt. Die Frage ist jetzt, mit welcher Haltung ich als Vater oder Mutter reagiere. Der erste Fehler bestünde darin, ein solches Verhalten zu kriminalisieren und das Kind zu einem Schwerverbrecher zu erklären, der seine Liebenswürdigkeit verwirkt hat. Der zweite Fehler bestünde in der leichtfertigen Bagatellisierung der Lüge oder des Diebstahls nach dem Motto: »Och, das machen doch alle irgendwann mal!« Die große Kunst besteht nun darin, die beiden positiven Pole zu ermitteln, die in meiner Haltung zusammenkommen sollten. Zum einen sollte man die Grenzüberschreitung ernst nehmen: »Es ist nicht ganz ohne, was du da verbockt hast!« Zum anderen gilt es aber auch, sich eine liebevolle Gelassenheit zu bewahren, die von der Einsicht getragen wird, dass Kinder eben auch Grenzen austesten – und nicht gleich als Verbrecher hingestellt werden sollten, denen man die Liebe entziehen müsste. Erst wenn *ernste Konfrontation* und *weise Gelassenheit* zusammenfinden, kann die Reaktion gut werden.

PÖRKSEN: Das ist ein Mischbild der eigenen Reaktionen, die zwischen den Polen von liebender Akzeptanz und Auseinandersetzung oszillieren. Lässt sich noch ein weiteres Beispiel finden, das im besonderen Fall das allgemeine Urprinzip einer dialektischen Lebensphilosophie hervortreten lässt?

SCHULZ VON THUN: Aber ja! Die Nachbarin klingelt. Und steht ganz aufgelöst vor der Tür:»Mein Mann schäumt vor Wut und Eifersucht! Er hat mich geschlagen. Bitte, bitte, können Sie einmal mit ihm sprechen?« Nun steht man vor einer besonderen Herausforderung. Denn einerseits ist hier der helfende Mitmensch gefordert, da diese Frau in Not ist und ich im Augenblick ihr Nächster bin. Andererseits muss ich mich auf eine überlegte, um Vorsicht bemühte Weise abgrenzen, um nicht in den Streit hineingezogen zu werden und die Auseinandersetzung – auch für die Frau – in einer derart aufgeheizten Situation noch weiter eskalieren zu lassen.

PÖRKSEN: Welche Spannungsfelder werden in diesem Fall deutlich?

SCHULZ VON THUN: An diesem konkreten Beispiel offenbart sich ein häufig wiederkehrendes Wertequadrat des menschlichen Miteinanders, das zwischen den Polen *Hilfsbereitschaft* und einer *selbstfürsorglichen Abgrenzung* verläuft, die je ihre eigenen Gefahren besitzen [Abb. 12]. Die unvorsichtige Hilfsbereitschaft (in diesem Fall das Ad-hoc-Gespräch mit dem Nachbar) kann die Lage noch verschlimmern und ohne die Tugend einer selbstfürsorglichen Abgrenzung in eine unbedachte Selbstgefährdung münden. Das Resultat wäre eine konfluente Verwicklung und Einmischung, die niemandem nützt. Aber auch eine harsche Abgrenzung (»Tut mir leid, das ist nun wirklich *Ihr* Problem!«) würde der Situation nicht gerecht werden. Die schroffe Zurückweisung könnte mich sogar wegen »unterlassener Hilfeleistung« ins Unrecht setzen.

PÖRKSEN: Gibt es nicht auch Situationen, die eine gänzlich undialektische Eindeutigkeit des eigenen Handelns erfordern? Man stelle sich einen Menschen vor, der auf der Brücke eines Flusses steht und sich das Leben nehmen will. Und man nähert sich ihm, spricht beruhigend und mit rein taktischen Absichten auf ihn ein, um ihn schließlich zurückzureißen. In einem solchen Fall gibt es keine Fragen mehr, kein dialektisches Kreisen, nur noch ein einziges Ziel: die sofortige Verhinderung des Suizids.

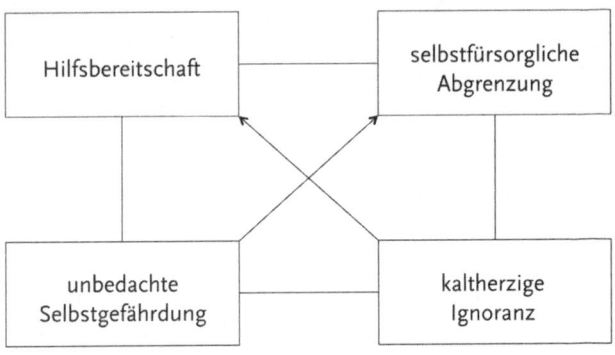

Abb. 12: Ein häufiges Wertequadrat des menschlichen Miteinanders: Hilfsbereitschaft und selbstfürsorgliche Abgrenzung

SCHULZ VON THUN: Auch hier müssen idealerweise zwei Qualitäten vereint werden: Die entschlossene Bereitschaft zuzupacken und die Behutsamkeit der Annäherung: kein Schritt zu viel und zu früh! Das eine ohne das andere wäre zudringlich, das andere ohne das eine zaghaft und permissiv – beides gefährlich! Soweit betrifft es die pragmatische Ebene der unmittelbaren Reaktion. Auf der lebensphilosophischen Ebene komme ich in ein grundsätzliches Dilemma: Da ist auf der einen Seite die Pflicht zur Lebensrettung, auf der anderen Seite die mir ebenfalls auferlegte Pflicht, die autonome Entscheidung meines Mitmenschen zu respektieren. Wer nur die eine Pflicht gelten lässt, gerät in Gefahr, sich als Schicksalsmacht für den anderen aufzuspielen und ihn zu entmündigen. Wer nur die andere Pflicht gelten lässt, gerät in die Gefahr der unterlassenen Hilfeleistung in höchster Not. Dieses Dilemma wird nur in Anbetracht aller Umstände so oder so zu lösen sein. Wichtig aber, dass es als solches erkannt wird. Ein solches *Dilemma-Bewusstsein* zu entwickeln stellt aus meiner Sicht ein wichtiges Bildungsziel dar, und zwar für »Menschen aller Fakultäten«!

Varianten der Integration

PÖRKSEN: Findet sich in diesem dialektischen Denken nicht doch eine Neigung, die Extreme lieber zu meiden? Steckt im Modell des

Wertequadrats nicht eine deutliche Warnung vor der Übertreibung, dem Exzess und der Ekstase, die aber doch auch – so ließe sich entgegnen – Teil des gelebten, des in seiner ganzen Fülle ausgekosteten Lebens sein kann? Ich bin auf diese Frage gestoßen, weil sich in einer Festschrift zu Ihrem 60. Geburtstag ein erstaunlicher Essay findet, den Ihr Kollege Eberhard Stahl verfasst hat. Hier wird vor den »allzu beseelten Aposteln des Wertequadrats« gewarnt. Und hier heißt es, dass man erst einmal kräftig aneinandergeraten müsse, bevor man auf die Integration der Gegensätze zielen könne. »Wo immer im seelischen und zwischenmenschlichen Miteinander versucht wird«, so bekommt man zu lesen, »leidenschaftslos zu einer ›prä-konfliktären‹ Integration zu gelangen, liegt ein Missverständnis vor: Integration ist immer eine ›post-konfliktäre‹ Leistung, die dem bereits entfalteten inneren oder zwischenmenschlichen Spannungspotenzial nachfolgt – wo sie ihm vorangeht, ist sie altkluge Vermeidung. Prä-enthusiastische Integration führt zur Entspannung, bevor klar werden konnte, wie das Spannungsverhältnis überhaupt beschaffen ist. Dadurch befördert sie zwar u. U. die Befriedung, tötet dabei aber gleichzeitig die Lebendigkeit ab: Auf der Strecke bleibt jenes – auch körperliche – Empfinden von Intensität und Identität, das nur durch enthusiastische Identifikation entstehen kann.« Das ist ein radikales Lob der Einseitigkeit, die erst im zweiten Schritt und nach einer Phase des gelebten Extrems wieder in eine Gefühlssynthese münden sollte.

Schulz von Thun: Ja, bevor zwei Pole integrationsfähig sind, wollen sie erst einmal angefühlt und zuweilen auch gelebt werden. Wenn wir mit dem inneren Team arbeiten und jemand hat zwei Seelen in seiner Brust, dann soll erst einmal jede Einzelseele in ihrer Reinkultur gefühlt werden und zu Wort kommen – und der Konflikt zwischen den beiden soll erst einmal ausgefochten werden, zuweilen durchaus heftig. Erst dann (und nicht prä-konfliktär, wie Eberhard Stahl das nennt) können und sollen sie sich als komplementäre Partner entdecken. Der Regenbogen soll erst aufgehen, wenn heller Sonnenschein da ist und kräftiger Regen. Aber dann kann eine ganz neue Qualität entstehen und nicht ein fader Kompromiss. Haben Sie mal erlebt, wie jemand bei einem Streit kraftvoll den eigenen Standpunkt vertritt und zugleich mit wertschätzender Empathie die Position des Gegners auf den Punkt bringt? Kommt selten vor, aber wenn doch einmal, dann ist dies ein berührendes und aufregendes Geschehen. Und der Appell, der vom Wertequadrat ausgeht, lautet *nicht*: Bemühe dich in jeder Lebenslage um Ausgewogenheit! Es ist von einer *dynamischen Balance* die Rede.

PÖRKSEN: Was bedeutet das konkret?

SCHULZ VON THUN: Das heißt, es kann punktuell und situativ auch mal kräftig zur einen oder anderen Seite ausschlagen. Vielleicht auch mal ohne Verständnis und Empathie nach Herzenslust vom Leder ziehen und seinem gewaltigen Zorn freien Lauf lassen. Es wäre ja schrecklich, wenn wir in jeder Lebenslage nur wohltemperiert und ausgewogen wären und das Temperament nicht mit uns durchgehen dürfte. Nur: Man sollte bei all der momentanen Vereinseitigung auch (und das ist der eigentliche Appell, der in diesem Modell steckt) um den anderen Pol und das Aufeinanderangewiesensein beider Pole (Konfrontation und Verständnis, Leidenschaft und Besonnenheit etc.) wissen. Was ich damit sagen will: Auch das Extrem kann in einem integrativen Geist gelebt werden. Und im Konzept der dynamischen Balance sind die Ausschläge in die eine oder andere Richtung durchaus schon als Ideal mitgedacht. – Würden Sie das auch so sehen?

PÖRKSEN: Das leuchtet mir ein, ja. Aber dies bedeutet doch in der Konsequenz, dass ein und dasselbe Wertequadrat sich im Verlauf der Zeit ändern kann: Mal regiert vor allem der eine Positiv-Wert, dann wieder der andere Positiv-Wert. Mal agiert man konfrontativ, dann wieder verständnisvoll, empathisch und einfühlsam. Mal opfert man sich in einer Phase seines Lebens auf, dann denkt man wieder für eine gewisse Zeit primär an sich. Und manchmal dauert der Aufenthalt auf der einen oder der anderen Seite der Verhaltensskala ziemlich lange.

SCHULZ VON THUN: Das kann so sein, absolut. Denken wir nur für einen Moment an eine junge Mutter, die sich über Jahre hinweg in einer enormen Selbstlosigkeit ihren Kindern widmet und dann irgendwann innehält und sagt: »So, ich bin am Limit! Nun bin ich einmal wieder dran!« Und eventuell sind ihre Kinder dann schon größer, oder eine andere Lösung muss gefunden werden. Dies wäre dann keine *simultane Integration*, sondern tendenziell eine *sukzessive Integration* von Selbstlosigkeit und Selbstfürsorge.

PÖRKSEN: Ich frage mich, ob sich wirklich jede menschliche Regung im Modell des Wertequadrats darstellen lässt. Der Philosoph und Psychologe Mihály Csíkszentmihályi hat einen Geisteszustand untersucht, den er *Flow* nennt – eine Erfahrung tiefer Konzentration, der fokussierten Ruhe und des Stimmens, bei der man ganz im eigenen Tun aufgeht, ohne ein Interesse an Belohnung, ohne einen Gedanken an etwas, was außerhalb der eigenen Aktivitäten liegen könnte. Flow ist, so scheint mir, ein Erlebnis wundervoller Einseitigkeit und grandioser Vertiefung, die keine dialektische Prüfung mehr kennt.

SCHULZ VON THUN: Gut, ich will das Wertequadrat nicht als philosophisches Werkzeug für alle Lebenslagen preisen. Aber prüfen wir noch einmal Ihr Beispiel! In der Tat, die extreme Einseitigkeit verheißt hier einen Glückszustand: wunderbar, wenn man sich ganz und gar in eine Tätigkeit vertiefen kann! Wenn wir einen solchen Zustand in der Dialektik des Wertequadrats erfassen wollen, so müssen wir uns zuerst fragen, welcher *Wert* sich hier manifestiert. Man könnte sagen: Es handelt sich um eine *selbstvergessene Hingabe*. In einem nächsten Schritt lässt sich dann heuristisch fragen, ob in diesem Wert auch die Gefahr der Überdosierung lauert und ob er eine Schwestertugend benötigt.

PÖRKSEN: Und damit ließe sich dann auch diese Erfahrung beglückender Einseitigkeit wieder in die dialektische Denkfigur des Wertequadrats einspannen?

SCHULZ VON THUN: Das sehe ich so, ja. Stellen wir uns einmal einen Menschen vor, der sich ganz in diesen Zustand selbstvergessener Hingabe hineinsteigert, der die Zeit vergisst und seine Pflichten und Umgebungsbedingungen für längere Phasen ausblendet. Irgendwann wird deutlich werden, dass ihm die *Selbst- und Kontextbewusstheit* und eine *reflexionsfähige Realitätsbindung* fehlen, die von der Frage geleitet wird: Wo bin ich hier? Was steht an? Was brauche ich, was braucht die Welt von mir? Was hat jetzt Priorität und wie viel Zeit steht zur Verfügung? Wer konstant nur im Flow ist, dem droht im Extremfall ein Lebensbewältigungsdrama, weil er eigene Bedürfnisse und äußere Anforderungen vergisst, sie in den langen Phasen der Versunkenheit aus den Augen verliert. Und andererseits gilt natürlich auch, dass man die reflexive Selbst- und Kontextbewusstheit übertreiben kann. Wer immer und überall kontextbedacht, prioritätsbewusst und mit geschultem Zeitmanagement lebt, der wird einen Zustand selbstvergessener Hingabe gar nicht erst erreichen.

Die Natur des Menschen

PÖRKSEN: Vielleicht machen wir an dieser Stelle einen kleinen thematischen Sprung: Wir haben dieses Gespräch mit der Urfrage von Immanuel Kant nach dem Wesen des Menschen begonnen. Und Sie haben in Ihren Antworten den Menschen als ein *Doppelwesen* beschrieben, geprägt von der Dialektik seines Daseins und den unvermeidlichen Dilemmata und Spannungen, die im Modell des Wertequadrats greifbar werden. Ich vermute, dass Sie diese Sichtweise, die so entschieden die gleichzeitige Präsenz des Verschiedenen betont, auch bei der Frage nach der ethisch-moralischen Verfassung des Menschen beibehalten werden. Der Mensch ist, wenn ich Ihnen folge, nicht gut *oder* böse, sondern gut *und* böse. Auch seine Natur ist doppelgesichtig.

SCHULZ VON THUN: Und ob! Zum evolutionären Erbe des Menschen gehört es, mit seinen Stammesgenossen in liebevoller Verbundenheit zu leben, die lange Kindheit zu beschützen, sich gegenseitig zu erfreuen und einander bei der Nahrungssuche behilflich zu sein. Schon das kleine Menschenbaby braucht die zärtliche Berührung und will gehalten und getragen werden. Das ist die eine Seite, die zeigt, dass der Mensch auf liebevolle Verbundenheit und ein fürsorgliches Wir angewiesen ist. Alles, was wir als ethisch wertvoll erachten, ist nicht nur ein Produkt geistiger Reflexion, sondern hat kräftige biologische Wurzeln. Zur Natur des Menschen gehört aber ebenso, dass er zum Überlebenskünstler geworden ist in einer Welt, die sich nach dem Prinzip von Fressen und Gefressenwerden über Hunderte von Millionen Jahren konstituiert hat. Und in einer Welt, deren Überlebensressourcen knapp und umkämpft waren. Wer da nur lieb und fürsorglich war, ist längst ausgestorben. Es wäre erstaunlich und unplausibel, wenn der Krieger in uns nicht mehr vorhanden wäre, fortgespült von Vernunft und Nächstenliebe. Nein, er erfreut sich immer noch bester Vitalität, besonders unter vermeintlicher oder realer Bedrohung für Leib und Leben, Gesundheit und Unversehrtheit, Ehre und Selbstachtung. Dann kann er grausam und skrupellos werden, oder jedenfalls können die Skrupel aus dem anderen Teil der Seele vergleichsweise schwach werden.

PÖRKSEN: Lässt sich diese Doppelgesichtigkeit konkret illustrieren?

SCHULZ VON THUN: Der Umgang mit Tieren in der Massenhaltung und Massenschlachtung ist ein bedrückendes gegenwärtiges Beispiel. Die Doppelgesichtigkeit unserer Natur wird hier eindrücklich: Der Schlachter und der tierschutzbeseelte Vegetarier in uns führen eine spannungsreiche Koexistenz. Ich selbst begreife den Menschen in ethisch-moralischer Hinsicht als eine Art *Zwischenwesen*. Seine Stellung liegt zwischen Himmel und Erde. Er ist im Durchschnitt etwa 1,75 cm groß. Und das ist nach meinem Dafürhalten nicht nur eine messbare Tatsache, sondern zeigt auch metaphorisch ungefähr die richtige Relation: recht nah an der Erde, aber vom Himmel etliche Kilometer weit entfernt.

PÖRKSEN: Wenn wir über die Natur des Menschen und das Böse sprechen, kommen einem unvermeidlich die NS-Verbrechen und der Holocaust in den Sinn. Mir fällt in diesem Zusammenhang ein Fernsehinterview ein, das die jüdische Philosophin Hannah Arendt einmal dem Journalisten Günter Gaus gegeben hat. Im Gespräch mit ihm lässt sie den Satz fallen, Auschwitz hätte nicht geschehen dürfen. Auf den ersten Blick klingt das natürlich wie eine Trivialität. Natürlich, so denkt man, Auschwitz hätte nicht passieren dürfen. Wenn man ihr weiter zuhört, bemerkt man, dass sie eine anthropologische Schockerfahrung beschreibt, die sie so elementar erschüttert, dass sie nur mit großer Anstrengung überhaupt weitersprechen kann. Auschwitz ist für sie das Symbol für das Universum nationalsozialistischer Vernichtungslager und eine Chiffre für den generalstabsmäßig organisierten Mord.

SCHULZ VON THUN: So ist es, und selbst wenn wir uns den Doppelcharakter der »Menschlichkeit« illusionslos vor Augen geführt haben, ergreift uns an dieser Stelle eine unglaubliche Fassungslosigkeit und eine tiefe Verzweiflung darüber, was menschenmöglich ist.

PÖRKSEN: Der eigentliche Schock sei, so sagt sie, nicht die Machtübernahme durch die Nationalsozialisten gewesen, nicht der Antisemitismus und die Tatsache, dass man Feinde gehabt habe und dass man sich plötzlich nicht mehr auf die eigenen Freunde habe verlassen können. Das »Entscheidende«, so sagt sie, »ist der Tag gewesen, an dem wir von Auschwitz erfuhren. [...] Das ist der eigentliche Schock gewesen, wissen Sie. Vorher hat man sich gesagt: Man hat halt Feinde in der Welt. Nicht? Das ist doch ganz natürlich. Warum soll ein Volk keine Feinde haben? Das ist eine Bande, ja. Alles möglich! Aber dies ist anders gewesen. Das war wirklich, als ob der Abgrund sich öffnet. Weil man irgendwie die Vorstellung gehabt hat: Alles andere hätte irgendwie noch einmal wieder gutgemacht werden können, wie in der Politik ja alles irgendwie einmal wieder gutgemacht werden können muss. Dies nicht! Dies hätte nie geschehen dürfen! [...] Und damit meine ich nicht die Zahl der Opfer. Sondern ich meine die Fabrikation der Leichen und so weiter ... Ich brauch' mich darauf ja nicht weiter einzulassen. Dieses hätte nicht geschehen dürfen. Da ist irgendetwas passiert, womit wir alle nicht mehr fertig werden.«

SCHULZ VON THUN: Das ist erschütternd ausgedrückt, und wir können damit wirklich nicht fertig werden oder diese Vergangenheit »bewältigen«. Wir Nachgeborenen können nur dreierlei tun: Das entsetzliche Grauen durch Erinnerung an uns heranlassen, in der Hoffnung auf die Stärkung humaner Gesinnung. Wir können die Opfer ehren und würdigen. Und wir können erforschen, unter welchen inneren und äußeren Bedingungen solche Kollektivverbrechen geschehen können, um dann ein Gemeinwesen zu erschaffen, das andere Bedingungen hervorbringt.

PÖRKSEN: Der amerikanische Psychotherapeut Carl Rogers, eine Leitfigur der Humanistischen Psychologie, hat einmal mit dem jüdischen Gelehrten Martin Buber über die Frage nach der Natur des Menschen debattiert. Seltsamerweise taucht der Holocaust überhaupt nicht auf in dieser Debatte. Irgendwann sagt Martin Buber in diesem Gespräch vor Publikum, der Mensch brauche Erziehung und äußere Bekräftigungen, die den Akt der inneren ethisch-moralischen Entscheidung in die richtige Richtung leiten. Rogers vertritt hingegen die These, der Mensch neige dazu, sich konstruktiv zu entwickeln. Und er sei in einem fundamentalen Sinne gut.

SCHULZ VON THUN: Rogers hat in seiner Therapiepraxis eine fundamentale Erfahrung gemacht: Hinter der Fassade von Imponiergehabe und Machtgebaren, von Missgunst, Aggression und Rachsucht, wohnt ein verletzter, verletzlicher und berührbarer innerer Mensch, der eine tiefe Sehnsucht nach liebevoller Verbundenheit, Herzlichkeit und nach konstruktiver Zugehörigkeit hat. Daraus hat er geschlossen: Im Grunde seines Wesens sei der Mensch gut – und dieses Gute könne unter Bedingungen von empathischer, wertschätzender und kongruenter menschlicher Begegnung wieder hervorgeholt werden – weil der Mensch danach strebe, der zu werden, der er in Wahrheit sei. – Dies ist sicher die eine fundamentale Erkenntnis vom Wesen des Menschen. Es wäre aber blauäugig, daraus abzuleiten, wir bräuchten nur genug Luft und Liebe, um urwüchsig zum ethisch guten Menschen aufzuwachsen. Wir brauchen auch Anleitung, Erziehung und Vorbilder. Der Glaube an das Gute ist begründet, aber er darf uns nicht blind machen für das enorme Unheil, das der Mensch anrichten kann. Vor allem, wenn er deklassiert, gekränkt, demoralisiert worden ist oder in bleihaltiger Luft aufgewachsen ist, kann er sehr fies und zur Zeitbombe werden – aus Angst, aus Selbstschutz und um alte traumatische Rechnungen zu begleichen.

Die Humanistische Psychologie
Die Humanistische Psychologie versteht sich selbst als eine *dritte Kraft*, die sich von der pessimistischen, an Pathologien, Defekten und frühkindlichen Mangelerfahrungen orientierten Psychoanalyse und dem Determinismus des Behaviorismus gleichermaßen abgrenzt. Der Mensch wird, so die Annahme, nicht primär durch den Mangel gesteuert und durch äußere Reize beeinflusst, sondern er besitzt ein Potenzial zur individuellen Selbstentfaltung und authentischen, wesensgemäßen Selbstverwirklichung, das es zu fördern gilt. Der Mensch gilt als von Natur aus gut. »Böses«, unmoralisches Verhalten wird als reaktive Notlösung auf traumatisierende Erfahrungen gedeutet. Entsprechend ihrer Abkehr von einer Defizit- und Defektorientierung will die Humanistische Psychologie den sogenannten *Normalen* und Gesunden Entwicklungsperspektiven eröffnen. Man konzentriert sich programmatisch auf das autonome Subjekt, die kreativen Höchstleistungen Einzelner und begreift den Therapeuten als einen »Wachstumsexperten« (Ruth Cohn), der die innere Entwicklung im Zweifel höher schätzt als äußeren Erfolg und sich selbst von menschlichen Qualitäten wie Empathie, Kongruenz und Wertschätzung leiten lässt. Zu den wichtigen Protagonisten der Humanistischen Psychologie, die auch in den gegenkulturellen Strömungen der 60er Jahre (Hippie- und Encounter-Bewegung) starke Resonanz fanden, zählen beispielsweise: Ruth Cohn (Themenzentrierte Interaktion), Abraham Maslow (Bedürfnispyramide und Motivationstheorie), J. L. Moreno (Psychodrama), Fritz Perls (Gestalttherapie) und Carl Rogers (Klientenzentrierte Gesprächspsychotherapie).

Freiheit und Konditionierbarkeit

PÖRKSEN: Carl Rogers hat nicht nur mit Martin Buber diskutiert, sondern auch für Aufsehen gesorgt, weil er einen Streit mit dem Psychologen und Behavioristen B. F. Skinner ausfocht. Auch bei dieser Debatte und diesem öffentlich inszenierten Schaukampf zweier Wissenschaftler ging es letztlich um anthropologische Fragen und das Wesen des Menschen. Und deshalb ist sie für unser Gespräch interessant. Skinner beschreibt hier den Menschen als grenzenlos formbar, als Produkt seiner Umwelt. Die freie Entscheidung sei eine schmeichelhafte Idee, aber illusionär; man handele, wie man handeln müsse, habe aber dabei nicht das Gefühl, gezwungen worden zu sein. Rogers entgegnet ihm: »Meine Erfahrung macht es mir unmöglich, die Realität und Bedeutung der menschlichen Entscheidung zu leugnen. Für mich ist es keine Illusion, dass der Mensch Architekt seiner selber ist, dass Veränderungen dem Wunsch danach entspringen, nicht der Konditionierung.« Wo würden Sie sich selbst in diesem Streit positionieren? Was würden Sie sagen?

SCHULZ VON THUN: Ich würde – an B. F. Skinner gerichtet – zunächst festhalten, dass er gewiss einen wichtigen Zipfel der Wahrheit zu fassen hat mit seinen Thesen, auf die uns schon Iwan Pawlow gestoßen hat. Natürlich, der Mensch ist konditioniert und konditionierbar; Belohnung und Bestrafung haben einen gewissen Einfluss auf das menschliche Verhalten und Erleben. Das ist Fakt. Aber daraus folgt nicht, dass man jeden beliebigen Menschen durch eine stringente Pädagogik und systematische Reinforcements entweder in ein Genie oder in einen Verbrecher verwandeln könnte. Das erscheint mir hoffnungslos naiv, denn kein Mensch kommt als Tabula rasa zur Welt; er bringt etwas mit, was sich verwirklichen will – und was sich eben nicht durch konditionierende Reize standardisieren oder gänzlich verhindern lässt. Zu Carl Rogers gewandt würde ich sagen, dass Skinner nicht einfach nur spinnt, wenn er auf die Konditionierbarkeit des Menschen verweist. Und dann würde ich hinzufügen, dass mir die Sichtweise von Rogers natürlich sympathischer ist, weil er zu Recht darauf vertraut, dass im Menschen ein *Potenzial* steckt. Ich mag dieses doppeldeutige Wort sehr, weil man mit ihm auf die Kraft des Menschen, seine *Potenz*, und zugleich auf das Mögliche, das *Potenzielle*, hinweisen kann. Es steckt eine positive Möglichkeit in der eigenen Person, die der liebevollen Ermutigung, des Trainings und der Herausforderung bedarf. Und es kommt, so würde ich noch ergänzen wollen, in Schule und Erziehung darauf an, dieses Potenzial zu sehen, es zu fördern und nicht durch übertriebene Disziplinierungsmaßnahmen zu stören.

PÖRKSEN: Sie stehen damit irgendwo zwischen Carl Rogers und B. F. Skinner. Gibt es ein Credo, das Ihre Position noch genauer umschreibt?

SCHULZ VON THUN: Dieses Credo findet sich in einer Formulierung von Jean-Paul Sartre: »Jeder kann jederzeit aus dem etwas machen, was

man aus ihm gemacht hat!« Das ist aus meiner Sicht eine geniale Formulierung, weil hier in einem einzigen Satz das Bewusstsein einer Dialektik aufscheint: Auf der einen Seite bin ich als Mensch »gemacht«,
nämlich ohne meinen Willen genetisch geformt, ungefragt in die Welt
gesetzt, einem frühkindlichen Schicksal unterworfen, geprägt, soziali-
siert, konditioniert – und auch weiterhin einem zugeteilten Schicksal
unterworfen, mit einem Todesurteil in der Tasche. »Du glaubst zu
ziehen – und du wirst gezogen!« Jawohl, so ist es. Und aus dieser
Sicht heraus ist das Reden von »autonomer Selbstbestimmung« eine
illusionäre Lachnummer. Und doch enthält der Satz von Sartre auch
die andere Wahrheit: Du kannst ein wenig, und zunehmend mehr,
zum Subjekt deiner Identität und zum Urheber deines Daseins werden, kannst ein wenig und zunehmend mehr deines Glückes Schmied
werden, kannst innerhalb deiner Grenzen dich neu definieren und als
»Geschöpf«, das du zweifellos bist, ein wenig zum Schöpfer deiner
selbst werden. Wer von diesen beiden Polen weiß und sie miteinander
verbindet, der ist davor gefeit, in einen Omnipotenzwahn oder aber
eine hilflose, resignative Schicksalsergebenheit abzugleiten. Auch
wieder ein schönes Wertequadrat!

Stanley Milgrams Experiment

PÖRKSEN: Ich will noch einmal nachfragen. Es ist doch auffällig, dass
Carl Rogers in seinem anthropologischen Optimismus und seinem
Glauben an das Gute im Menschen auch die empirischen Befunde
seiner Psychologie-Kollegen ignoriert und sich nicht weiter von ihnen
irritieren lässt. Nur ein Beispiel: 1963 veröffentlichte Stanley Milgram
seine weltweit diskutierte Studie über die Unterwerfungsbereitschaft
von ganz normalen Menschen, die sich erstaunlich leicht zur Folter
animieren ließen. In diesem Experiment behaupten vermeintliche
Experten, man führe einen Test zum Lernverhalten durch. Wer falsche
Antworten gebe, der sei, so hieß es, für diese mit allmählich stärker
werdenden Stromschlägen zu bestrafen. Und rund zwei Drittel aller
Beteiligten machten mit – ohne zu wissen, dass die von ihnen bediente
Apparatur gar nicht mit Strom versorgt wird und Stanley Milgram
gar nicht das Lernverhalten prüft, sondern mit diesem Setting eine
allgemein menschliche Neigung zum Gehorsam aufdecken will.
Manche verabreichen vermeintlich lebensgefährliche Stromstöße, nur

weil man sie zum Weitermachen auffordert und der Versuchsleiter mitteilt, er übernehme die volle Verantwortung. Hat Sie selbst dieses Experiment beunruhigt und umgetrieben?

SCHULZ VON THUN: Ich betrachte dieses Experiment nicht als ein Humanistischer Psychologe, der unbedingt sein positives Menschenbild verteidigen möchte, sondern als ein Mensch, der sich selbst nicht für sonderlich böse, aber eben doch auch für verführbar hält. Ich muss sagen, dass ich mich in die Situation einer solchen Versuchsperson ganz gut einfühlen kann: Da ist dieser ältere Herr mit seinem weißen Kittel und einer seriösen professionell-professoralen Ausstrahlung, der das Experiment leitet. Wahrscheinlich würde auch ich ihm erst einmal vertrauen und ein aufkeimendes ungutes Gefühl unterdrücken: »Der wird schon wissen, was er tut! Das wird schon seinen Sinn haben!« Ich glaube nicht unbedingt, dass ich selbst der Held gewesen wäre, der sich verweigert hätte, denn ich kenne meine Grenzen der Zivilcourage und auch die Grenzen meines Mutes. Dass ich – gleichwohl – ein Mensch bin, der mit ganzem Herzen nach liebevoller Kooperation, nach Güte und Liebe strebt und der gewiss niemandem wehtun möchte, ist damit jedoch nicht außer Kraft gesetzt. Verstehen Sie, was ich damit sagen will?

PÖRKSEN: Noch nicht ganz, weil man doch argumentieren könnte, dass mit einem solchen Experiment der empirische Beweis erbracht ist, dass es auf das Innere und das Bewusstsein des Menschen nicht wirklich ankommt – und dass es die Situation ist, die einen Menschen zum Folterer werden lässt. Der Psychologe Philip Zimbardo, der ähnliche Untersuchungen gemacht und später einen Folterer aus dem Gefängnis von Abu Ghraib verteidigt hat, sprach von der Macht »toxischer Situationen« und dem determinierenden Einfluss systemischer Randbedingungen. Das ist doch eine schockierende Betrachtung der menschlichen Natur.

SCHULZ VON THUN: Da kann ich nur sagen: Wenn Menschen über Jahrzehnte hinweg dazu erzogen worden sind, zu gehorchen und sich mächtigen Autoritäten unterzuordnen, dann sollte man sich nicht wirklich darüber wundern, dass sie sich in einer heiklen Situation tatsächlich fügen und Angst haben, ihre kritischen Impulse überhaupt zuzulassen. Damit ist belegt, dass der Mensch in erschreckendem Maße anpassungsbereit ist an fragwürdige Umstände und niederträchtige Machthaber, besonders wenn er Angst um sein eigenes Wohl haben muss. »Der Mensch« ist eigentlich falsch, denn es gab und gibt immer welche, die sich widersetzt haben – auch in den von Ihnen erwähnten Experimenten. Und an dieser Stelle setzt die Humanistische Psychologie an. Nicht indem sie mit einem »positiven Menschenbild« uns alle für liebevoll und für zivilcouragiert erklärt, sondern indem sie unterstellt: Da ist was zu machen! Es lohnt sich, diese Kräfte, die zur inneren Wahrhaftigkeit und zum Mut aufrufen, anzuerkennen, sie erst einmal wahrzunehmen und mit ihnen in Kontakt zu kommen, um sie dann zu stärken und sich selbst nicht treu zu *bleiben*, sondern treu zu *werden*.

PÖRKSEN: Die Humanistische Psychologie, die auf der schöpferischen Eigenkraft des Menschen beharrt, wäre demnach auch eine antiautoritäre Kraft.

SCHULZ VON THUN: Das kann man so sehen, ja. Mit sich selbst in Übereinstimmung zu kommen, die eigenen, noch unentdeckten Möglichkeiten und Kräfte zu entfalten, Verantwortung für das eigene Leben zu übernehmen, sich nicht nur als Opfer begreifen – das sind zentrale Lektionen, die mir auch die Humanistische Psychologie nahegebracht hat. Sie ist ja gegen die Ideologie des »*adjustment*« angetreten, die bloße Anpassung an die äußeren Bedingungen und das reibungslose Funktionieren unter diesen Bedingungen. Sie hatte gar nicht nur und nicht vorrangig Menschen mit seelischen Störungen als Adressaten vor Augen, sondern vor allem Menschen, die vielleicht nie zum Psychotherapeuten gehen würden.

PÖRKSEN: Abraham Maslow, auch er ein Inspirator der Humanistischen Psychologie, meinte einmal, es ginge nicht mehr primär darum, sich mit »kaputten Typen und verzweifelten Ratten« zu beschäftigen, sondern auch mit den sogenannten Normalen und den großen menschlichen Leistungen in Kultur und Wissenschaft. Mit dem Verweis auf die leidgeprüften Laborratten spielte er auf die Konditionierungsforschung von Skinner an, mit den kaputten Typen meinte er eine rein an der Pathologie und dem Defizit orientierte Psychoanalyse.

SCHULZ VON THUN: Das ist schön und ziemlich boshaft formuliert! Tatsächlich war die Frage nicht mehr allein: »What's wrong with you?« Sie lautete mit einem Mal auch: »What's right?« Was steckt in einem Menschen – unabhängig von allen Verklemmungen, unabhängig von aller Verdrängung – für ein Potenzial? Wie kann er seine ureigensten Möglichkeiten entfalten und auch um seiner selbst willen aufblühen?

Wie kann er zu einem ganzheitlichen Wachstum gelangen und herausfinden, wofür er in seinem Leben geschaffen und berufen ist? Allerdings ist mit einer solchen Orientierung an diesen großen Idealen und Werten nicht auch schon gesagt, dass diese bereits ausreichend umgesetzt wären, überhaupt nicht. Einer solchen Behauptung schlägt die Realität derart hart ins Gesicht, dass sie fast lächerlich klingen würde.

PÖRKSEN: Aber muss einen – gerade wenn man ein positives Menschenbild vertritt – die Allgegenwart von Folter und Gewalt nicht elementar erschrecken?

SCHULZ VON THUN: Natürlich! Aber wir wissen, dass in der Entwicklung eines Menschen entsetzlich viel schief gehen kann. Und wir wissen, dass Gewalterfahrungen, Kränkungen und Traumatisierungen ein Leben lang nachwirken und weitergegeben und erneut ausagiert werden, einfach weil die Identifikation mit dem Täter, der einem selbst schweren Schaden zugefügt hat, in der Vergangenheit eine reaktive seelische Notlösung war. Aber man muss aufgrund solcher Einsichten sein positives Menschenbild nicht aufgeben, sondern kann doch auch einen anderen Schluss ziehen: nämlich dass es geboten ist, gute Bedingungen des Aufwachsens und der Entfaltung zu schaffen. Denn wenn Menschen gut in diese Welt hineinkommen, in ihr willkommen geheißen und gehalten werden, sodass sie Urvertrauen entwickeln können, dann ist die Gefahr doch ganz offensichtlich geringer, dass sie sich in Bestien und Folterknechte verwandeln.

PÖRKSEN: Und doch finden wir auch bei humanistisch gebildeten Menschen eine mitunter ziemlich stark entwickelte Fähigkeit zur Bosheit und zur moralischen Gleichgültigkeit. Der Philosoph Martin Heidegger und der Psychologe C. G. Jung haben in unterschiedlicher Heftigkeit mit der Ideologie des Nationalsozialismus geflirtet, der Psychoanalytiker Bruno Bettelheim, der emphatisch für die Befreiung des Menschen eintrat, soll Kinder geschlagen und gedemütigt haben, darunter auch Autisten, die ihm anvertraut waren. Und der Reformpädagoge Hartmut von Hentig hat die brutalen sexuellen Übergriffe seines Freundes Gerold Becker schön geredet und das Leid der Opfer auf unerträgliche Weise bagatellisiert. Und so ließe sich endlos fortfahren.

SCHULZ VON THUN: Dass Bildung und eine humane Gesinnung keine Garantie dafür sind, dass unser Leben in jeder Hinsicht von gelebter Integrität bestimmt ist, das ist leider wahr. Und es steht außer Frage, dass wir alle zu mancher Niederträchtigkeit und unguter Opportunität fähig sind – besonders dann, wenn wir uns bedroht wähnen und die stammesgeschichtlich verankerten Programme der Selbstbehauptung greifen, die jedes Mittel recht erscheinen lassen, um die Bedrohung abzuwehren. Und es ist in den Fällen, die Sie genannt haben, richtig, sich zu empören. Aber es ist auch leicht, wenn man selbst nicht der Verführung, der Angst, der Verblendung ausgesetzt war. Was hätten wir beide zum Beispiel in der Zeit des Nationalsozialismus getan? Hätten wir todesmutig jüdische Mitbürger versteckt und wären der Stimme elementarer Menschlichkeit gefolgt? Wären nicht auch wir verführbar gewesen, um zumindest zu einem halbwegs gedeihlichen Modus Vivendi mit den neuen Herren im Reich zu gelangen? Ich fürchte mich vor der Antwort. Aber ich könnte Ihnen viele Menschen von damals und von heute nennen, die nicht berühmt und bekannt geworden sind und die in grundanständiger Weise ihre Arbeit getan und ihre Familie geliebt und beschützt haben und die zur Stelle gewesen sind, wenn man sie brauchte. Das ist auch eine, allerdings unspektakuläre, öffentlich kaum wahrgenommene Form des positiven Menschseins, die millionenfach existiert.

PÖRKSEN: Man könnte, wenn ich dem Gang unseres Gesprächs und unserem Austausch nachspüre, argumentieren, dass es eine prinzipiell unentscheidbare Frage darstellt, wie wir die Natur des Menschen einschätzen. Schon unsere Aufmerksamkeit für die eine oder die andere Seite lässt sich als eine Entscheidung betrachten. Beachten wir vor allem die Beispiele der Verführbarkeit, die unendliche Grausamkeit und Bosheit in der Welt? Setzen wir stärker auf die Güte, die sich ebenso entdecken lässt? Welche Perspektive wird aus welchen Gründen favorisiert? Der Kybernetiker Heinz von Foerster hat einmal konstatiert, es sei der besondere Charme einer unentscheidbaren Frage, dass wir sie selbst entscheiden können, denn es gibt kein Regelbuch, das unsere Entscheidung leitet, sondern nur die individuelle Verantwortung für den eigenen, selbst gewählten Standpunkt. Insofern stellt sich am Schluss dieses Gesprächs über das Wesen des Menschen die Frage, wie wir uns entscheiden. Haben Sie da eine, eventuell auch ganz persönliche Antwort?

SCHULZ VON THUN: Ich halte die Frage nach der Natur des Menschen nicht für prinzipiell unentscheidbar. Es gibt nur keine einfache, eindeutige Antwort darauf, sondern viele widersprüchliche Erkenntnisse. Offenbar liegt es doch in unserer Natur, durch Instinkte nur noch wenig festgelegt zu sein und – je nach Umständen – zu sehr unterschiedlichem Verhalten fähig zu sein. Und kraft unserer geistigen Entwicklung uns selbst (und die Welt, in der wir leben) ein Stück weit erschaffen zu können. Hier beginnt dann wohl die Entscheidung, von der Sie sprechen. Meine vorläufige Haltung wäre: Es könnte sein, dass wir alle wirklich nur einmal leben, Sie und ich und wir alle. Und dann wäre es doch wunderbar, wenn dieses einmalige Leben und das unserer Kinder und Enkel in einer Welt stattfinden würde, in der es liebevoll zugeht und in der wir es uns in friedlicher, wenn nicht sogar beglückender Koexistenz gegenseitig so einrichten, dass wir einander Hilfe und Förderung bieten und sagen können: Es ist eine Wonne, dieses Leben geschenkt bekommen zu haben – und nichts, was man tausendfach verfluchen müsste, weil wir einander ängstigen, Schmerzen zufügen oder im Stich lassen. Dieses Streben nach beglückender Koexistenz als eine Menschheitsaufgabe zu definieren halte ich sowohl für sinnvoll als auch nicht für völlig utopisch. Und es erscheint mir letztlich ohne Alternative, denn ich glaube, dass die menschliche Seele diese Bedingungen einer liebevollen, beglückenden Verbundenheit braucht.

II. Die konkreten Fragen

1 Kommunikationspsychologie für Führungskräfte

Beratung mit doppelter Blickrichtung

PÖRKSEN: Das ist ein guter Moment, um nach eher grundsätzlichen Erörterungen – ganz konkret und am Beispiel – die Praxistauglichkeit Ihrer Modelle zu erkunden und auszuleuchten, wie sich diese Modelle verbinden und in der Kommunikationsberatung miteinander verknüpfen lassen. Vielleicht beginnen wir mit Fragen, die sich im weitesten Sinne auf die Beratung von Führungskräften beziehen, und stellen uns folgende Situation vor: Ein Manager taucht für die erste Coachingstunde im Schulz von Thun Institut an der Hamburger Rothenbaumchaussee auf; er berichtet von seinem plötzlichen Aufstieg, der ihn überfordert; er klagt über Erschöpfungszustände und seine Angst vor einem Burn-out und sagt, er sei noch auf der Suche nach einem Führungsstil, der zu ihm passe. Dann berichtet er vom Druck der Vorgesetzten, der neuen Unberechenbarkeit des Marktes und klagt über manche Unzufriedenheit in seiner Abteilung. Und in all diesen Fragen wünscht er sich von Ihnen nun eine umfassende Orientierung und rasche Abhilfe. Was würden Sie tun?

SCHULZ VON THUN: Zunächst würde ich mir eine gelassene, durchaus genussvolle innere Haltung gestatten, die von der Annahme ausgeht, dass ich für die Fragen und Probleme dieses Menschen auch keine Antwort und keine Lösungen habe, ja nicht einmal haben darf. Sondern dass ich jemand bin, der ihm als qualifizierter Dialogpartner zu helfen vermag, seine eigenen Lösungen zu finden. Denn mit dem Herausfinden von individuellen, situationsgerechten und systemkompatiblen Lösungen kenne ich mich tatsächlich aus. Ich definiere mich also nicht als Lösungsexperte, sondern als Experte der Heuristik, des Herausfindens. Warum ist es so wichtig, dass ich selbst als ruhiges, gelöstes Gegenüber in diesen Beratungsprozess einsteige? Meine Haltung der Gelassenheit ist eine Art Kompasseinstellung, die mich davor bewahrt, plötzlich selbst unter Druck zu geraten und mich in das innere System dieses Menschen zu verstricken.

PÖRKSEN: Wie könnte das eigentliche Coaching beginnen?

SCHULZ VON THUN: Am Anfang stünde eine Betrachtung des inneren und äußeren Kontexts, eine *Beratung mit doppelter Blickrichtung,* die das Individuum im System und das System im Individuum gleichermaßen erfasst, um erneut Helm Stierlin zu zitieren. Wir würden in einem ersten Schritt diese äußere Landschaft mit liebevoller Gründlichkeit betrachten, um seine Rolle, verstanden als die Summe der an ihn gerichteten, oft widersprüchlichen Erwartungen, zu klären. Mit wem hat er es, so ließe sich fragen, eigentlich zu tun? Wer sind die Rollenpartner, welche Ansprüche stellen diese? Wer genau ist es, der ihm Druck macht? Wie stellen sich die Machtverhältnisse dar? Welche konkreten Anforderungen gibt es? Wie kommen wir der *Wahrheit der Situation* auf die Spur? Was ist das überhaupt für ein System, in dem dieser Manager steht?

PÖRKSEN: Wie ließe sich, wenn wir noch für einen Moment bei diesem Beispiel bleiben, dann fortfahren?

SCHULZ VON THUN: Wir würden uns dann in einem zweiten Schritt seiner inneren Landschaft zuwenden – dies mit dem Ziel, dass er sich Schritt für Schritt ein eigenes, individuelles Rollenselbstverständnis erarbeiten kann, das systemgerecht erscheint, aber ihm auch selbst auf den Leib und auf die Seele geschrieben ist, sodass er selbstinitiativ die Regeln auf dem eigenen Spielfeld bestimmt und nicht bloß passiver Empfänger der von außen eintreffenden Erwartungen bleibt. Für diesen Prozess der Selbstklärung eignet sich das Modell vom Inneren Team, das es erlaubt, innere Anteile zu erforschen und zu visualisieren. Welche Teammitglieder, so wäre zu fragen, melden sich mit Blick auf eine konkrete Situation und die Erwartungen der Rollenpartner zu Wort? Wer möchte gehört, welche innere Stimme will berücksichtigt werden? Welche inneren Konflikte tauchen auf? Welche Teammitglieder könnten im Sinne einer optimalen Mannschaftsaufstellung noch nützlich sein? Eine derartige Situations- und Selbstklärung würden wir in einer zweiten Begegnung gewiss noch vertiefen, weil wir mit Spätmeldern rechnen müssen und dürfen. Gerade die entpuppen sich meist als Schlüsselgestalten für eine Lösung.

Der dreifache Druck

PÖRKSEN: Welche grundsätzlichen Dilemmata und Konstellationen zeigen sich in einer solchen Beratungsarbeit? Gibt es immer wiederkehrende Muster, die unseren imaginären Manager in die Erschöpfung und den Stress hineintreiben können?

SCHULZ VON THUN: Typisch ist der dreifache Druck, dem heutzutage so viele Führungskräfte ausgesetzt sind. Da findet sich, erstens, der Druck von oben: »Wir erwarten von dir«, so heißt es ausgesprochen oder unausgesprochen, »dass du deine Mitarbeiter motivierst und auf Trab bringst, sodass sie trotz einer enormen Arbeitsverdichtung maximale Leistung bringen! Und wir werden uns die Zahlen ganz genau anschauen!« Das ist eine Rollenzuweisung der Vorgesetzten, die impliziert, dass man auch bereit ist, Frustrationen zuzumuten, sich unbeliebt und im Extremfall sogar zu einem verhassten Menschen zu machen. Dann machen, zweitens, oft auch die eigenen Mitarbeiter und Untergebenen Druck – eine Konstellation, die die klassische Sandwich-Position erzeugt. »Sorge dafür«, so lautet ihre Forderung, »dass wir hier nicht zugrunde gehen, sondern aufblühen können – schließlich verbringen wir hier einen guten Teil unseres Lebens! Und setze dich dafür ein, dass für das, was man von uns erwartet, auch die nötigen Ressourcen zur Verfügung gestellt werden!« Damit sieht sich unsere Führungskraft aufgefordert, sich vor die eigenen Leute zu stellen und eine richtig verstandene Fürsorge zu entwickeln. Und schließlich taucht, drittens, dann noch die Personalabteilung auf, bietet Fortbildungskurse an und projiziert die »Führungskraft 3000« auf eine Leinwand des Fortschritts und des Erfolgs: Die Führungskraft möge unternehmerisch denken und handeln, sozialkompetent, dialogisch und selbstreflexiv sein, überdies aufgeschlossen für ein 360-Grad-Feedback, mit Leidenschaft und Tatkraft die Leute »mitnehmen« und stets auf Augenhöhe mit den eigenen Mitarbeitern kooperieren. Das ist dann der dritte Erwartungsdruck. Gar nicht leicht, souverän und gelassen zu bleiben und sich die berufliche Lebenslaune zu erhalten!

PÖRKSEN: Das bedeutet aber doch, dass die Führungskraft in eine Welt aus Widersprüchen und Paradoxien hineingeworfen ist, die sich kaum auflösen lassen. Sie zitieren in einem Ihrer Bücher einen Hamburger Politiker, der gleichermaßen heiter und tiefsinnig über die ideale Führungskraft nachdenkt. »Die ideale Führungspersönlichkeit braucht«, so heißt es hier, »die Würde eines Erzbischofs, die Selbstlosigkeit eines Missionars, die Beharrlichkeit eines Steuerbeamten, die Erfahrung eines Wirtschaftsprüfers, die Arbeitskraft eines Kulis, den Takt eines

Botschafters, die Genialität eines Nobelpreisträgers, den Optimismus eines Schiffbrüchigen, die Findigkeit eines Rechtsanwalts, die Gesundheit eines Olympiakämpfers, die Geduld eines Kindermädchens, das Lächeln eines Filmstars und das dicke Fell eines Nilpferds.« Faktisch vermag niemand derart vielfältigen, einander widersprechender Erwartungen gerecht zu werden. Und es ist eigentlich nur die Frage, auf welchem Feld man sich entscheidet, bevorzugt zu scheitern.

SCHULZ VON THUN: Nur noch scheitern? Das scheint mir allzu zugespitzt formuliert, aber ich meine in der Tat, dass eine Führungskraft das Metabewusstsein benötigt, dass sie unvermeidlich immer etwas schuldig bleiben wird. Diese Einsicht in unvermeidliche Unzulänglichkeiten und eigene Schwächen begründet eine Souveränität höherer Ordnung, die aber nicht vergessen machen sollte, dass man noch zwergenwüchsige, schwache und schüchterne Teammitglieder entwickeln und aufbauen kann, die dieser Politiker in seiner Betrachtung der idealen Führungspersönlichkeit aufzählt. Es gibt bei aller Einsicht in unvermeidliche Dilemmata und antagonistische Anforderungen, die im System immer schon angelegt sind und gar nichts mit der menschlichen Chemie zu tun haben, doch stets auch eine individuell-persönliche Entwicklungsherausforderung für den Inhaber einer Rolle. Denn das Anforderungsprofil einer Rolle und das Begabungsprofil ihres Inhabers befinden sich fast nie in einer prästabilierten Harmonie. Manches, was auf mich zukommt, fällt mir schwer und ist mir zuwider. Vielleicht bin ich allzu harmonisch veranlagt und möchte aus tiefstem Herzen »allen wohl und niemand weh« – und muss schmerzhaft lernen, die in der Rolle bereits angelegten Konflikte mutig und tapfer durchzustehen, einschließlich einer gewissen Dickfelligkeit, wenn andere auf mich schimpfen. Womöglich braucht der gestresste Manager, mit dessen Geschichte unser Gespräch einsetzte, aber auch in bestimmten Momenten die Fähigkeit, nicht alles so tragisch zu nehmen und eine schwierige Situation mit humorvoller Gelassenheit zu meistern.

Die integrale Führungskraft

PÖRKSEN: Was ist dann aber, wenn wir doch konstatieren müssen, dass man den unterschiedlichen Anforderungen prinzipiell nicht genügen kann, das Ideal?

SCHULZ VON THUN: Mein Ideal ist die *integrale Führungskraft* – ein Ideal, das die vier Himmelsrichtungen der Seele als Kompass für mögliche Entwicklungsrichtungen einer Persönlichkeit ebenso wie einer menschlichen Professionalität begreift. Es handelt sich um die vier Grundstrebungen nach Fritz Riemann, die mein Kollege Christoph Thomann alltagstauglich gemacht hat: Nähe und Distanz, Dauer und Wechsel. Diese vier Pole haben es in sich, sie definieren (widersprüchliche) Herausforderungen an eine Führungskraft. Und man kann diese Grundstrebungen auch als denkbare Entwicklungsrichtungen und den Appell begreifen, selbst einmal die eigene seelische Komfortzone zu verlassen und sich den jeweiligen Gegenpol zu erobern, der einem noch fremd sein mag. Der eine Pol (in der Senkrechten) verweist auf die Notwendigkeit klarer Strukturen, Regeln, Pläne und Absprachen, er steht für Stabilität. Der entgegengesetzte Pol steht für Dynamik, hier kommen Tugenden wie Prozessbewusstheit, Innovations- und Improvisationsfähigkeit ins Spiel. Auf der horizontalen Achse (Nähe – Distanz) kommen zwei andere widersprüchliche Qualitäten in den Blick: auf der einen Seite Kontakt und Wertschätzung, Dialog auf Augenhöhe, ein partnerschaftliches Miteinander. Auf der anderen Seite die nötige professionelle Distanz, die Fähigkeit, sich abzugrenzen und allfällige Konflikte nicht zu scheuen, Frustrationen zuzumuten und die eigene Autorität in die Waagschale zu werfen. Meist ist ein Mensch auf dem jeweils einen Pol mehr zu Hause als auf dem gegenüberliegenden. Dann ist es, um »integral« zu werden, sinnvoll, den Gegenpol nach und nach ebenfalls zu erobern. Insofern begreife ich das Riemann-Thomann-Modell nicht nur als Persönlichkeitsmodell, das menschliche Unterschiede sichtbar macht (»Differenzial«), sondern auch und vor allem als Entwicklungsmodell (»Integral«).

Das Riemann-Thomann-Modell

Das Riemann-Thomann-Modell [Abb. 13] ist ein universal anwendbares Persönlichkeitsmodell, das ein besseres Verständnis der menschlichen Kommunikations- und Beziehungsdynamik erlaubt. Es basiert auf dem Werk des Psychoanalytikers Fritz Riemann (1961), das der Psychologe Christoph Thomann (1998) für die Analyse der Alltagskommunikation fruchtbar gemacht hat. Fritz Riemann unterscheidet zentrale »Antinomien des Lebens«, zu den für ihn Nähe und Distanz, Beständigkeit und Veränderung gehören. Auf dieser Basis identifiziert er vier *Grundformen der Angst* (die Angst vor Abhängigkeit und zu viel Nähe, die Angst vor Isolation und zu viel Distanz, die Angst vor Veränderung, die Angst vor statischer Endgültigkeit) und entwirft eine Persönlichkeitstypologie einschließlich ihrer pathologischen Extreme (schizoide, depressive, zwanghafte und hysterische Persönlichkeiten). Demgegenüber macht Christoph Thomann deutlich, dass die Spannungsverhältnisse von Nähe und Distanz, Dauer und Wechsel existenziell bedeutsame Grundstrebungen darstellen, die zur menschlichen Normalität gehören. Je nach Persönlichkeit neigt ein Mensch mehr dem Nähe-Pol zu, ein anderer mehr dem Distanz-Pol; manchen Menschen erscheint die fortwährende dynamische Veränderung erstrebenswert, anderen die geordnete Klarheit beständiger Verhältnisse. Es gibt Heimatgebiete und Komfortzonen einer Persönlichkeit, beispielsweise Menschen, denen eine besondere Nähe- oder eben eine auffallende Distanz- und Abgrenzungsbegabung eigen ist. Und es existieren Schattengebiete, die eigene Grundängste tangieren. Kurzum: Das Riemann-Thomann-Modell erlaubt es, persönliche Eigenschaften, Potenziale und Schattenseiten, situativ gegebene Herausforderungen im Alltag und Arbeitsleben zu erfassen, aber auch – auf dem Weg zu einer integralen Persönlichkeit – umfassende Entwicklungsziele eines Menschen zu bestimmen [Abb. 14].

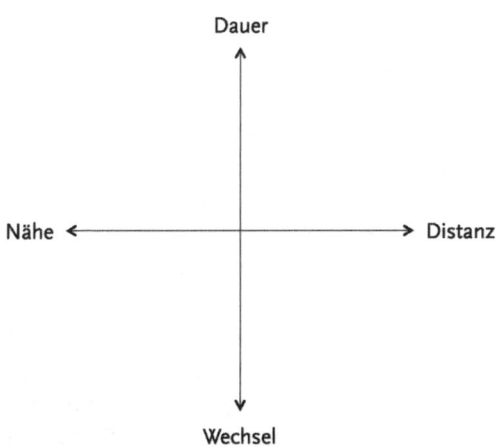

Abb. 13: Das Riemann-Thomann-Modell: Die vier Grundstrebungen des Menschen als Pole in einem Achsenkreuz

Strukturgebung,
Organisation und Planung,
klare Regeln und Absprachen,
Zielorientierung und folgerichtiges Prozedere

Kontakt,
Anerkennung,
Menschlichkeit,
Empathie,
Wertschätzung

die integrale
Führungskraft

Abgrenzung,
Rollenklarheit,
professionelle Distanz,
Kritik/Konfrontation,
Frustrationszumutung

Prozessbewusstheit,
Lebendigkeit,
Innovation, Entwicklung, Flexibilität,
Improvisation,
Kreativität,
Humor

Abb. 14: Aus dem Riemann-Thomann-Modell abgeleitet: Die integrale Führungskraft und die vier Himmelsrichtungen der Professionalität

PÖRKSEN: Wenn wir dieses Ideal einmal weiter denken und es in seinen Konsequenzen für den inneren Menschen betrachten, dann stellt sich die Frage: Welche unterschiedlichen Teammitglieder braucht diese integrale Führungskraft?

SCHULZ VON THUN: Unsere Führungskraft braucht gewiss jemanden, der würdigen kann, und auf diesem Nähe-Pol überdies ein Teammitglied, das ein Bewusstsein davon hat, dass Führung immer auch eine dienende Funktion hat. Dieses Teammitglied ist wie ein Kellner, der Speisen und Getränke an den Tisch bringt. Was aber serviert eine solche Führungskraft, was liefert sie, was bietet sie an? Meine Antwort: Sie schafft die Bedingungen, unten denen die eigenen Mitarbeiter gut arbeiten können. Sie sichert die sachlich-materiellen Ressourcen und erzeugt die menschlichen Umgebungsbedingungen, zu denen sie selbst gehört. Diese Führungskraft muss sich daher auch fragen: Welchen Ton schlage ich an, welche Atmosphäre verbreite ich? In einer Zeit, in der die Hierarchien flacher geworden sind und viel vom guten Mannschaftsspiel abhängt, hat dieser Nähe-Pol an Bedeutung gewonnen – und wird in eigenen Seminaren zur sozialen Kompetenz von Managern trainiert. Da geht es dann darum, dem Angestellten auch einmal mit dem Selbstkundgabe-Ohr zuzuhören, ihn zu fragen, wie es ihm in seinem Job und seinem momentanen Aufgabenprofil geht, also Anteilnahme und eine Zuwendung zu signalisieren, die es den Mitarbeitern erleichtert, ihre innere Wahrheit in das Kooperationsgeschehen einzubringen, auch und gerade wenn heikle Punkte berührt sind.

PÖRKSEN: Einmal angenommen, dass unsere Führungskraft diese Fähigkeit zur dialogisch orientierten Anteilnahme bereits besitzt, aber Schwierigkeiten hat, klar und entschieden zu delegieren. Welche Verhaltensqualitäten müsste sie sich erobern, welche inneren Teammitglieder in der Logik Ihres Modells trainieren?

SCHULZ VON THUN: Sie bräuchte jemanden, der anderen etwas zumuten und auch mal etwas verweigern kann – und zwar ohne deswegen gleich ein paar Nächte schlecht zu schlafen und darüber zu grübeln, ob er nun immer noch gemocht wird und wie furchtbar seine Ansagen gewirkt haben müssen. Diese Führungskraft bräuchte ein der Sachlichkeit verpflichtetes inneres Teammitglied, das nicht primär nach persönlichen Befindlichkeiten fragt, sondern in der Lage ist, die professionelle Distanz und die eigene Rollenklarheit zu bewahren. Superverständnisvolle Teammitglieder, die es allen recht machen und von allen gemocht und verehrt werden wollen, dürfen in einer solchen Situation nicht zum inneren Spielführer werden. Gut zu wissen – und schwer zu beherzigen!

PÖRKSEN: Damit bleibt für unsere Führungskraft noch die Dimension von *Dauer* und *Wechsel*, von *Struktur* und *Dynamik*; auch diese müsste sich, wenn ich Ihnen folge, in die Bilderwelt des inneren Teams übersetzen lassen.

SCHULZ VON THUN: Klar! In diesen Zeiten, in denen es so oft um Veränderungsmanagement, um Flexibilität, Mobilität und Innovation geht, steht der dynamische Pol vielfach im Vordergrund. Hier werden Kreativität und eine gewisse atmosphärische Leichtigkeit verlangt; hier gilt es, sich den Humor zu bewahren, spielerisch Abstand zu nehmen von allem Strengen, Festgefügten, Eindeutigen. Ein innerer Querdenker wäre hier willkommen, auch einer, der gern alte Zöpfe abschneidet. Gegenüber findet sich der andere Pol, der ursprünglich einmal als erstrangig professionalitätsstiftend galt; hier geht es um Organisation, Planung und Struktur. Die Leitfragen lauten: Wer macht was und in welcher Reihenfolge? Wer ist für welchen Bereich zuständig? Hier können wir gut einen Strukturbewussten gebrauchen, auch einen Kontrolletti und einen ordnungsstiftenden Moderator mit klarem Zeitbewusstsein.

Kompromiss höherer Ordnung

PÖRKSEN: Mir fällt auf, dass sich die unvermeidlichen Widersprüche, denen sich eine integrale Führungskraft ausgesetzt sieht, auch im Modell des Wertequadrats reformulieren lassen. Das entscheidende Kunststück besteht doch darin, dass man einerseits das Gemeinsame bewahrt und pflegt, andererseits jedoch das Trennende betont, also freundlich und dialogorientiert agiert, gleichzeitig aber doch mit Autorität und Hierarchiebewusstsein auftritt.

SCHULZ VON THUN: Es ist tatsächlich ein Kunststück eigener Art, diese zwei Bewegungen zum Ausgleich zu bringen – metaphorisch gesprochen: Man braucht die mit Entschiedenheit geballte Faust und gleichzeitig die ausgestreckte Hand, muss die hierarchiebewusste Bestimmtheit mit einer partnerschaftlichen Kollegialität kombinieren [Abb. 15]. Wer nur hierarchisch und von seinem eigenen Standpunkt aus entscheidet, der gerät in Gefahr, sich in einen arroganten, wenig kollegialen Autokraten zu verwandeln, der auf dem hohen Ross der Ignoranz und Überheblichkeit dahintrabt und nicht selten vom Pferd fällt. Wer hingegen nur die Begegnung von Mensch zu Mensch sucht, der kann zu einem schwer greifbaren oder angreifbaren »Laberheini« werden. Ihm fehlt die Festigkeit, die aus der Rollenklarheit erwächst.

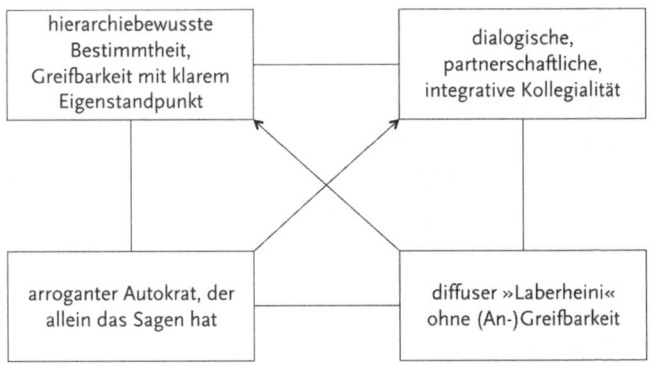

Abb. 15: Ein Wertequadrat zur Kombination von hierarchiebewusster Bestimmtheit und partnerschaftlicher Kollegialität

PÖRKSEN: Können wir dieses Dilemma im Spannungsfeld von Professionalität und Menschlichkeit einmal konkret durchexerzieren, um den anspruchsvollen Balanceakt einer Führungskraft noch genauer in den Blick zu bekommen? Vielleicht ein Beispiel: Ein Abteilungsleiter bekommt unter dem Siegel der Verschwiegenheit mitgeteilt, dass seine ganze Abteilung in naher Zukunft ins Ausland verlegt wird. Gleichzeitig weiß er, dass einer seiner Mitarbeiter, der finanziell nicht besonders gut gestellt ist, sehr ernsthaft plant, in der Gegend ein Häuschen zu kaufen und dabei ist, sich zu diesem Zweck massiv zu verschulden. Aber der Abteilungsleiter darf nichts sagen – das verlangt die Unternehmensleitung. Und er müsste doch gleichzeitig diesen Mitarbeiter warnen – das gebietet ihm sein Gewissen und seine Wertschätzung für diesen Mitarbeiter.

SCHULZ VON THUN: Das ist ein Wertekonflikt, der zwischen den Polen von Unternehmensloyalität und Mitarbeiterfürsorge verläuft. Unternehmensloyalität ohne Mitarbeiterfürsorge könnte zur Untugend der existenziellen Gleichgültigkeit gegenüber den Belangen der eigenen Leute missraten; eine reine Mitarbeiterfürsorge wäre wiederum in der Gefahr, in Richtung eines ökonomisch ignoranten Gutmenschentums abzustürzen, das unter Umständen das Wohl des Unternehmens gefährdet. Das sind zwei Teammitglieder, die nun miteinander in Konflikt geraten, sich austauschen und ihre unterschiedlich gewichtigen Gründe für ihr Plädoyer anführen sollten. Und es gilt, die verschiedenen Argumente wirklich genau zu prüfen: Ist die Geheimhaltung, so muss man sich fragen, für das Unternehmen tatsächlich existenziell oder haben hier bloß ein paar Herren aus der oberen Etage Angst, mit offenen Karten zu spielen? Wie groß ist die Gefahr für den Mitarbeiter, wenn er in dem irrigen Glauben an die Beständigkeit des Standortes eine falsche Entscheidung trifft? Wird ihn diese Entscheidung vernichten oder kann man die entstandenen Nachteile wieder ausgleichen? All das wäre zu erkunden und gehört in die Waagschale.

PÖRKSEN: Aber das Problem ist doch auch unabhängig von diesen Fragen, dass es in diesem Fall keinen Kompromiss gibt. Entweder ich verrate die Unternehmensentscheidung und verhalte mich illoyal. Oder aber ich schweige eisern und mein Mitarbeiter ruiniert sich, weil ich ihn nicht gewarnt habe.

SCHULZ VON THUN: Da bin ich mir nicht so sicher. Manchmal lassen sich eben doch gute und pfiffige Lösungen erfinden. Darf ich für einen

Moment fantasieren? Eventuell könnte ich meinem Mitarbeiter von einem Traum erzählen, der die drohende Verlegung der Abteilung andeutet, und gleichzeitig betonen, dass dieser Traum ja nur ein Traum sei. Vielleicht kann ich ihm auf diese Weise Gelegenheit geben, die Möglichkeit eines Standortwechsels in Betracht zu ziehen, ohne de facto einen Geheimnisverrat zu begehen.

PÖRKSEN: Das ist ein überraschender Schachzug, den Sie hier ad hoc entwickeln, ein Kompromiss höherer Ordnung. Fast scheint es so, als hätten Sie mit derartigen Wertekonflikten auch persönliche Erfahrungen gesammelt. Trifft das zu?

SCHULZ VON THUN: Wenn Sie so fragen, erinnere ich mich an einen Fall, der mich in ein ernstes Dilemma gebracht hat. Eines Tages rief mich eine befreundete Kollegin an, die mir sagte, ihr Mann stehe kurz vor der Diplomprüfung in der Psychologie. Aber er müsse bald sterben, er habe ein Karzinom und nur noch wenige Wochen zu leben. Sein sehnlicher Wunsch sei es, diese Prüfung noch zu machen, aber eine Vorbereitung könne er in seinem Zustand nicht mehr leisten, er liege vollkommen darnieder. Ob ich bereit wäre, ihr die Prüfungsunterlagen auszuhändigen? Der korrekte Beamte in mir war über diesen unsittlichen Antrag natürlich erbost: »Also, ich muss doch sehr bitten!« Der mitfühlende Freund hingegen hatte viel Verständnis für diesen letzten Wunsch und wollte ihn gerne erfüllen. Ich habe dann meiner Kollegin bei nächster Gelegenheit beiläufig, aber akribisch genau den Platz in der Bibliothek des Fachbereichs beschrieben, an dem ich immer arbeiten würde; und wann ich ihn zum Mittagessen verlassen würde. So konnte sie in dieser Zeit den Prüfungsentwurf vorfinden und kopieren. Ich nehme an, sie hat davon Gebrauch gemacht, denn ihr Mann hat die Prüfung tatsächlich noch bestanden, bevor er kurz danach verstarb. – Ich zweifele, ob das ein rühmliches Beispiel ist, aber jedenfalls war es ein Versuch, die beiden Seelen in der Brust zu einem kreativen Dialog zu bringen und sich nicht vorschnell dem Diktat eines Entweder-oder zu beugen.

PÖRKSEN: Können wir noch für einen Moment im Persönlichen bleiben? Sie selbst leiten ja ein Institut, das ihren Namen trägt. Gibt es einen privaten Führungsstil des Friedemann Schulz von Thun? Können Sie den Umgang mit ihren eigenen Mitarbeitern einmal zu ein paar allgemeinen Prinzipien verdichten?

SCHULZ VON THUN: Ich weiß gar nicht, ob ich den drei Prinzipien, die ich nun formulieren werde, immer genüge, vermutlich nicht. Sie kennen ja die alte Regel:»Sage mir, was du anderen predigst – und ich sage dir, womit du dich schwertust im Leben«, nicht wahr? Aber unabhängig davon lautet mein erstes Prinzip: *Probiere zu deiner inneren Wahrheit zu stehen, auch wenn du dich damit nicht notwendig beliebt machst!* Das zahlt sich langfristig aus, weil verschleppte, unausgesprochene Konflikte die Kooperation aus dem Untergrund stören und manchmal zerstören. Das bedeutet ganz praktisch und konkret, dass wir, noch bevor wir im Team inhaltlich zur Sache kommen, mit einer Anfangsrunde beginnen, einem festen Ritual der Aussprache. Hier kommt das, was einem gerade auf der Seele liegt, zur Sprache. Vielleicht hat sich jemand über den gerade gegenübersitzenden Kollegen bei der letzten Co-Leitung im Seminar geärgert. Eventuell ist ein Seminar gründlich schiefgegangen oder dem eigenen Lebenspartner geht es nicht gut. Manchmal dauert eine solche Morgenrunde ziemlich lange, aber die Zeit ist gut investiert, weil man menschliche Fühlung miteinander aufnimmt und gerade dadurch sachlich schnell und produktiv weiterkommt (statt sich »festzubeißen«). Allerdings ist bei diesem Prinzip zu beachten, dass Führungskräfte dem auch gewachsen sein müssen, wenn eigenwillige und selbstbewusste Mitarbeiter ebenfalls ihre innere Wahrheit zur Sprache bringen. Ich weiß, wie schwer das ist. Es kann ganz schön unter die Haut gehen.

PÖRKSEN: Wie lautet das zweite Prinzip?

SCHULZ VON THUN: Es könnte heißen: *Probiere zu würdigen, was dir entgegen gebracht wird!* Damit meine ich, dass es sich lohnt – auch wenn man selbst gerade griesgrämig und kritisch gestimmt ist – anzuerkennen, was die eigenen Mitarbeiter vorbringen und sie auch in den Eigenheiten ihrer Persönlichkeit zu akzeptieren. Ganz wichtig scheint mir ein drittes Prinzip: *Probiere dir den Humor zu bewahren, auch und gerade in schwierigen Situationen!* Dass ich wieder Abstand gewinne, mich nicht verbeiße und die unterschiedlichen Positionen, die verbiesterungsanfällig wären, auf eine spielerische, erwartungswidrige Art und Weise zu überbrücken vermag – das sind die enormen Vorzüge einer humorvollen Kommunikation. Man wird in die Lage versetzt, eine schwierige Situation noch einmal mit anderen Augen anzuschauen und sich selbst in seiner Mitte wieder zu finden, statt von einem verbissenen inneren Spielführer dominiert zu werden.

Diese Art von innerer Führung kann man lernen, sie ist lösungs- und beziehungsdienlich zugleich.

Das Wertequadrat als Feedbackquadrat

PÖRKSEN: Wahrscheinlich sind die Kritik- und Beurteilungsgespräche, die eine Führungskraft unvermeidlich führen muss, in besonderer Weise riskant, weil man den anderen im Extremfall auf eine Weise kränkt, demütigt und einschüchtert, die ihn für die weitere Zusammenarbeit blockiert. Daher die Frage: Welche Empfehlungen können Sie Führungskräften geben, wenn es um kritische Rückmeldungen geht?

SCHULZ VON THUN: Für solche Gespräche lässt sich unser Wertequadrat in ein Feedbackquadrat verwandeln, das die kritische Rückmeldung mit der Würdigung und der Anerkennung der jeweiligen Stärken eines Mitarbeiters kombiniert. Es kann – noch bevor man in das Gespräch einsteigt – lohnend sein, ein Wertequadrat zu entwerfen und dieses dann im Hinterkopf zu behalten. Nehmen wir an, dass einer meiner Mitarbeiter zu eigenmächtigen Entscheidungen neigt und beispielsweise ohne Rücksprache wichtige Kunden kontaktiert und mit ihnen Verabredungen trifft, die mir nicht passen, an die ich dann aber gebunden bin. Dann könnte ich ihm natürlich mächtig die Leviten lesen: »Herr Wolffsohn, Sie finden es offenbar nicht nötig, dass wir uns sachdienlich abstimmen, und gefallen sich in ihrer eigenmächtigen Entscheidung!? Sagen Sie, sind Sie von allen guten Geistern verlassen?«

PÖRKSEN: In der Härte einer solchen Ansage und der pauschalen Attacke steckt zumindest ein Beziehungsrisiko.

SCHULZ VON THUN: Gelinde gesagt. Und es kann mitunter geboten sein, dieses Beziehungsrisiko einzugehen und auch klar und hart zu formulieren. Aber wenn unser Verhältnis noch nicht tragfähig genug ist und ich im Sinne meiner eigenen Selbsterziehung in Richtung einer positiven Würdigung und Wertschätzung meiner Mitarbeiter profitieren möchte, dann kann es eine gute Idee sein, die Eigenmächtigkeit als »zu viel des Guten« zu betrachten [Abb. 16]. Die Frage lautet dann: Was ist eigentlich der positive und erhaltenswerte Kern der Eigenmächtigkeit? Das Gute daran ist doch offenbar, dass der Mitarbeiter eigenständig urteilt und entscheidet – und nicht bei jedem Kleinkram seinen Chef belämmert. Diese auch von Selbstvertrauen getragene Selbstständigkeit lässt sich zunächst grundsätzlich würdigen. Sodann kann und soll der kritische Punkt zur Sprache kommen: dass in bestimmten konkreten Fällen die dringend nötige Abstimmung gefehlt hat, dass die Gefahr besteht, dass aus der sehr zu schätzenden Eigenständigkeit eine riskante Eigenmächtigkeit wird. Drittens kann und soll nun die erbetene Entwicklungsrichtung ausformuliert werden: Bitte unbedingt ein Gespür für den Abstimmungs- und Zuständigkeitsbedarf entwickeln! Bitte unbedingt die Eigenständigkeit bewahren, aber mit loyaler und vertrauensvoller »Untergebenheit« verbinden! – Und viertens kann zum Abschluss wieder ein würdigender Akzent gesetzt werden: »Die Gefahr, dass Sie in der Befolgung dieses Appells nun bei jeder Kleinigkeit den Chef behelligen – diese Gefahr besteht bei Ihnen ja gottlob nicht!«

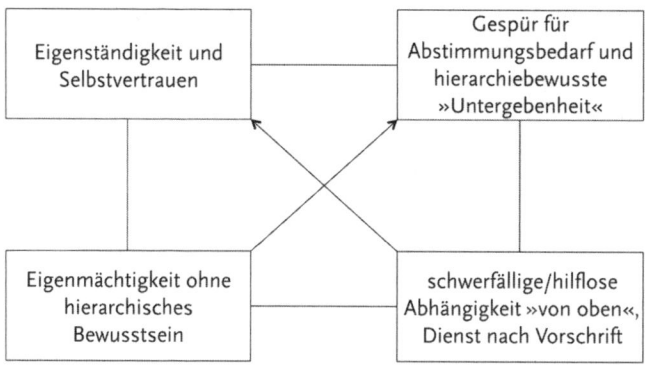

Abb. 16: Das Wertequadrat als Feedbackquadrat: eine Anregung für das Kritik- und Beurteilungsgespräch mit einem eigenmächtig agierenden Mitarbeiter

PÖRKSEN: Sie empfehlen, wenn ich richtig sehe, zur Vorbereitung und im Gespräch folgendes Vorgehen: Entdeckung des positiven Kerns in der abgelehnten Verhaltensweise, Klärung der Entwicklungsrichtung, Formulierung möglichst konkreter Erwartungen und Appelle, dies alles im Verbund mit einer Würdigung des Mitarbeiters zum Gesprächseinstieg und zum Gesprächsausklang. Diese Würdigung bezieht sich zu Beginn auf die positive Kern-Eigenschaft, dann aber am Schluss auf ein Negativ-Verhalten, das nun eben gerade nicht zu bemängeln ist. Ist eine derartige Schrittfolge im Feedback-Prozess grundsätzlich empfehlenswert?

SCHULZ VON THUN: Im Prinzip ja, es darf nur nicht so schematisch gehandhabt werden. Am Anfang stand hier tatsächlich die *positive Würdigung* (Lob der Eigeninitiative), dann der *Gefahrenhinweis* (die Kritik der Eigenmächtigkeit), schließlich der *Appell* mit Blick auf die geforderte *Entwicklungsrichtung* (hierarchiebewusste »Untergebenheit«) und abschließend der erneut positiv würdigende Hinweis auf die mögliche *Gegengefahr* (hilflose Abhängigkeit), die aber gerade eben nicht gegeben ist bei diesem Mitarbeiter [Abb. 17]. Ich selbst würde mir jedoch wünschen, dass ein solches Vorgehen nicht als schematische Schrittfolge aufgefasst wird, sondern vielmehr als ein Instrumentarium zur mentalen Selbstklärung, das einem dabei hilft, im direkten Gespräch kontaktflexibel und wesensgerecht zu reagieren. So kann es etwa stimmiger sein, mit dem Kritikpunkt zu beginnen und die würdigende Einordnung erst später anklingen zu lassen. Ohne ein Gespür für Stimmigkeit sind alle Verhaltensempfehlungen anfällig dafür, den Musterschüler hervorzurufen, der dann das ganze Elend eines »Geschulten« verkörpert.

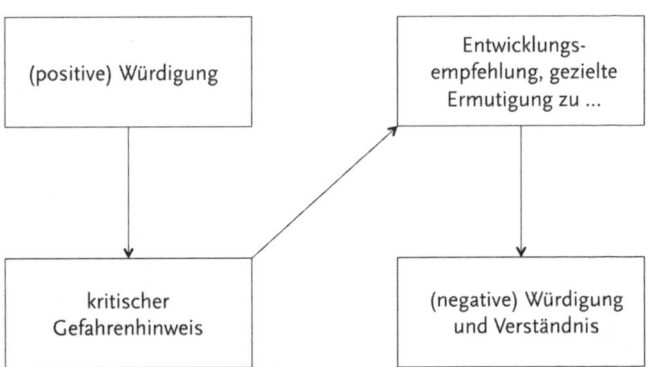

Abb. 17: Feedback mit dem Wertequadrat: von der positiven Würdigung zum Gefahrenhinweis hin zur Entwicklungsempfehlung, die erneut mit einem positiv würdigenden Hinweis auf eine gerade nicht gegebene Gefahr beendet werden kann

Explizite und implizite Metakommunikation

PÖRKSEN: Es findet sich in der Festschrift zu Ihrem 60. Geburtstag ein Artikel, der den Titel trägt: *Kommunikation in vivo: Erfahrungen mit Friedemann Schulz von Thun als Führungskraft*. Hier wird in Form einer heiteren, kleinen Glosse darauf hingewiesen, dass Sie – der Meister der Ich-Botschaft, des aktiven Zuhörens und der sensiblen Gesamtwürdigung – auch als der Erfinder des sogenannten »Nulpen-Feedbacks« gelten können, das von der schlichten, wenig zartfühlenden Ansage ausgeht, dass man manchmal seinem Ärger Luft machen und eine Nulpe (ein anderes Wort für Versager, Dummkopf und Nichtskönner) einfach eine Nulpe nennen sollte.

SCHULZ VON THUN *(lacht)*: »Du *bist* aber auch eine Nulpe!«, darf man sagen, wenn die Beziehung intakt ist und wenn der Tonfall begleitend signalisiert, dass der begangene Fehler nicht dramatisiert werden soll. Würde ich hier den vierfachen Tanzschritt vollziehen, den wir soeben besprochen haben, käme mir das *in dieser Situation* wie ein künstliches Exerzitium vor. Aber Kommunikation ist zum Teil auch Geschmackssache. Die angesprochene Mitarbeiterin hätte damals die Ich-Botschaft bevorzugt (»Ich bin überrascht und bestürzt, dass du die Unterlagen, die wir jetzt brauchen, zu Hause gelassen hast ...«).

PÖRKSEN: Wenn man aber tatsächlich einmal zu weit gegangen ist und zu scharf formuliert hat, dann liegt im Sinne eines Gegen- und Heilmittels eine metakommunikative Schleife nahe: Man bespricht, welche Störungen und Verletzungen der eigene Angriff erzeugt hat, und versucht, sich auf diese Weise wieder anzunähern. Sie haben diese Überlegungen in einem mit Johannes Ruppel und Roswitha Stratmann verfassten Buch noch verallgemeinert und einen *metakommunikativen Führungsstil* empfohlen. Was ist damit gemeint?

SCHULZ VON THUN: Sehen Sie, ich kann natürlich als Führungskraft nur nach meiner Art führen. Wie denn auch sonst? Nur: Was für mich stimmig, wesensgemäß und situationsgerecht ist, mag für andere, mit denen ich es zu tun habe, entsetzlich sein. Die gemeinsame Wellenlänge ist nur selten etwas Gegebenes, sondern in aller Regel etwas Aufgegebenes, etwas erst noch zu Entwickelndes. Wie wir beide, Sie und ich, miteinander klarkommen können, das ist in keinem Lehrbuch nachzulesen, das müssen wir erst noch herausfinden. Deshalb bin ich darauf angewiesen, von meinem Mitarbeiter zu erfahren, ob ihm bei mir wohl ist oder ob sich in ihm etwas nachhaltig sträubt. Wohl dem, der in der Lage ist, mit seinen Leuten darüber ins Gespräch zu kommen, ob und wie wir harmonieren oder disharmonieren!

PÖRKSEN: Das Miteinander- und Darüber-Reden ist die Grundlage gelingender Führung ...

SCHULZ VON THUN: ... und wenn mein Führungsstil meinem Team nicht akzeptabel erscheint, so werden sie mit den Kollegen lästern oder ihre Wut in sich hineinfressen. Sie werden sich zurückziehen und mir beispielsweise verheimlichen, dass manche von ihnen eine stärkere Begleitung im Arbeitsprozess wünschen und das Gefühl haben, alleingelassen zu werden. Über all dies sollten wir miteinander reden können, denn ein solches metakommunikatives Klima ist für die Produktivität eines Unternehmens und für unser gemeinsames menschliches Gedeihen äußerst bedeutsam. Daher die Philosophie: »Wie immer dein zu dir selbst passender Führungsstil auch sei, er sollte in jedem Fall metakommunikativ sein, damit bei allen Beteiligten Entwicklungen hin zu einer gemeinsamen Wellenlänge möglich werden.«

PÖRKSEN: Allerdings kann natürlich auch die Metakommunikation selbst zu einem Problemgenerator werden: Man redet dann fortwährend über irgendwelche Schwierigkeiten, die man miteinander haben könnte, widmet sich der Dauerreflexion von Kommunikationsstörungen und vergrößert auf diese Weise jede noch so unbedeutende Stimmungsschwankung mit großem Verbalengagement ins Monströse, Grundsätzliche.

SCHULZ VON THUN: Oh ja, diese Gefahr beschreiben Sie sehr treffend. Und man muss ganz unprosaisch konstatieren, dass auf der Metaebene derselbe Mist entstehen kann wie auf der basalen Ebene der Kommunikation. Man kann sich nämlich auch auf dieser Ebene endlos verheddern; es geht dann nicht mehr nur um den ursprünglichen Konflikt, sondern darum, wie wir die Modalitäten der Konfliktaustragung im Moment erleben. Und dann haben wir, ganz typisch, einen doppelten Konflikt, der einerseits ursprünglich in der Sache liegt, aber nun andererseits und zu allem Überfluss auch noch davon handelt, dass irgendeiner von uns sagt: »Unerhört die Art, wie Sie mit mir sprechen!«

PÖRKSEN: Und dann wird die Beziehung endgültig ruiniert.

SCHULZ VON THUN: Stimmt. Jeder hat wohl schon erlebt, dass ein Gespräch über einen schwierigen Punkt alles noch schlimmer machen kann. Dass die Verstimmung, die durch die Art der Gesprächsführung entsteht, zehnmal größer sein kann als die ursprüngliche Verstimmung, die zum Entschluss geführt hat: Wir müssen reden! Übrigens ist das ein Grund, weshalb fällige Gespräche verschleppt und vermieden werden. Aber zurück zur Metakommunikation! Sie kann, ehrlich und sensibel gehandhabt, die Quellen der Verstimmung, die in der Gesprächsführung liegen, offenlegen und eindämmen. Sie kann aber auch – und auf diese Gefahr haben Sie hingewiesen – eine dritte Ebene schaffen, auf der Störungsquellen dritter Ordnung munter zu sprudeln beginnen – und dann gute Nacht Marie!

PÖRKSEN: Sie selbst haben im ersten Band der Trilogie *Miteinander reden* die Metakommunikation noch regelrecht gefeiert und das Kommunizieren über das Kommunizieren als »die Gewohnheit der nächsten Generation« begrüßt.

SCHULZ VON THUN: Die Euphorie damals hatte ihren Grund in dem glückseligen Befreiungserlebnis, dass es plötzlich möglich schien, über all das frank und frei zu sprechen, was zwischen dir und mir innerlich vorgeht, was wir vielleicht jahrelang empfunden und diffus erlitten haben, aber nie zur Sprache bringen konnten oder den Mut dazu nicht hatten. Dass es auch hier »des Guten zu viel« und »des Guten zum falschen Zeitpunkt« geben könnte, konnten wir uns damals gar nicht vorstellen. Inzwischen hat sich die Metakommunikations-Euphorie etwas relativiert. So würde ich heute deutlicher zwischen *expliziter* und *impliziter* Metakommunikation unterscheiden. Explizite Metakommunikation kann hilfreich, heilsam und nötig sein. Eine Führungskraft benötigt die Befähigung zur metakommunikativen Aussprache in ihrem Repertoire, das alles gilt nach wie vor. Aber diese Variante der Metakommunikation unterliegt natürlich auch dem Stimmigkeitsgebot: Sie kann angemessen sein, sich als Heilmittel erweisen oder aber alles nur noch verschlimmern. Implizite Metakommunikation ist manchmal angemessener, weil stärker lösungsorientiert: Ich kann implizit *intervenieren* und ein mir unerwünschtes Verhalten des anderen verändern, ohne meine Vorbehalte explizit zu *thematisieren* und ein unerwünschtes Verhalten ausführlich zu beklagen.

PÖRKSEN: Können Sie diese Unterscheidung an einem Beispiel erläutern? Nehmen wir einmal an, dass ich bei unserer nächsten Sitzung zunächst über zehn Minuten aus einem meiner Aufsätze zitiere, endlos vorlese und auch auf eine knappe Antwort von ihrer Seite wieder voller Selbstgenuss zu einer neuen Rezitation meiner eigenen Arbeiten ansetze – ohne wirklich ein Gespräch zuzulassen, ohne auch nur im Mindesten auf ihre Einlassungen einzugehen. Wie sähe die explizite Thematisierung aus, wie die implizite Intervention?

SCHULZ VON THUN: Im Modus expliziter Metakommunikation könnte ich zu Ihnen sagen: »Mein lieber Herr Pörksen, wenn ich Ihnen nun schon eine geraume Zeit zuhöre, dann fühle ich mich doch etwas überrollt. Ich kann gar nicht alles so schnell aufnehmen. Und den Redeanteil, den Sie beanspruchen, empfinde ich für einen echten Dialog als ungünstig. Mir wäre an einem lebendigen Hin und Her gelegen. Wie denken Sie darüber?« Eine solche Reaktion kann gut sein, wenn eine grundsätzliche Kooperationsklärung ansteht. Wenn ich aber die Verlagerung des Themas auf die Beziehungsebene nicht möchte und die Sachebene nicht unterbrechen will, dann kann ich mit impliziter Metakommunikation so reagieren: »Darf ich einmal stoppen? Ich möchte kurz sagen, was ich bisher verstanden habe und würde gerne gleich mal sagen, was ich dazu denke – einverstanden?« Das heißt: Ich befreie mich aus der Rolle des Monolog-Opfers, schaffe veränderte Zustände, ohne die Art der Kooperation groß zu thematisieren. – Wenn der andere den Vorschlag ablehnt, bleibt immer noch die Möglichkeit eins.

Konkurrenz bedeutet Abhängigkeit

PÖRKSEN: Wir sind am Ende unseres Gesprächs über Führungskräfte, und ich will Sie zum Abschluss einmal bitten, nach Herzenslust zu lästern und mit der herrschenden Garde der Managementtrainer abzurechnen. Denn wenn wir den Markt des Führungskräfte-Coachings betreten, dann treffen wir auf schreiende Motivationsgurus, die sich der Diffamierung der Nuance und des Zweifels verschrieben haben; wir hören Chaka-Chaka-Gebrüll und sehen Menschen, die unter den anfeuernden Rufen der Umstehenden über glühende Kohlen laufen; wir entdecken Bücher, die von Kommunikationskontrolle, effektiver Manipulation und brachialer Selbstbehauptung handeln. Eigentlich, so könnte ich mir vorstellen, müssen Sie unter einer solchen Machbarkeitsideologie ziemlich leiden. Und nun können Sie, wenn Sie mögen, einmal abrechnen.

SCHULZ VON THUN: Ich danke für Ihr überaus verführerisches Angebot, meine eigenen Ideen zu glorifizieren und die klägliche Erbärmlichkeit all der anderen Kommunikationsberater und Coaching-Anbieter bei dieser Gelegenheit einmal so richtig herauszustellen. Selbstverständlich geht mir das *Change-Chance-Challenge*-Gerede, das noch jeden verregneten Tag munter zur meteorologischen Herausforderung umdeutet, manchmal auf die Nerven. Ich zögere dennoch, Ihr freundliches Angebot anzunehmen. Gewiss, ich bin schlecht zu sprechen auf alles, was auf narzisstische Ego-Optimierung hinausläuft und darauf angelegt ist, die Fassade von Exzellenz und Omnipotenz zum Glänzen zu bringen und die Sehnsucht nach Erfolg wachzukitzeln. Und gewiss, ich bin in Sorge darüber, wenn der Kapitalismus – als Wirtschaftsform wahrscheinlich unentbehrlich – eine Gleichschaltung der menschlichen Seele mit sich bringt und wenn »Trainer« sich dienstbar machen, die optimierte Marketingpersönlichkeit zu propagieren und zum Funktionieren zu bringen. – Sie sehen, ich kann Ihrer Verlockung doch nicht ganz widerstehen.

PÖRKSEN: Und doch wollen Sie keine brachiale Abrechnung.

SCHULZ VON THUN: Was mich zögern lässt: Ich bin ein nur mäßig vernetzter Eigenbrötler – ist das, was ich soeben an die Wand gemalt habe, eine seriöse Beschreibung der Szene? Oder nur mein Klischee? Jeder hat so seine Pappkameraden – womöglich auch ich!? Und kann ich wirklich so sicher sein, dass mein humanistisches Angebot, das eine Professionalität auf der Grundlage wahrhaftiger Menschlichkeit vor Augen hat, wirklich für jeden segensreich und von Vorteil ist? Vielleicht fühlt sich der eine oder andere doch ermutigt, wenn er einem Motivationstrainer zuhört, der mir persönlich ganz grausig erscheinen mag, weil er einen auffordert, schon morgens vor dem Spiegel die Sätze zu sprechen: »Ich schaffe es! Wer, wenn nicht ich?!« Zumindest ist es denkbar, dass diese Hurra-Stimmung gerade für diesen Menschen und in seiner besonderen Situation einen Wendepunkt darstellt. Wer weiß schon, was andere aus dem gewinnen können, was ihnen angeboten wird?

PÖRKSEN: Sie haben eine Stimmigkeitslehre entwickelt, die dem Rezeptdenken eine Absage erteilt; Sie werben für eine Kultur der wechselseitigen Würdigung und Ermutigung und für eine Verbindung von Professionalität und Menschlichkeit. Und Sie erinnern – im Kontrast zur Idee einer permanenten Selbstoptimierung – an die unvermeidliche Gebrechlichkeit unserer Existenz und die Begrenztheit der eigenen Kräfte. Und doch wollen Sie diejenigen nicht mit Vehemenz angreifen, die so entschieden in die andere Richtung treiben. Und erstaunlicherweise fehlt auch in ihren eigenen Büchern die scharfe Abgrenzung.

SCHULZ VON THUN: Es heißt ja: Viel Feind, viel Ehr. Ich kann für mich sagen, dass meine Ehre nicht mit der Zahl meiner Feinde wächst. Ich habe es gerne harmonisch und jemand, den ich öffentlich attackiere, der kann mir schlecht zum Freund werden. Es gibt einfach Leute, die auf einer gänzlich anderen Wellenlänge unterwegs sind. Was ist schon dabei? Warum sollte ich mit denen in einen ehrgeizigen Kampf und einen öffentlichen Schlagabtausch eintreten? So jedenfalls denkt, fühlt und spricht jemand in mir, der es gern friedlich hat. Womöglich stünde mir aber hin und wieder etwas mehr Angriffslust und Kampfgeist gut zu Gesicht.

PÖRKSEN: Es könnte auch sein, dass die Kritik und die Bekämpfung anderer Ansätze eine eigene Form der mentalen, intellektuellen Abhängigkeit stiftet, die Sie lieber vermeiden wollen. Dann wäre die Weigerung, in die Auseinandersetzung einzutreten, einem Autonomiebedürfnis geschuldet, weil man eben seine eigenen Ideen und Einfälle gar nicht unbedingt in Opposition zu anderen entwickeln möchte.

SCHULZ VON THUN: Oh, das ist eine charmante Interpretation, die Sie mir da entgegenbringen! Ich hatte Ihnen fehlende Sachkenntnis, Friedenssehnsucht und mangelnde Courage als mögliche Deutungen angeboten, aber ihre äußerst ehrenwerte Motivunterstellung gefällt mir auf Anhieb, die nehme ich! Darauf können wir uns problemlos einigen.

2 Kommunikationspsychologie für Pädagogen

Freiheit und Zwang

PÖRKSEN: Immanuel Kant hat einmal einen Essay *Über Pädagogik* verfasst und fragt sich hier:»Wie kultiviere ich die Freiheit bei dem Zwange? Ich soll meinen Zögling gewöhnen, einen Zwang seiner Freiheit zu dulden, und soll ihn selbst zugleich anführen, seine Freiheit gut zu gebrauchen.« Seine These lautet, dass das weite Feld der Erziehung von einem grundsätzlichen Dilemma regiert wird. Einerseits will man den freien, selbstbestimmten Menschen heranbilden; andererseits zwingt man die zukünftigen Individuen zum Schulbesuch, verpflichtet sie zur Anwesenheit, bestraft sie und verfolgt ihr Versagen und greift ein, sobald sie sich auf eine Weise benehmen, die man selbst für falsch hält. Ziel und Mittel pädagogischer Anstrengungen stehen, folgt man Kant, in einem Spannungsverhältnis. Teilen Sie diese Einschätzung?

SCHULZ VON THUN: Unbedingt. Wir treffen hier auf zwei große Polaritäten der Pädagogik. Einerseits geht es darum, das Kind und den Heranwachsenden in seiner Selbstbestimmung zu fördern, sich zurückzuhalten, die Dinge geschehen zu lassen. Hier braucht es, metaphorisch gesprochen, den *Gärtner*, der anerkennt, dass die Pflanze nach eigenen Gesetzen wächst, sich in ihrem eigenen Tempo entfaltet und auf ihre Weise zur Blüte bringt, was an Anlagen in ihr steckt. Es wäre aus dieser Perspektive kontraproduktiv, etwas beschleunigen zu wollen. Andererseits braucht es aber auch den *Bildhauer* im Pädagogen, der manches gutheißt, anderes verbietet, der anleitet, interveniert und gestaltet. Er will das Kind, den Jugendlichen nach seinen Idealvorstellungen formen und tut dies auch, um ihm die Anpassung an die Welt, in der wir leben, zu ermöglichen. Auch diese prägende Instanz wird man nicht dispensieren können. Die große Kunst der Pädagogik besteht darin, den Bildhauer und den Gärtner zu einer gelungenen Koexistenz zusammenzuführen, Führung und Ermutigung zum Selbstsein zu verbinden. Unsere Zauberformel aus dem Coaching gilt auch hier: *A + K = E, sprich Akzeptanz plus Konfrontation befördert die Entwicklung.*

PÖRKSEN: Wie lässt sich diese Zauberformel einlösen? Kann man hier Allgemeines sagen?

SCHULZ VON THUN: Nein, diese Zauberformel muss in sehr konkreten Verhältnissen immer neu erfunden werden. »Erziehung« ist auch Nervensache, und das Nervenkostüm des Erziehers und die konkreten Lebensverhältnisse werden unweigerlich eine größere Rolle spielen als pädagogische Einsichten. Vieles, was Eltern und Lehrer tun, begründen sie hinterher »pädagogisch«, aber in Wahrheit konnten sie aus ihrer Haut nicht heraus. Deshalb ist Erziehungsberatung immer zur Hälfte Selbsterfahrung und Psychoedukation des Erziehers. Aber allgemein gesprochen geht es bei der genannten Polarität einerseits um Autorität, das Eingreifen und die Konfrontation, die jedoch in Richtung einer pädagogischen Penetranz abstürzen kann. Andererseits geht es um Akzeptanz, Partnerschaft und Wachsenlassen, die aber ebenfalls absturzgefährdet ist in Richtung einer pädagogischen Abstinenz, die bloß auf die Urwüchsigkeit der Natur vertraut [Abb. 18].

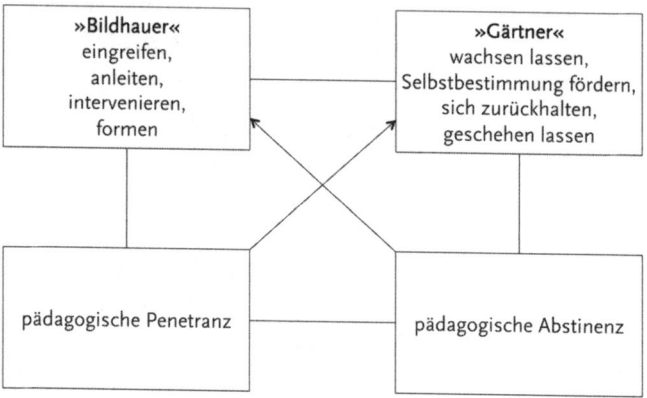

Abb. 18: Das Wertequadrat der Pädagogik

PÖRKSEN: Man könnte doch argumentieren, dass sich nur dann freie Menschen entwickeln, wenn man ihnen radikal vertraut und ein Maximum an Freiheit gewährt, sich also das Ziel und die Mittel der erzieherischen Anstrengungen gerade nicht widersprechen. Das ist der Grundgedanke der antiautoritären Pädagogik, die davon ausgeht, dass das Kant'sche Dilemma überhaupt nicht existiert. Man setzt hier auf den kreativen Selbstausdruck, die Akzeptanz, das Wartenkönnen. Ganz in diesem Sinne hat Maria Montessori einmal gesagt: »Unsere Aufgabe als Erzieher ist es nicht, unsere Kinder zu formen, sondern ihnen die Möglichkeit zu geben, sich zu offenbaren.« Wieso sind Sie sich so sicher, dass man tatsächlich den Bildhauer braucht?

SCHULZ VON THUN: *Auch* den Bildhauer braucht! – Ich habe viel Sympathie für diesen Satz von Montessori. Die antiautoritäre und die nondirektive Pädagogik formulieren eine wichtige Teilwahrheit, denn eine repressive Zwangspädagogik, die den Gehorsam als oberste Tugend definiert, erzeugt den autoritären Charakter, der nach oben buckelt und sich wegduckt und nach unten tritt. Und ganz gewiss sind Kinder existenziell auf Empathie, Wertschätzung, Herzlichkeit, positive Berührung und Schutz angewiesen. Und dass sie für ihr Sosein geliebt und akzeptiert werden – statt dass sie mit dem Sollwert verglichen werden, den der Erzieher in seinem Kopf hat. Das kann man alles gar nicht genug betonen. Aber das reine Gewährenlassen enthielte dem Kind etwas vor, worauf es durchaus einen Anspruch hat: Es braucht eben auch Orientierung, Leitbilder, Pflichten, Grenzen, Regeln – dementsprechend sind die vier Himmelsrichtungen der Seele, die im Riemann-Thomann-Modell formuliert werden, auch für die Pädagogik von Bedeutung [Abb. 19].

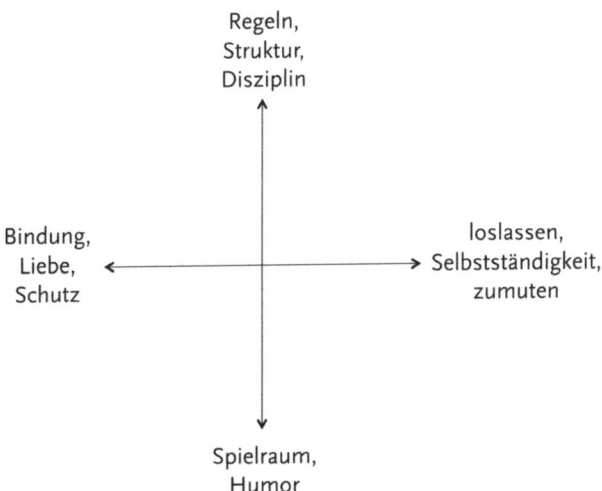

Abb. 19: Die vier Himmelsrichtungen der Pädagogik

PÖRKSEN: Sie verteidigen – um erneut mit Kant zu sprechen – den Zwang.

SCHULZ VON THUN: Ich verteidige die Verbindung von Autorität und Partnerschaftlichkeit, die je nach Alter des Kindes eine sich wandelnde Gestalt annehmen muss. Und dass der Erzieher sich auch seiner Autorität bewusst sei und sie zur Geltung bringe, verteidige ich aus drei Gründen: Erstens aus Fürsorge, denn 30 Jahre Lebenserfahrung sollen doch dem Kind zugutekommen, oder? Und zweitens aus der Überzeugung heraus, dass Autonomie sich auch und nicht zuletzt in der Auseinandersetzung mit Vorgaben, Pflichten, Zumutungen und Grenzen, mit der Autorität eines Gegenübers entfaltet und nicht im freien Raum der Ungebundenheit. Kraft entfaltet sich am Widerstand. Und drittens wäre es eine Verfälschung der situativen Wahrheit, so zu tun, als könnten sich Eltern und Kinder in jedem Moment ihres Lebens auf Augenhöhe begegnen und als seien sie gute Freunde. Natürlich wünscht sich jedes Kind einen Freund, aber eben nicht in Gestalt der eigenen Eltern. Es braucht vielmehr einen Vater und eine Mutter, die Autorität mit Partnerschaftlichkeit zu verbinden wissen; das ist ein äußerst anspruchsvolles Dilemma, das sich zu einer Regenbogenqualität entwickeln kann. Wer sich – eben auch als ein Kind – einer Aufforderung widersetzt, der hat Anspruch darauf, dass seine Gründe ernst genommen werden; denkbar ist, dass die Weigerung in eine Verhandlung mündet, in deren Verlauf mir die Gegengründe des Kindes einleuchten und ich meine Aufforderung zurücknehme. Das wäre dann eine Frucht der Partnerschaftlichkeit und der Auseinandersetzung auf Augenhöhe. »Zwang« sähe anders aus.

PÖRKSEN: Der Biologe Humberto Maturana, der selbst ein Institut gegründet hat, das sich im Zentrum von Santiago de Chile der Lehrerfortbildung widmet, hat einmal zu mir gesagt, dass das Kind zu dem Menschen werde, mit dem es zusammenlebe. Seine Zauberformel lautete: *Der Schüler lernt den Lehrer.* Diese Idee, dass man das pädagogische Beziehungsklima gleichsam inhaliert und verinnerlicht, erlaubt es, noch einmal einen anderen Blick auf Autorität zu werfen. Denn wer autoritär erzogen wird, so lautet die Schlussfolgerung, wird selbst autoritär agieren. Die Frage, die sich damit stellt, lautet: Ist Autorität per se schlecht, Autoritätsgläubigkeit grundsätzlich abzulehnen?

SCHULZ VON THUN: Ich denke, es ist an dieser Stelle sinnvoll, zwei Formen der Autorität zu unterscheiden. Denn natürlich gibt es eine Form der Autorität, die sich allein der eigenen Rolle, dem Amt und der eigenen Macht verdankt; sie kann in der Tat Duckmäuser hervorbringen oder aber den Rebellen im Kind hervorlocken, der sich einfach nur den

Befehlen widersetzen will. Andererseits gibt es aber auch jene Autorität, die erst erworben werden muss und die ich mir aufgrund meiner Erfahrung und aufgrund meiner Kompetenz verdient habe; sie verleiht meinen Worten Gewicht und Glaubwürdigkeit. Für *diese* Variante der Autorität gilt es, ein Bewusstsein beim Kind und Schüler zu wecken. Und *diese* Variante halte ich für eine menschliche Errungenschaft und nicht für etwas, was es möglichst durch die Leitidee einer zwanglosen Erziehung zu überwinden und abzuschaffen gilt.

Erfahrungen eines Schulkinds

PÖRKSEN: Sie selbst haben eine ungewöhnliche, keineswegs durchweg glückliche Schulkarriere absolviert, die Sie einmal in einem Beitrag zur Jubiläumsfeier Ihres Gymnasiums beschrieben haben. In diesem Aufsatz findet sich auch ein Auszug aus Ihrem Zeugnis in der 9. Klasse. Hier heißt es:»Friedemanns Leistungen sind im vergangenen halben Jahr weiter gesunken. Von einem Gymnasiasten seines Alters muss ein größeres Maß an Mitarbeit, Fleiß und Einsatzbereitschaft gefordert werden. Wenn er das nicht einsieht, werden seine Leistungen weiter sinken.« Wie würden Sie heute – als Kommunikationspsychologe mit einem genauen Blick für systemische Verstrickungen – diese Beurteilung deuten? Was war da los?

SCHULZ VON THUN: Das waren zwei Teufelskreise, ein zwischenmenschlicher und ein innermenschlicher Teufelskreis, die sich hier drehten und ihre fatale Dynamik entfalteten. Zunächst hatte ich einfach Mühe mitzukommen; vor allem in Chemie, Mathematik und Altgriechisch bekam ich zunehmend schlechte Zensuren. Hinzu kam, dass ich ein Pubertäts-Spätentwickler war und aus den angesagten Cliquen herausfiel und man mir, wenn ich noch kindlich erschien, mitunter mit Hohn und Spott begegnete. Vorher war ich Klassensprecher und Kapitän der Fußballmannschaft gewesen, aber auf einmal gehörte ich nicht mehr dazu, war nicht mehr satisfaktionsfähig und geriet zum Außenseiter. Und je schlechter ich wurde und je dümmer ich mich zeigte, desto mehr sank mein Ansehen und desto mehr wuchs meine Angst. Manchmal erschien ich, um weiteren Misserfolgen und blamablen Momenten auszuweichen, erst später zum Unterricht, machte einsame Spaziergänge, um der ersten Stunde zu entkommen. Zunehmend vermied ich es, mich mit den Hausaufgaben abzuplagen und kam dadurch immer mehr in Rückstand. Ein klassischer Teufelskreis.

PÖRKSEN: Wie haben die Lehrer reagiert?

SCHULZ VON THUN: Es gab Lehrer, die mir signalisierten, dass ich auf diesem angesehenen Gymnasium wohl fehl am Platz sei. Vermutlich sahen sie sich aufgrund meiner Schwierigkeiten um die Früchte ihrer didaktischen Arbeit betrogen und waren innerlich einfach böse auf mich – ganz nach dem Motto: »Nun stehe ich schon jeden Morgen um sieben Uhr auf und gebe mir weiß Gott Mühe, dieser Klasse etwas beizubringen. Und wenn ich dann diesen Jungen sehe, war alles vergebliche Liebesmüh.« Derartige Signale verstärkten meine Selbstzweifel und verschärften meine Leistungskrise. Kurzum: Die Isolation im Klassenverbund, die objektive Leistungsrückmeldung in Form von schlechten Noten und die Beziehungsbotschaft, dass es einfach ziemlich schrecklich mit mir sei, ließen mich zunehmend mutlos werden; Versagen und Ausgrenzung zogen sich wechselseitig nach unten [Abb. 20].

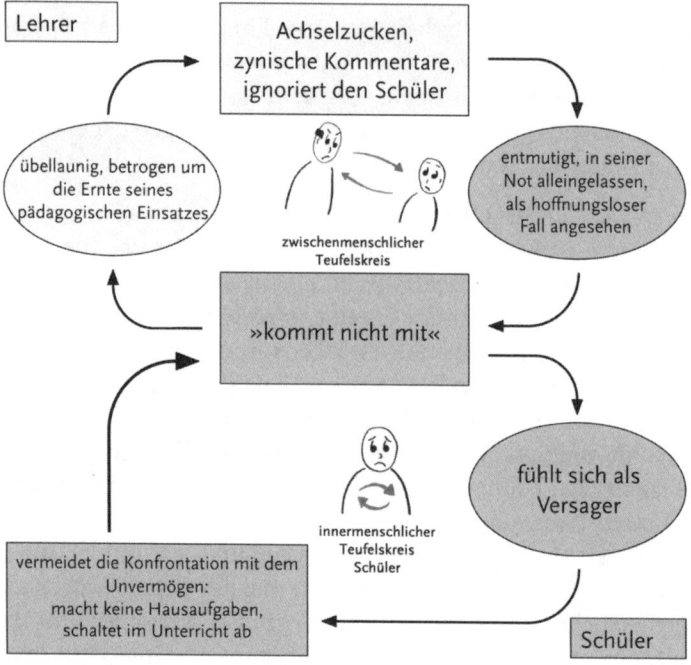

Abb. 20: Das Ineinandergreifen eines zwischenmenschlichen und eines innermenschlichen Teufelskreises bei Schulz von Thun als Schulversager

Pörksen: Legt diese Erfahrung nicht nahe, dass man die permanente Sichtbarmachung von Defiziten und die Dauerbewertung vermeiden sollte? Schulen sind ja vielfach zu Trainingsanstalten der Fehlervermeidung mutiert. Man bestraft Irrtümer, korrigiert falsche Antworten, belohnt die kognitive Anpassungsleistung mit guten Noten und verwechselt Erziehung mit Evaluation. Ist die fortwährende Benotung und die sich ergebende Diskriminierung von all denjenigen, die irgendwie nicht genügen und für eine Phase ihres Lebens nicht funktionieren, nicht eigentlich der große Fehler, den die Institution selbst macht?

Schulz von Thun: Nein, das würde ich zumindest aus meinen eigenen Erfahrungen nicht ableiten wollen. Meine Zeugnisse und all die schlechten Noten waren für mich natürlich demoralisierend, aber sie zeigten doch an, dass hier etwas nicht in Ordnung war. Entscheidend ist allerdings, dass man die Zensuren und Minus-Leistungen als Signale einer Hilfsbedürftigkeit interpretiert, die auf einen pädagogischen Auftrag deuten. Aus meiner Sicht sollte sich der Lehrer an dieser Stelle in einen Coach verwandeln und sich fragen, wie er selbst hilfreich eingreifen kann, um den sich drehenden Teufelskreis zu unterbrechen.

Pörksen: Was Sie sagen, lässt sich als eine Umdeutung der Note verstehen: Sie beweist nicht, dass der Schüler versagt, sondern signalisiert eigentlich, dass der Lehrer einen Auftrag hat. Der Lehrer bewertet auf diese Weise, was er selbst erreichen konnte. Und wo er eben leider noch nachsitzen muss.

Schulz von Thun: Nicht nur. Die Zensur ist beides zugleich: eine Leistungsauskunft über den Schüler und ein Aufruf an die Schule, die ja eine Fördereinrichtung und keine Demoralisierungsanstalt sein will. Wie das gelingen kann, habe ich einmal selbst erlebt: Ich hatte gerade wieder einmal eine Fünf in Erdkunde geschrieben und meine Mutter bekam mit, dass ich weinte und verzweifelt war. Sie sprach mit dem Lehrer und bezeugte, dass ich mich wirklich bemüht und intensiv gelernt hatte. Daraufhin gab mir der Lehrer das sogenannte Lehrerheft, in dem der Stoff zusammengefasst enthalten war. Das war herrlich, ich habe es noch heute! Hier waren alle Gebirge so wunderschön übersichtlich gezeichnet; ganz anders als die bräunlich-gelblich verfließenden Konturen in unserem Schüleratlas, mit dem ich einfach nicht klarkam und die ich nicht zuordnen konnte. Bei der nächsten Klassenarbeit geschah das Wunder: Ich schrieb eine Zwei. Was ich damit sagen will? Manchmal gibt es eine ganz einfache Lösung – beispielsweise eine andere Art, den Stoff darzubieten. Plötzlich geht in den Kopf hinein, wo vorher alles versperrt war.

PÖRKSEN: Es gehört auch zu Ihrer Schul- und Bildungsbiografie, dass Sie sich schließlich, vielleicht auch aus Gründen des Selbstschutzes und um einer allzu starken Marginalisierung auszuweichen, auf das Schachspielen konzentriert haben. Sie spielten Schach, im Verein, auf Turnieren, in der Schule. In einer biografischen Skizze heißt es einmal: »Ich übertreibe kaum, wenn ich sage, dass ich mein ganzes Leben auf die 64 Felder verlegt hatte.«

SCHULZ VON THUN: Es stimmt schon, im Schachklub der Schule konnte ich plötzlich wieder aufleben und wurde nicht mehr als Außenseiter wahrgenommen, sondern willkommen geheißen. Hier blühte ich auf, denn hier war ich auf einmal wieder jemand! Und ich wurde süchtig, zum Leidwesen meiner Eltern. Aber diese süße Sucht half mir dabei, die Leistungs- und Freundschaftskrise abzufedern und mich innerlich wieder aufzurichten und überhaupt über Wasser zu halten. Womöglich hat mir das Schachspiel tatsächlich geholfen, dass ich nicht zerbrochen bin. Denn in der Schule ging es zunächst weiter kräftig bergab, bis ich endlich sitzen blieb und in eine neue Klasse hineinkam. Für mich war das eine Erlösung, denn nun schwand der Pubertätsabstand und ich kriegte noch einmal eine zweite Chance und wurde sehr langsam, aber Schritt für Schritt wieder zu einem besseren Schüler.

PÖRKSEN: In einem Beitrag für eine Festschrift, die Kollegen von Ihnen für Sie verfasst haben, wird der Frage nachgegangen, ob auch Ihre gesamte Kommunikationspsychologie einen »schachlichen Ursprung« besitzt: Das Denken guter Schachspieler, so heißt es hier, sei in hohem Maße bildhaft. Und das Kommunikationsquadrat sei einem einzelnen Schachfeld nachempfunden, das Sie gleichsam herausgelöst und in die Welt der Kommunikationsanalyse exportiert hätten. Sehen Sie diese Verbindung?

SCHULZ VON THUN: Das ist eine scharfsinnige Idee, aber was das Quadrat der Kommunikation angeht, sehe ich wesensmäßig keine Verbindungslinie zum Schach. Gewiss, das Kommunikationsquadrat ist auch quadratisch, aber es sind keine 64 Felder darin, sondern es hat vier Seiten, auf die es ankommt.

PÖRKSEN: Aber lässt sich Kommunikation nicht als Spiel interpretieren? Man macht ein paar geschickte Eröffnungszüge – und konstelliert und kontrolliert damit das gesamte Feld.

SCHULZ VON THUN: Ja, bei der Stimmigkeitslehre ist eine Analogie zum Schach vorhanden. Ein guter Zug darf ja nicht nur und nicht in erster Linie dem Temperament des Spielers entsprechen, sondern er muss vor allem *stellungsgemäß* sein. Aufs Leben übertragen: Kommunikation und Handlungen müssen *situations- und systemgerecht* sein, und nicht nur authentisch und wesensgemäß. Und jede Begegnung von Mensch zu Mensch findet quasi auf einem Schachbrett statt – das sage ich im Coaching und in Vorträgen wortwörtlich so. Und es lohnt sich, sich die »Stellung« genau anzuschauen, bevor ich entscheide, wie ich mich »aufstelle« und welchen Zug ich mache. Allerdings dürfen wir die Analogie nicht überstrapazieren. Beim Schach will ich den Gegner mattsetzen, im Leben will ich mich mit ihm meistens verständigen und ein gutes Miteinander auf Erden hinbekommen. Beim Schach ist Win-win nicht vorgesehen. Aber noch eine andere Parallele fasziniert mich: In jeder Partie entsteht irgendwann eine Stellung, die erst- und einmalig ist. Und welcher Zug jetzt gut ist, verrät mir kein Lehrbuch – ich muss es selbst herausfinden. Genauso ist es im Leben! Deshalb ist meine Kommunikationspsychologie heuristisch konzipiert: Sie bietet Hilfen zum selber Herausfinden.

Die Entstehung von Selbstbildern

PÖRKSEN: Ich denke, es ist sinnvoll, wenn wir an dieser Stelle noch einmal allgemeiner ansetzen und ganz generell nach der Bedeutung von Kommunikation im Prozess der Erziehung fragen. Der Entwicklungspsychologe Jean Piaget hat schon in den 50er-Jahren in dem Buch *Der Aufbau der Wirklichkeit beim Kinde* diagnostiziert, dass die Entstehung von Selbstbildern bei Kindern wesentlich auf Kommunikation beruht. Es sind die Eltern, die Verwandten und Freunde, die einem mitteilen, wie man die Welt, aber eben auch sich selbst zu sehen hat. Zunächst: Wie würden Sie vor dem Hintergrund Ihrer eigenen Arbeit diese Prozesse der Selbstbildkonstruktion beschreiben?

SCHULZ VON THUN: Entscheidend ist gewiss, wie sich das Kind durch andere, ihm wichtige Menschen gespiegelt sieht, gerade in den allerersten Monaten seines Lebens. Wird es auf dieser Erde willkommen geheißen? Vermittelt man ihm das Gefühl, dass es der Liebe wert und in Ordnung ist? Oder wird ihm Ablehnung und Abwehr signalisiert? Auch nonverbal erhält ein Kind, noch bevor es überhaupt Sprache verstehen kann, Grundbotschaften wie: »Du bist erwünscht!«, »Du bist unser Ein und Alles!« oder eben aber: »Du bist ein lästiger Quälgeist!« Diese frühe Prägung durch Du-Botschaften, die auf sehr vielfältige Weise vermittelt werden, nistet sich tief im Innersten der eigenen Seele ein; sie lebt in einem fort und formt das eigene Selbstkonzept grundlegend. Das zeigen die Geschichten narzisstisch gestörter Menschen, die den Eindruck, nicht wirklich willkommen zu sein in dieser Welt, womöglich ein Leben lang nicht mehr loswerden und ständig bemüht sind, auf einem »zweiten Liebesweg« durch Hochleistung und Exzellenz eine Wertschätzung ihrer selbst zu erreichen. Typischerweise pendeln sie dann zwischen extremen Selbsteinschätzungen hin und her. Mal fühlen sie sich ganz grandios, dann wieder vollkommen erbärmlich. Und permanent ringen sie – auch wenn sie in ihrem Leben großartige Erfolge erringen und mit Siegerkränzen geadelt werden – um Anerkennung und Liebe, die sie in der Früherfahrung der ersten Bindung einschneidend entbehren mussten.

PÖRKSEN: Vermutlich kann sich ein kleines Kind noch nicht von den Botschaften der Ablehnung, die es eventuell empfängt, distanzieren. All die Möglichkeiten, die ein Erwachsener besitzt, Kritik umzudeuten, sie zu rationalisieren und zu kontern, stehen einem sehr jungen Menschen nicht zur Verfügung.

SCHULZ VON THUN: Stimmt. Ein kleines Kind empfängt, so würde ich in der Terminologie meiner Kommunikationspsychologie sagen, die Du-Botschaften auf eine sehr direkte Weise. Es ist nicht in der Lage, mit dem *Selbstkundgabe-Ohr* zu hören und auf den schimpfenden Vater mit der Einsicht zu reagieren, dass Papi wohl heute einen schlechten Tag gehabt hat und er sich eben einfach mal den ganzen Stress von der Seele schimpfen muss, den er momentan im Büro erlebt. Das würde die Distanzierung ermöglichen, man könnte anders zuhören, die Wut-Botschaften aus der Arbeitswelt würden nicht wie ein Messer ins Herz stechen. Aber die Logik, die in der Kinderseele regiert, funktioniert nach dem Prinzip: »Vater ist böse, also bin ich böse!« Und wenn man einem Kind explizit oder implizit mitteilt, dass aus ihm niemals etwas werden kann, dann mündet dies im Innern in die Schlussfolgerung: »Ich bin der letzte Abschaum! Ich tauge zu gar nichts!« Dies kann dazu führen, dass man nicht mehr an sich glaubt und innerlich aufgibt – und dann tatsächlich nichts aus einem wird. Das ist dann das böse Beispiel einer sich selbst erfüllenden Prophezeiung.

PÖRKSEN: Grundsätzlich stellt sich die Frage, warum sich ein fatales, die eigenen Möglichkeiten begrenzendes Selbstkonzept so schwer korrigieren lässt. Wie gewinnt diese Vorstellung, wer man eigentlich ist und zu sein hat, in der allmählichen Entfaltung der eigenen Existenz an Stabilität und sogar Starrheit?

SCHULZ VON THUN: Ich würde sagen: Die weiteren Erfahrungen, die ein Mensch macht, sind von seinem Selbstkonzept vorgeprägt, das sich als ein Verdichtungsresultat all der tausendfältigen Signale und Du-Botschaften verstehen lässt, die man von den eigenen Eltern, den unmittelbaren Bezugspersonen, in der Schule und der gesamten sozialen Umwelt bekommt, zu der natürlich auch Kultur und Gesellschaft gehören. Und wir alle neigen dazu, uns in Übereinstimmung mit diesem einmal entstandenen Selbstkonzept zu verhalten – und greifen dabei auf den Mechanismus der Vermeidung und den Mechanismus der Verzerrung zurück, die den Status quo unserer Selbsteinschätzung stabil halten.

PÖRKSEN: Das Selbstkonzept wäre demnach auch so etwas wie ein Realitätsfilter, der schließlich selbst eine eigene Lebenswirklichkeit erzeugt.

SCHULZ VON THUN: Genau. Ein ganz banales Beispiel: Ich bin der Meinung, dass ich technisch unbegabt bin, ein Totalversager mit zwei linken Händen. Wenn ich dies glaube, dann werde ich entsprechend – sobald es einmal technisch wird – der Sache ausweichen oder um Hilfe bitten und dabei immer wieder betonen: »Ich kann das einfach nicht! Könntest du das für mich übernehmen?« Dieses Vermeidungsverhalten und diese Umgehungstaktik führen dann im Ergebnis tatsächlich dazu, dass ein Übungsrückstand nicht ausgeglichen wird und ich mit der Zeit tatsächlich rettungslos ungeschickt werde. Denkbar ist auch, dass ich ein technisches Erfolgserlebnis passend zu meinem längst immer starrer gewordenen Selbstkonzept umdeute und auf verzerrende Weise interpretiere: Was mir da gerade gelungen ist, war eben bloßer Zufall: Das blinde Huhn findet halt auch mal ein Korn. Durch solche Kausalzuschreibungen »gelingt« es mir, meine Meinung über mich selbst beizubehalten, und der Teufelskreis kann sich munter weiterdrehen, manchmal ein Leben lang.

Den Schwanenblick trainieren

PÖRKSEN: Wie kann man durch Kommunikation Selbstachtung und Selbstvertrauen stärken, um derartige Teufelskreise gar nicht erst entstehen zu lassen?

SCHULZ VON THUN: Die Antwort des Psychologen Alfred Adler auf diese Frage lautet: Ermutigung spenden, nicht aber in Lobhudelei verfallen. Er meinte eine Form der Ermutigung, die auf eine eher indirekte Weise, gleichsam zwischen den Zeilen signalisiert, dass man dem eigenen Kind etwas zutrauen und aber auch zumuten kann. Das ist die doppelte Aufgabe der Pädagogik: Wer anderen etwas zutraut, muss den *Schwanenblick* entwickeln, der im hässlichen Entlein bereits den zukünftigen Schwan erkennt, darf aber das Entlein doch nicht ganz aus den Augen verlieren, denn es will auch wahrgenommen und beschützt werden. Wieder ein Wertequadrat: Der Regenbogen geht auf, wenn das Beschützen und das Herausfordern in guter Balance sind.

PÖRKSEN: Dann wäre Erziehung wesentlich eine Form der impliziten Kommunikation, nicht so sehr der expliziten Appelle und Vorschriften. »Ein Beispiel zu geben«, so hat es der Arzt und Philosoph Albert Schweitzer einmal ausgedrückt, »ist nicht die wichtigste Art, wie man andere beeinflusst. Es ist die einzige.«

SCHULZ VON THUN: Jawohl, ich würde es so formulieren: Die Praxis des täglichen Miteinanders auf der Sach- und auf der Beziehungsebene enthält den eigentlichen Lehrplan. Erziehung ist nicht primär ein Ergebnis von Geboten, Verboten und Predigten, sondern ein eher beiläufig entstehendes Resultat des alltäglichen mitmenschlichen Umgangs, den wir mit unseren Kindern pflegen. Ich erziehe, wie ich bin. Wirksam werde ich, indem ich die Beziehung stimmig gestalte, mit allem Drum und Dran, mit Liebe und mit Kampf, mit Krach und Innigkeit, mit Ernst und Quatsch, mit Moral und Humor. Ein explizites, immer stärker werdendes Pädagogisieren ist hingegen meist schon ein Warnhinweis, der signalisiert, dass hier etwas schief läuft. Pädagogische Penetranz ist nach meinem Dafürhalten mindestens so schlimm wie pädagogische Abstinenz.

PÖRKSEN: Sie selbst sind ja schon mit Anfang 30 auf eine Professur in Hamburg berufen worden und haben Ihr gesamtes akademisches Leben lang intensiv in der Lehre gearbeitet. Inzwischen kursiert an den Universitäten die Idee, die Einheit von Forschung und Lehre und damit das Bildungsprogramm eines Wilhelm von Humboldt wieder rückgängig zu machen. Das Argument lautet, dass die Studierenden ohnehin nicht mithalten könnten und man zumindest die Spitzenleute von den Zwängen der Lehre befreien sollte. Bei der Lektüre Ihrer Bücher und Aufsätze bekommt man hingegen das Gefühl, dass Ihnen der Austausch mit den Studierenden sehr viel bedeutet hat. Stimmt das?

SCHULZ VON THUN: Oh ja, das stimmt. Der Lehrer in mir konnte an der Universität aufblühen, der Forscher hatte manchmal durchaus Mühe, seinen stimmigen, ihm wesensgemäßen Stil zu finden. Mein Credo war, dass die gute Lehre – frei nach Pestalozzi – Kopf, Herz und Hand betonen und herausfordern soll, zumindest gilt dies für mein Fach, die Psychologie und natürlich auch für die Pädagogik und die Ausbildung von Lehrern. Ich denke, dass die Universität ihren Auftrag verfehlt, wenn sie die jungen Leute mit abstrakter Gelehrsamkeit vollstopft, sie aber auf der Ebene der Kompetenzentfaltung und der Persönlichkeitsentwicklung unterernährt lässt. Dann wird der Uni-Absolvent zu einem strahlenden Phönix und Meister des gelehrsamen Darüber-Redens, bleibt aber eine unbeholfene, unsichere Purzelente, wenn er als Lehrer vor der Klasse steht oder als Psychologe ersten Klienten und Mandanten begegnet. Die reine Hirnakrobatik in Gestalt von Wissensaneignung, kritischer Analyse und Meta-Reflexion reicht nach meinem Verständnis von Berufsqualifizierung und Ausbildung nicht aus, sondern sollte durch Übungen, Praxisbeispiele und Selbsterfahrung ergänzt werden, die nicht nur die oberste Gehirnrinde berühren, sondern auch eine Verbindung zum inneren Kern der Person, zu ihren Motiven, Gefühlen und Haltungen herstellen.

PÖRKSEN: Das hieße auch: Abschied zu nehmen von einer statischen Belehrungskultur, die Wissen als etwas Dingliches auffasst. Die Rollen können und sollen changieren. Nicht mehr nur der Dozent ist aktiv, der einem passiven Publikum Wissen einflößt, um es aus einem rohen, noch ungebildeten Zustand zu erlösen.

SCHULZ VON THUN: Ganz genau. Allzu oft ist ja in den Universitäten die Idee beherrschend, es gehe vor allem darum, Wissen und Forschungsmethoden zu vermitteln – und alles andere werde sich dann schon irgendwie und irgendwann finden. Aus meiner Sicht sollte das ganzheitliche Lernen im Sinne des Dreiklangs von Kopf, Herz und Hand von Anfang an vorgesehen sein.

PÖRKSEN: Wie sind Sie selbst vorgegangen, um diesem Anspruch der Integration von Theorie und Praxis, Wissenschaft und Anwendung gerecht zu werden?

SCHULZ VON THUN: Natürlich gab es in meinen Seminaren Übungen und Rollenspiele, die auch der Selbsterforschung und Persönlichkeitsentwicklung dienten – dafür bietet sich ja meine Kommunikationspsychologie geradezu an. Überdies habe ich die Scheinvergabe in meinen Vorlesungen nicht daran gekoppelt, dass jemand die Inhalte noch einmal wiedergibt. Das zu lesen wäre für mich selbst auch langweilig gewesen. Als Professor muss man sich auch selbst bei Laune halten und den Direktkontakt zu den Studierenden inspirierend gestalten – sonst unterbleibt er mit den Jahren, besonders in Zeiten des Massenstudiums. Die Aufgabe bestand daher darin, einen durchaus persönlich gefärbten Transferbericht in Form einer Hausarbeit zu liefern, der die individuelle Auseinandersetzung mit den Inhalten dokumentierte. Die Studenten sollten sich das Gesagte nicht nur *anhören*, es sich nicht nur *aneignen*, sondern auch zeigen, *was sie damit anfangen können*. Und zwar »anfangen« im dreifachen Sinn des Worts: starten, anwenden und persönliche Bedeutung geben. Auf diese Weise sind mir zahlreiche Erfahrungsberichte aus der Praxis zugeflossen, die mich nachdenklich machten und meine Forschung und Lehre gleichermaßen bereicherten und mich mit immer neuen, prägnanten Beispielen versorgten.

PÖRKSEN: Wenn Sie eine Metapher finden müssten für die ideale Lehre: Wie könnte diese aussehen? Ist das Lehren eine gemeinsame Expedition und Entdeckungsreise auf noch unbekanntes Terrain? Ist es Coaching? Handelt es sich um eine mäeutisch-sokratische Hebammentätigkeit in Form des Dialogs oder aber um die gezielte Irritation und die produktive Verstörung?

SCHULZ VON THUN: Das sind schöne und inspirierende Vorstellungsbilder! Der Knalleffekt entsteht, wenn vieles davon zusammenkommt und sich kombiniert – man möchte direkt noch einmal studieren, wenn man Ihnen zuhört! Bei großen Studierendenzahlen muss man aber ein didaktischer Künstler und ein passionierter Lehrer sein, um das wahrzumachen. Oder man muss ein solcher *werden* – hier und da gibt es jetzt Coaching für Hochschullehrer. Aber Sie wissen, was der Lehrer mit dem Mimen gemein hat? Die Nachwelt flicht ihm keine Kränze – im Gegensatz zum publizierenden Forscher. Womöglich lebt es sich ohne Kranz aber besser. – Eine Lehrform möchte ich aber zu Ihrer Sammlung noch hinzufügen: die Darbietung eines Wissensgebiets durch den Professor, die Professorin. Wir dürfen und sollen uns auch als Gelehrte und Erfahrene exponieren und nicht darauf vertrauen, dass alles schon vorhanden ist und durch einen sokratischen Dialog nur noch ans Licht befördert werden müsste. Ich habe mal gedichtet: »Hören, was der Meister sagt/auch mal kritisch nachgefragt/überfühlen, überdenken/als Keimling in den Boden senken!« – Freilich heißt dann gleich die zweite Strophe: »Ausprobieren, selber machen/auch mal aneinanderkrachen /Pestalozzi einen Gruß:/das hat Kopf, Herz, Hand und Fuß!« – Ahnen Sie das Wertequadrat? – Die gute alte Vorlesung jedenfalls darf uns wegen der ersten Strophe erhalten bleiben. Ich liebe sie bis heute. Es ist dabei aber geboten, sich auch als Mensch zu erkennen zu geben und zu zeigen. Damit ist nicht gemeint, dass man fortwährend von sich selbst berichtet, gewiss nicht. Vielmehr geht es darum, dass ich die jeweiligen Inhalte und meine eigene Berufspraxis so miteinander verbinde, dass für das, was ich präsentiere, ein wirklich empfundener Erfahrungs- und Erlebnishintergrund aufscheint. Was kann ich selbst mit dem anfangen, was ich gerade darstelle und für lehrwürdig halte? Das ist eine entscheidende Frage, die die Lehre auf Tuchfühlung mit der Lebenswelt bringt. Ein Satz von Hermann Hesse war es, der meine Vorlesungshaltung irgendwann ganz neu geprägt hat, er lautet: »Es ist nicht meine Aufgabe, das objektiv Beste zu geben, sondern das Meinige so rein und aufrichtig wie möglich.« – Gut, das mag für Dichter gelten, nicht für Hochschullehrer?! Oder doch? Oder vielleicht ein bisschen?

3 Kommunikationspsychologie und Realitätskonstruktion in der interkulturellen Kommunikation

Der missverständliche Kuss

Pörksen: Wie entstehen Klischees, Vorurteile, Stereotypen über die Mitglieder einer anderen Kultur? Paul Watzlawick hat in seinen Büchern eine Forschungsarbeit prominent gemacht, die diese Frage untersucht. Kurz nach dem Zweiten Weltkrieg befragten Wissenschaftler englische Frauen nach ihrem Umgang mit nordamerikanischen Soldaten, die in England stationiert waren – und stellten fest, dass sie die Soldaten für roh und taktlos hielten. Merkwürdigerweise sagten dies aber auch die amerikanischen Soldaten über die englischen Frauen. Die Erklärung: Engländer und Amerikaner beginnen eine Affäre nach einer jeweils etwas unterschiedlichen Dramaturgie von Verhaltensstufen. Ganz konkret: In einem Flirt unter Amerikanern ist der Kuss eine vergleichsweise harmlose Angelegenheit. In der englischen Kultur jener Jahre hatte der Kuss aber eine andere Bedeutung. Man küsste sich – aber erst kurz bevor es zum Äußersten kam. Wenn nun ein amerikanischer Soldat seiner englischen Freundin einen Kuss gab, war diese plötzlich mit der Entscheidung konfrontiert, ob sie sich entweder deutlich abgrenzt, ihn zurückweist oder ihm aber signalisiert, dass sie bereit ist, nun tatsächlich auch mit ihm zu schlafen. Dies wiederum war eine Reaktion, die den amerikanischen Soldaten verstören und als taktlos erscheinen musste. Meine Frage lautet nun: Wie lässt sich aus Ihrer Sicht beschreiben, was hier geschieht?

Schulz von Thun: Hier wird deutlich, dass ein und dasselbe Verhalten – in diesem Fall: das Küssen – eine unterschiedliche Botschaft enthält: Im Falle der amerikanischen Soldaten signalisiert der Kuss eine unverbindliche Zuneigung zwischen zwei Menschen, die aneinander Gefallen haben, aber offenlassen, wie sich ihre Beziehung weiter entwickeln mag. Im Falle der englischen Frauen und Mädchen handelt es sich um eine intime und sexuelle Annäherung. Man erkennt an diesem amüsanten Beispiel von Paul Watzlawick, dass die Bedeutung von Verhaltensweisen, ihre Quadratur der Botschaften, innerhalb einer Kultur zu den impliziten Selbstverständlichkeiten gehört, die man gar nicht reflektiert und erst recht nicht explizit betont – eben weil sie so selbstverständlich und natürlich erscheinen, dass sie keiner Erwähnung und Kommentierung mehr bedürfen. Erst wenn jemand nach anderen Regeln funktioniert und von anderen Selbstverständlichkeiten ausgeht, wird uns dies bewusst.

PÖRKSEN: Wir verstehen also erst, wenn wir uns erkennbar nicht verstehen, wie wenig wir von einer anderen Kultur wissen und begreifen. Erst der Clash der Kulturen macht uns klar, wie prägend die Wahrnehmungs- und Verhaltensgitter unserer Herkunft und Tradition sein können.

SCHULZ VON THUN: Allerdings weiß man natürlich nie ganz genau, was bei all dem auf das Konto des Individuums und der jeweiligen Persönlichkeit geht und wo sich tatsächlich kulturbedingte Eigenschaften und Unterschiede zeigen. Und in jedem Fall müssen wir im Auge behalten: Wo sind Unterschiede? Wo sind aber auch Gemeinsamkeiten? In Zeiten zunehmender Globalisierung und des weltweiten Tourismus verringern sich vermutlich die Differenzen. Also Vorsicht, damit wir die kulturellen Unterschiede nicht dramatisieren.

PÖRKSEN: Das leuchtet mir ein, weil natürlich die Gefahr besteht, dass man selbst Vorurteile und Klischees reproduziert. Ich will, gerade vor dem Hintergrund dieser berechtigten Warnung vor der vorschnellen Vereinfachung, die Beschreibung eines interkulturellen Missverständnisses zitieren, das die allgemein menschliche Neigung zum Vorurteil selbst reflektiert. Der Schriftsteller Roger Willemsen hat einmal ein Buch über ehemalige Guantánamo-Häftlinge verfasst und einen der Ex-Häftlinge in Kabul getroffen. Willemsen beschreibt die Begegnung folgendermaßen: »Als ich ein Buch mit Interviews mit Guantánamo-Häftlingen machte, traf ich den wichtigsten, den Häftlingssprecher, an einem Rückzugsort der Taliban am Stadtrand von Kabul. Ich habe nicht gewusst, dass es sich da um einen Rückzugsort der Taliban handelte. Das habe ich erst gemerkt, als ich zum Klo ging und im rechten Winkel von der Klotür, die auf der anderen Seite des Hofes war, plötzlich sah, dass in einem Zimmer am Boden zwanzig Kämpfer mit Kalaschnikows und Revolvern saßen. Und in dem Augenblick, als ich die eine Hand auf der Klotürklinke hatte, wurde mir klar, an welchem Ort ich bin. Dass ich an einem Ort bin, den die Amerikaner sofort bombardieren würden, wenn sie wüssten, wo er ist. Ich mache diesen finster aussehenden Kämpfern ein Zeichen, von dem ich glaube, dass es in der internationalen Nomenklatur heißt ›Ich komme in Frieden‹, es wird nicht beantwortet. Also verschanze ich mich im Klo und denke: ›Du lieber Gott, wie sollst du hier rauskommen, du wirst hier nicht rauskommen. Also gehst du am besten aufs Klo, bevor du vor deinen Schöpfer trittst.‹ Ich lasse die Hose runter und sie ist gerade an meinen Knöcheln angekommen, da klopft es ganz laut draußen an der Tür. Es wird extrem laut geklopft. Ich bin mir ganz sicher, dass das mein letztes Stündchen ist, also ziehe ich die Hose hoch und rekapituliere die Geschichten, die ich über die Taliban gehört habe, und stelle mir vor, was passiert. Dann entriegele ich die Tür, denn mir bleibt nichts übrig. Ich mache die Tür einen Spaltbreit auf und es steht wirklich ein Taliban mit einer Kalaschnikow da und reicht mir das Klopapier. In dem Augenblick war ich, unabhängig von der Erleichterung, konfrontiert mit meinem eigenen Vorurteil, auch mit den ganzen Räuberpistolen, die sich irgendwie in meinem Kopf festgesetzt hatten, und auch mit der Unterstellung, die von der Gewalttätigkeit der Taliban ausging. Dabei handelte es sich um eine Form meines persönlichen Missverstehens.« Wie würden Sie selbst beschreiben, was Roger Willemsen hier erlebt hat?

SCHULZ VON THUN: Offensichtlich ist, dass Roger Willemsen die Taliban fürchtet, sie für grausam und unberechenbar hält. Es ist eine Gewalt- und Angstfantasie, die wie ein Film vor seinem inneren Auge abläuft. Und nun macht er auf einmal eine ganz andere Erfahrung, die ihn zweifeln lässt. Weniger offensichtlich, aber aufschlussreich ist, wie seine Beschwichtigungsgeste interpretiert wird. Völlig anders, als er sie gemeint hat? Oder genau richtig? Legen wir seine Geste doch einmal unter das Kommunikationsquadrat und schauen, ob die gesendeten und die angekommenen vier Botschaften übereinstimmen! Was ist hier vorgefallen? Roger Willemsen macht auf dem Weg ins Klo ein Zeichen, das er als Friedensgeste verstanden wissen möchte. Seine Botschaft auf der Ebene der Selbstkundgabe: »Ich komme in Frieden, ich bin ein harmloser Mensch, ohne Waffen!« Auf der Ebene des Appells könnte die Botschaft seiner Geste lauten: »Sei nicht alarmiert, fühle dich nicht bedroht!« Auf der Beziehungsseite möchte er ebenso ein positives Signal senden, das sich folgendermaßen verbalisieren lässt: »Wir sind hier freundselig von Mensch zu Mensch!« Die Sachseite der Geste ist eigentlich, wie dies so oft bei nonverbalen Signalen der Fall ist, jedenfalls aus der Perspektive von Roger Willemsen leer. Seine Geste soll keine Sachinformation transportieren.

PÖRKSEN: Was aber versteht der Taliban? Was kommt bei ihm an?

SCHULZ VON THUN: Oberflächlich betrachtet scheint der Taliban doch eine Sachbotschaft empfangen zu haben: »Da fehlt Klopapier!« Auf der Ebene der Selbstkundgabe nimmt er vermutlich wahr, dass dieser Mann in Not ist – im Sinne einer Notdurft. Auf der Ebene des Appells erkennt er die Aufforderung, bitte doch Klopapier zu organisieren. Also ein klassisches und obendrein amüsantes Missverständnis? Ich würde nicht ausschließen, dass dieser Taliban die Friedens- und Beschwichtigungsgeste von Roger Willemsen doch ganz richtig verstanden hat, und indem er das Klopapier reicht, ein Vehikel gefunden hat, um die Beziehungsbotschaft zu bestätigen: »Dein Friedenssignal ist angekommen. Und indem ich dir jetzt hilfreich bin, zeige ich dir das an und bestätige es gleichzeitig!« – Sollte diese Analyse auf der tieferen Ebene zutreffen, dann wäre diese herrliche kleine Geschichte eigentlich ein Beispiel für sehr gelungene Kommunikation.

PÖRKSEN: Ihre Analyse fasziniert mich, weil sie deutlich macht, dass sich das Kommunikationsquadrat verwenden lässt, um interkulturelle Kommunikation im Detail zu analysieren und Gemeinsamkeiten *und* Differenzen im Falle einer Begegnung gleichermaßen in den Blick zu bekommen. Vermutlich passt, um die analytische Kraft dieses Modells zu demonstrieren, an dieser Stelle noch ein weiteres Beispiel. Der Sprachwissenschaftler Charles Boris Diyani Bingan berichtet in einer Studie, dass es bei der Begrüßung deutscher Männer und Frauen in Kamerun einmal zu folgender Szene kam: Einer der Kameruner wollte einer der Frauen schmeicheln und sagte zu ihr, sie habe aber richtig zugelegt und kräftig zugenommen. Die Frau wurde blass, zeigte sich einigermaßen konsterniert, beleidigt. Und nun war der Mann aus Kamerun seinerseits irritiert über die unverständliche Reaktion auf sein Kompliment. Denn dickliche Menschen gelten in Kamerun als schön und attraktiv. Schlanke, dünne Menschen werden hingegen als »eckig« beschrieben und sehen sich leicht dem Verdacht ausgesetzt, sie seien arm, Opfer einer Hungersnot, eventuell sogar an Aids erkrankt. Schon die Redewendung jemand sei »dürr wie ein Aids-Kranker« macht dies deutlich. Wie lässt sich diese Miniszene einer tatsächlich missglückten Kommunikation mithilfe Ihres Modells analysieren?

SCHULZ VON THUN: Die Aussage des Mannes, die Frau habe ja ordentlich zugenommen, ist auf der Sachebene eine überprüfbare Tatsachenfeststellung. Auf der Ebene der Selbstkundgabe kommt ehrliche, bewundernde Freude und Mitfreude zum Ausdruck, denn wenn diese Frau seit der letzten Begegnung abgemagert wäre, dann wäre er besorgt. Die Hauptbotschaft liegt hier auf der Beziehungsebene und enthält das Kompliment »Du machst einen stattlichen, gesunden und wunderbaren Eindruck!«, verbunden noch mit dem Appell: »Sei froh und danke Gott dafür, dass es so gekommen ist!« Und: »Weiter so!« Die Frau muss ihm vermutlich auf der Sachebene zustimmen, denn womöglich hat sie tatsächlich zugenommen. Das Missverständnis liegt auf den drei anderen Ebenen. Statt der freudigen Anteilnahme hört sie eine Besorgnis, statt des Komplimentes hört sie eine respektlose Missbilligung und statt des Appells (»Weiter so!«) hört sie: »Sieh zu, dass du dein Gewicht wieder in Ordnung bringst!«

PÖRKSEN: Ich will – bevor wir uns eher allgemeinen Fragen zuwenden – noch ein Standardbeispiel aus der Ratgeberliteratur zur interkulturellen Kommunikation zitieren, mit der sich Geschäftsleute auf die Konfrontation mit anderen Sitten und Gebräuchen vorbereiten sollen. Da gehen, so heißt es, ein Amerikaner, ein Japaner und ein Deutscher gemeinsam in ein Restaurant. Und sie bekommen allesamt einen mit Zwiebeln und Salat dekorierten, aber insgesamt doch leider ziemlich verkohlten Hamburger serviert. Der Deutsche beschwert sich laut und deutlich bei der Kellnerin über das verbrannte Fleisch; der Amerikaner macht ein Kompliment über den frischen Salat, erwähnt aber doch, dass das Fleisch nun wirklich zu stark angebraten ist. Und der Japaner lobt nur den Salat und sagt auch noch ein freundliches Wort über die Zwiebeln, vermeidet es aber bewusst, das Fleisch auch nur zu erwähnen, weil damit kontextbezogen deutlich wird, dass er mit dem Fleisch nicht zufrieden gewesen sein kann. Man kann diese kleine Geschichte natürlich auch als einen Beleg dafür sehen, wie stark die Literatur zur interkulturellen Kommunikation von Klischees und Stereotypisierungen durchzogen ist. Und doch: Wie würden Sie in Ihrer eigenen Terminologie beschreiben, was hier geschieht?

SCHULZ VON THUN: Zunächst wäre mir tatsächlich wohler, wenn wir von *Neigungen* innerhalb einer Kultur sprechen würden, um pauschale Diagnosen zu vermeiden, die da heißen: Der Deutsche ist gnadenlos sachorientiert, der Amerikaner beziehungsorientiert, der Japaner kontextorientiert. Gleichwohl lässt sich mit diesem Beispiel durchaus sinnvoll arbeiten, weil man deutlich machen kann, dass sich das Modell des Wertequadrats auch zum Kulturquadrat umdefinieren lässt. Der Deutsche deklariert hier, womöglich nicht ohne Stolz, den Klartext zum zentralen Wert und macht aus seinem Befremden keinen Hehl. Der Japaner wählt eine sehr sanfte, sehr schonende und taktvolle Form der Ansprache und setzt darauf, dass seine Kritik schon verstanden wird, denn sonst hätte er eben auch das Fleisch gelobt und nicht nur den Salat und die Zwiebeln. Wie sieht nun das entsprechende Werte- und Kulturquadrat aus? Es findet sich hier der Wert einer *Direktheit im Klartext* im Verbund mit der Schwestertugend des *sensiblen Taktgefühls*. Der Deutsche ist in Gefahr, in eine *rüde Rüffeligkeit* abzugleiten, der Japaner hingegen in eine *allzu dezente Verblümtheit*, der es an Deutlichkeit mangelt. »Schmeichelweich statt rüffelroh«, wenn Sie mir diese Lust an solchen Wortschöpfungen gestatten ... [Abb. 21]

PÖRKSEN: Im Grunde genommen zeigt hier allein der Amerikaner kommunikative Souveränität.

SCHULZ VON THUN: Er hat jedenfalls in diesem Beispiel bereits eine Integrationsleistung vollbracht. Er demonstriert, dass ihm bewusst ist, wie schwer sich Kritik verkraften lässt. Und er versucht daher, sie mit einer Würdigung zu verbinden. Was ist nun, so kann man weiter fragen, der besondere Erkenntniswert, wenn wir das Wertequadrat als Kulturquadrat verwenden? [Abb. 22] Zum einen lassen sich auf diese Weise kulturell bedingte Neigungen diagnostizieren, verbunden mit der jeweiligen Gefahr der »Überoptimierung«. Zum anderen wird deutlich, dass man von Vertretern der anderen Kultur lernen kann, gerade auf dem Weg in ein anderes Land. Denn sie verkörpern oft genau jene »Schwestertugend« zu der eigenen Wertakzentuierung. Der Deutsche muss sein diplomatisches Fingerspitzengefühl noch weiterentwickeln, gerade wenn er plant, nach Amerika oder Japan zu gehen. Und der Japaner sollte sich, zumindest wenn er sich in einem deutschen Restaurant befindet, bewusst machen, dass er, um hier verstanden zu werden, seine Kritik deutlicher formulieren muss.

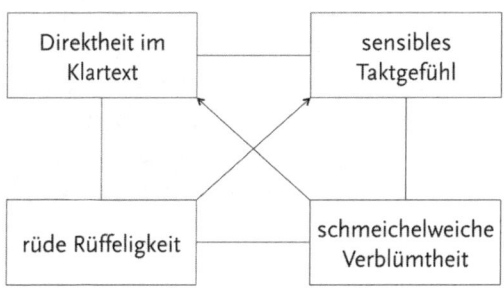

Abb. 21: *Das Wertequadrat als Kulturquadrat: Analyse kulturell bedingter Neigungen*

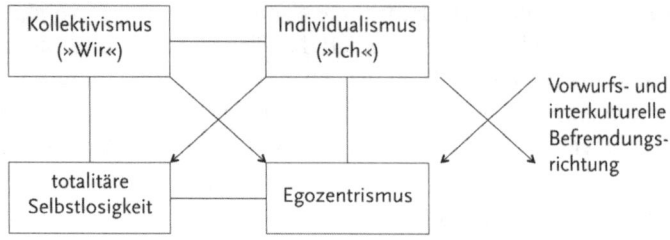

Abb. 22: Auch die elementare, kulturprägende Unterscheidung von Kollektivismus und Individualismus lässt sich in einem Werte- und Kulturquadrat beschreiben und für die Analyse von Kommunikations- und Kulturkonflikten nutzen. Ein extremer Kollektivismus ist in der Gefahr, totalitär zu werden und das Selbstbestimmungsrecht des Einzelnen rücksichtslos zu negieren; umgekehrt lässt sich – dies sind immer wiederkehrende Vorwurfs- und Befremdungsrichtungen in der interkulturellen Kommunikation – ein extremer Individualismus als Ich-Kult und Egozentrismus brandmarken. Und schließlich lassen sich – auch diese Denkrichtung ist im Modell angelegt – Werte der jeweils anderen Seite auch und gerade vor dem Hintergrund eigener, kulturbedingter Vereinseitigungen würdigen: Ein übertriebener Kollektivismus bedarf der Korrektur durch die Wertschätzung des Individuums (und umgekehrt).

Die Begründung der Norm

PÖRKSEN: Können wir uns an dieser Stelle nun von den Beispielen lösen und uns der allgemeinen Frage zuwenden, was eigentlich mit Kultur gemeint ist? Geert Hofstede, Autor von Standardwerken zur interkulturellen Kommunikation, definiert Kultur als eine kollektive »Programmierung des Geistes, die Mitglieder einer Gruppe oder Kategorie von Menschen von einer anderen unterscheidet.« Das Verhältnis von Individuum und Kollektiv, das ehrfurchtsvolle, devote oder aber distanzierte Verhältnis zu den Mächtigen im eigenen Land oder Familienverbund, die Art und Weise, aber auch die mögliche Härte der Konfliktlösung, die Auffassung von Zeit, die man als linearen Prozess oder aber als zyklisches Geschehen ohne Anfang und Ende begreifen kann – dies alles sind zentrale Unterscheidungsmerkmale einzelner Kulturprogramme, so Hofstede weiter. Auffällig ist bei einer solchen Betrachtung jedoch, dass sie gänzlich neutral daherkommt, ohne eigene Wertung und ohne eine ethisch-moralische Parteinahme. Kultur wird hier als ein System von Bedeutungen und Denkweisen aufgefasst, in das man allmählich hineinsozialisiert wurde. Mit einem solchen Ansatz lässt sich dann wunderbar erklären, warum einem die Welt so natürlich und selbstverständlich erscheint. Aber man kann nicht mehr sagen, warum man eine Kultur für besser, sinnvoller und menschengerechter hält als eine andere.

SCHULZ VON THUN: Stimmt. Es ist die Perspektive des strikt wissenschaftlichen Ethnologen, die in einer solchen Kulturdefinition gewählt wird. Dieser Ethnologe will beobachten und verstehen, nicht bewerten und eingreifen. Er möchte herausfinden, welche Regeln des Zusammenlebens Menschen geschaffen haben und welche Unterschiede hier im Vergleich sichtbar werden. Ob er selbst diese Regeln des Miteinanders schön oder schrecklich findet, steht erst einmal nicht zur Debatte. Aber aus dieser wissenschaftlichen Selbstbeschränkung folgt keineswegs, dass man Unrecht nicht mehr Unrecht nennen darf. Ich würde sagen: Als ein wertender und eben nicht nur beobachtender und analysierender Mensch kann und muss ich auch Stellung beziehen und deutlich machen, welche Praxis des Zusammenlebens mir – aufgrund meiner kulturellen Wurzeln (christliche Nächstenliebe, Aufklärung) – als rückständig und unmenschlich erscheint. Dass umgekehrt der so Bewertete sein eigenes Befremden über die mir wünschenswert erscheinenden Sitten und Gebräuche artikuliert, dass also verschiedene Wertewelten aufeinanderprallen, das macht die interkulturelle Begegnung spannend und spannungsreich. Eine anspruchsvolle Aufgabe, der wir uns aber stellen sollten.

PÖRKSEN: Was bedeutet dies in der Konsequenz für die Kommunikation?

SCHULZ VON THUN: Der Anspruch an die Qualität der Kommunikation lautet: Vertrete dein eigenes Credo so rein und aufrichtig wie möglich, sprich dabei mit Herz und mit Feuereifer – vermeide es aber, die Überzeugungen deines Gegenübers in abfälliger, entwertender oder anprangernder Weise zu charakterisieren, im Gegenteil: Versuche mit Interesse, Empathie und Aufgeschlossenheit zu ergründen, warum ihm sein Credo »heilig« ist. Und mach klar, was du verstanden hast, mach aber auch klar, dass »Verstehen« nicht »Einverstandensein« bedeutet. – Manchmal gibt es einen Wandel durch Annäherung, oft gibt es eine Annäherung durch Kommunikation.

PÖRKSEN: Um sich die Möglichkeit einer wertend-klärenden Stellung-nahme zu bewahren, hat der Sprachwissenschaftler Lutz Götze, auch er eine Kapazität auf dem Gebiet der Forschung, einen erweiterten Kulturbegriff vorgeschlagen, der sich an der Proklamation der Men-schenrechte orientiert und auf die universale Gültigkeit dieser Rechte (Gleichheit vor dem Gesetz, Meinungsfreiheit, Gleichberechtigung der Geschlechter etc.) setzt. Gewalt und Folter, die Unterdrückung von Andersdenkenden und die Diskriminierung von Frauen dürfen nicht – so sein Argument – zu kulturspezifischen Besonderheiten verniedlicht werden. Von welchen Maßstäben gehen Sie selbst aus? Wie würden Sie begründen, dass eine gewalttätige Praxis nicht sein soll und beendet werden muss?

SCHULZ VON THUN: Mein Urcredo besagt: Alles, was Menschen (und Tiere) unnötig quält, erscheint mir verwerflich. Alles, was anderen dabei hilft, ihr Leben in Liebe und Freude zu gestalten, sodass sie auf-blühen und eine Zeit lang unbeschwert auf dieser Welt leben können, ist erstrebenswert. Für mich braucht dieses Credo keine weitere ratio-nale, keine umfangreiche und keine sophistizierte Begründung, weil es doch zu meinen Einsichten als Mensch zählt, dass es schrecklich ist, andere Geschöpfe leiden zu sehen oder selbst zu leiden, Gewalt zu erfahren und gedemütigt zu werden. Das ist die Quintessenz meiner ureigensten Lebenserfahrung.

PÖRKSEN: Damit ziehen Sie sich, um nicht dem Beliebigkeitsdenken und einem Kulturrelativismus anheimzufallen, radikal auf das eigene Erleben und die eigene Erfahrung zurück: Der Charme dieser Idee ist aus meiner Sicht, dass der Einzelne mit seiner Verantwortung auf ein-mal ins Zentrum rückt. Diese Begründung einer persönlichen Ethik ist, wenn ich Sie richtig verstehe, selbst eine ethische Entscheidung, die man nicht an eine äußere Instanz – die Gesetze, einen Gott, die Tradition, die Natur, eine objektive Wahrheit – delegiert.

SCHULZ VON THUN: Das kann man so sagen, ja. Immer dann, wenn ich mich auf Höheres berufe, kann ich mich selbst entlasten und muss nicht mehr persönlich dazu stehen. Es ist allerdings, auch das muss man anerkennen, eine Freiheit, die durch meine eigenen Vorprägun-gen begrenzt wird.

PÖRKSEN: Einer meiner Doktoranden, der Kommunikations- und Me-dienwissenschaftler Mathis Danelzik, hat in Tansania die Kampagnen gegen die Genitalverstümmelung von Mädchen analysiert und ein Buch über seine Erfahrungen vor Ort und in diesem ostafrikanischen Staat geschrieben, das zwischen drei Haltungen oszilliert: Einerseits nähert er sich als ein um Neutralität bemühter Feldforscher; andererseits will er sich von einer rein eurozentrischen Perspektive verabschieden und dokumentiert, dass die grauenvolle Beschneidungspraxis kulturell verankert und verwurzelt ist und, so seltsam einem dies auch erscheinen mag, in der Welt einzelner Stämme und Gruppen elaboriert begründet und umfassend gerechtfertigt wird. Und schließlich ist er als ein moralisch empfindender Mensch schlicht entsetzt darüber, was diesen afrikanischen Mädchen angetan wird. In seinen Analysen spiegelt sich ein Werte- und Kulturkonflikt, der mich zu der Frage bringt: Was sollte man selbst tun, wie vorgehen? Welche Haltung ist angemessen? Und ist mit dem Urcredo, das Sie anführen, schon gesagt, wie man im Konkreten zu handeln hat?

SCHULZ VON THUN: So gerne ich diese Frage bejahen würde, muss ich doch konstatieren: Nein, das glaube ich nicht. Wenn ich bei einer afrikanischen Familie zu Gast bin und mitbekomme, dass die Beschneidung eines kleinen Mädchens vorbereitet wird, dann würde ein gerade eben noch abstrakt erscheinendes Entscheidungs- und Begründungsproblem auf einmal auf entsetzliche Weise konkret. Wäre ich als Gast aufgefordert, einzugreifen und die Verstümmelung mit aller Macht zu verhindern? Verträgt sich das mit der Rolle des Gastes, der Gastfreundschaft genießt? In welche Situation würde ich dadurch das Mädchen bringen? Wie würde sich das Verhältnis zu meinen Gastgebern verändern? Was hätte ich selbst zu befürchten? Stimmiges Handeln unterliegt niemals nur meinem Credo, sondern immer auch den konkreten Umständen der Situation und meiner Rolle darin. Vielleicht erlaubt es die Situation oder gebietet es sogar, dass ich mich zu erkennen gebe: »Für mich ist das schrecklich mitanzusehen ...!«

Wirklichkeit erster und zweiter Ordnung

PÖRKSEN: Man hat, wenn man diese Feldstudie von Mathis Danelzik liest, das Gefühl, zwischen ganz unterschiedlichen Realitätssphären hin- und herzudriften: Es sind magische Sphären, in denen die Vorstellung beherrschend ist, dass die Beschneidung aus religiösen Gründen geboten scheint. Es sind Sphären, in denen ein solcher Akt der Verstümmelung als Initiationsritus in die Welt der Erwachsenen aufgefasst wird. Manche der Kampagnen der Gegner dieser Praxis wirken da fast hilflos und zum Scheitern verurteilt, weil sie von Werten und Voraussetzungen ausgehen, die eben so völlig andere sind. Am Ende der Lektüre bleibt man mit fundamentalen Fragen der philosophischen Erkenntnistheorie zurück, die da heißen: Leben wir überhaupt, obwohl alle auf diesem Planeten zu Hause, in ein und derselben Welt? In welcher Weise erzeugen Menschen ihre eigene Wirklichkeit? Was ist überhaupt real, was konstruiert? Was kann als naturgegeben gelten, was allein als kulturell erzeugt? Ich habe bei der Lektüre Ihrer Bücher nie ganz verstanden, welche Antwort auf diese Fragen Sie für sich selbst gefunden haben. Daher: Wie würden Sie Ihre eigene Auffassung charakterisieren?

SCHULZ VON THUN: Es ist tatsächlich erstaunlich, dass ich mich mit solchen Problemen nie wirklich herumgeschlagen habe, aber wenn Sie mich nun zu einem Bekenntnis auffordern, dann würde ich sagen: Ich bin ein ziemlich unbekümmerter Doppeldenker, der Faktizitätsglauben und Konstruktivismus miteinander kombiniert. Aus meiner Sicht gibt es immer beides: die Fakten – und den Reim, den wir uns auf diese Fakten machen. Wenn ich ein zerstrittenes Paar vor mir habe, dann wird unmittelbar deutlich, dass hier zwei subjektiv konstruierte Sichtweisen aufeinanderprallen, freilich immer auch mit Bezug auf tatsächliche Gegebenheiten und auf faktische Geschehnisse. Wenn wir beide für einen Moment aus dem Fenster blicken, dann sehen wir da draußen die Birke vor dem Haus; sie ist von imponierender Gestalt und strotzendem Leben und besitzt eine ganz unabweisbare Faktizität. Sie steht einfach da – unabhängig von meinen persönlichen Vorlieben und meiner subjektiven Sichtweise. Es gibt also – Paul Watzlawick nennt dies die *Wirklichkeit erster Ordnung* – die Ebene der objektiv feststellbaren Fakten, die man nicht erfinden, sondern nur als gegeben konstatieren kann. Überdies finden wir – Watzlawick spricht hier von einer *Wirklichkeit zweiter Ordnung* – eine Ebene der Interpretation und Bedeutungszuweisung, die höchst individuell und hochgradig subjektiv sein kann. In der Welt der Fakten und Tatsachen geht es um das Ideal der Objektivität, da kann man recht haben und irren, da gibt es Wahrheit und Lüge, Vermutung und Beweis. In der Wirklichkeit zweiter Ordnung geht es nun um Bedeutungen, Bewertungen und Konfigurationen. Gewisse Sterne am Himmel sind faktisch gegeben, der »große Wagen« jedoch ist eine menschlich konstruierte Konfiguration. Was diese Wirklichkeit zweiter Ordnung angeht, sind wir Brillenträger und schauen aus unterschiedlichen Perspektiven, hier herrscht Subjektivität – und das ist gut so und auch gut zu wissen.

PÖRKSEN: Und doch kann man mit guten Gründen argumentieren, dass selbst diese so absolut real wirkende Birke vor Ihrem Haus und damit die Wirklichkeit erster Ordnung das Ergebnis eines ungeheuer komplexen Konstruktionsvorganges im Gehirn ist, der uns dann dieses Bild eines solchen Baumes zu Bewusstsein bringt. Und vielleicht ist die Birke auch für mich etwas anderes als für Sie, womöglich erinnert sie mich an ein Gefühl, das ich als Kind einmal hatte. Eventuell ist sie für Ihren Nachbarn vor allem ein Ärgernis, weil die Birkenblüten auf sein Auto herabsegeln. Und gewiss ist diese Birke für den Hund von nebenan wieder etwas anderes, nämlich vermutlich vor allem ein Geruchsereignis. Das bedeutet doch, dass es *die Birke* gar nicht gibt, sondern dass sie nur jetzt und hier in unserer Kommunikation erscheint und wir eigentlich ziemlich lange reden müssten, um unsere Birkenerfahrungen einander anzunähern.

SCHULZ VON THUN: Ja, es bedarf eines menschlichen Gehirns und eines physiologischen Apparats, um die Birke als solche zu sehen und zu empfinden. Und selbstverständlich gibt es auch ein subjektives Ereignis *Birke*, das uns anerkennen lässt, dass meine Birke nicht Ihre Birke ist – das sei alles zugestanden. Und auch die sogenannten Tatsachen können wir nur im Rahmen des »Reims« erfassen, den wir uns auf sie machen. Denn jede Tatsache ist ein Reim, geschaffen nach Maßgabe unseres Wahrnehmungs- und Erkenntnisapparats. Und Realität ist nicht nur auslegungsfähig und auslegungsbedürftig, sie ist selbst schon eine Auslegung – auch das will ich gerne einräumen. Gleichwohl gilt für mich aber ebenso zweifellos, dass eine Auffassung der Wirklichkeit mehr oder weniger in Übereinstimmung mit objektiven Kriterien sein kann. Und diese Unterscheidung und die Frage nach dem Grad der Realitätsanpassung oder Realitätsverleugnung sind für das menschliche Miteinander und die Welt der Kommunikation eben auch sehr wichtig. Natürlich können Sie behaupten, dass da draußen vor dem Fenster überhaupt keine Birke steht und ich einer optischen Täuschung unterliege. Aber dann können wir beide die Tür öffnen und gemeinsam nachschauen, wer von uns denn nun wirklich recht hat. Das heißt: Unsere Behauptungen können auf der Ebene der Wirklichkeit erster Ordnung sehr wohl wahr oder falsch sein. – Aber lassen Sie mich einmal zurückfragen: Ich stelle fest, dass all diese erkenntnistheoretischen Fragen in meinen Büchern tatsächlich keine große Rolle spielen und nicht vordringlich erscheinen. Und das unterscheidet uns. Warum sind Sie Ihnen selbst so wichtig?

Verstehen versus widerlegen

PÖRKSEN: Weil ich glaube, dass die eigene Antwort auf die erkenntnistheoretische Fundamentalfrage nach Wahrheit und Wirklichkeit letztlich bestimmt, in welcher Weise wir überhaupt miteinander reden und in welcher Weise wir uns einer anderen, uns fremden Kultur und Weltsicht annähern. Denn im Prinzip können wir, und das ist für die Kommunikation doch entscheidend, auf eine zweifache Weise mit den Ideen und Geschichten umgehen, die uns erzählt werden. Wir können sie vor allem und zuerst auf ihren Wahrheitsgehalt abtasten, um dann die anderen, uns fremden Auffassungen zu widerlegen. Auf diese Weise entstehen *Begradigungs-* und *Bekehrungsgespräche*, die darauf hinauslaufen, dass wir die falschen Vorstellungen anderer Menschen korrigieren. Aber wir können auch von der Annahme ausgehen, dass jeder Mensch seine eigene Wirklichkeit und Wahrheit erschafft, die wir nicht teilen und nicht einmal für wünschenswert halten müssen, aber von der wir doch wissen, dass es sie gibt. Die erste Reaktion auf eine Äußerung und die Geschichte eines anderen wäre dann nicht das Widerlegen und das Missionieren, sondern das Bemühen, diesen anderen zunächst überhaupt einmal zu verstehen. Aus einer solchen Perspektive müssen wir uns fragen: In welcher Welt ist das, was der andere sagt, sinnvoll? Wo passt es hinein? Von welchen Prämissen geht er selbst aus, die seine Ideen sinnvoll werden lassen? Kurzum: Ich insistiere, weil ich meine, dass unsere eigenen mehr oder minder deutlich ausbuchstabierten Wahrnehmungs- und Erkenntnistheorien letztlich festlegen, wie wir Kommunikation betreiben und uns anderen Kulturen nähern.

SCHULZ VON THUN: Ich muss unbedingt beide Haltungen zur Verfügung haben und miteinander kombinieren: die konstruktivistische Haltung in Hinblick auf die Wirklichkeit zweiter Ordnung und die objektivierende Haltung in Hinblick auf die Wirklichkeit erster Ordnung! Natürlich, was die Wirklichkeit zweiter Ordnung angeht, muss es vor allem darum gehen, die Sinnzuschreibungen, die Motive und Beweggründe eines anderen Menschen überhaupt erst einmal nachzuvollziehen, die Subjektivität anzuerkennen und selbstverständlich auch bestehen zu lassen. Manche Menschen übertragen nun die Tugenden aus der Welt der Wirklichkeit erster Ordnung in die Welt der Wirklichkeit zweiter Ordnung – und treten da dann rechthaberisch und mit Überzeugungsfuror in einer Sphäre auf, wo dies überhaupt nicht angemessen ist. Das kann geradezu ein kommunikativer Kunstfehler sein, weil man dann so tut, als ließen sich subjektive Sinnzuschreibungen als objektiv unwahr kritisieren. Und doch will auch ich darauf beharren, dass Faktizität eben doch – gerade im Konfliktfall – ein zentrales, gemeinsames Momentum zwischenmenschlicher Auseinandersetzungen darstellt. Es ist auf dem Weg zu einer Lösung und einem neuen Miteinander manchmal äußerst wichtig herauszubekommen, wer in einem Streit die Fakten auf seiner Seite hat und wer seinen Irrtum eingestehen muss.

Grundpositionen der Erkenntnistheorie
Philosophische Erkenntnistheorien beschäftigen sich mit der Frage, ob und in welchem Maße und unter welchen Bedingungen Wahrheits- und Wirklichkeitserkenntnis möglich ist. Idealtypisch lassen sich drei erkenntnistheoretische Grundpositionen unterscheiden. Der *Solipsismus* – eine kaum ernsthaft vertretene Position – zieht die Existenz einer äußeren Welt selbst in Zweifel und erklärt Wirklichkeit zur bloßen Illusion eines einsam dahinschwebenden Geistes, der seine Vorstellungen irrtümlich für real hält. Vertreter des *Realismus* nehmen hingegen an, dass eine äußere Welt zumindest partiell in ihrer ureigentlichen, wahren Gestalt erkennbar ist. Es sind jedoch – vor dem Hintergrund dieser gemeinsamen Prämisse – sehr unterschiedliche Ausformungen einer realistischen Erkenntnistheorie denkbar. Ein naiver Realist würde behaupten, dass sich die Strukturen der wirklichen Welt exakt auf der Leinwand des eigenen Bewusstseins spiegeln: Was man sieht, ist real und unbedingt wahr. Andere, vorsichtigere und skeptischere Protagonisten dieser Position gehen hingegen davon aus, dass absolute Realitätserkenntnis nicht zu haben ist, man sich aber gleichwohl in einem endlosen Reigen der Falsifikation von Hypothesen der Wahrheit anzunähern vermag. Der *Konstruktivismus* (auch hier findet sich eine enorme Spannbreite möglicher Einzelpositionen) basiert auf der Annahme, dass wir – geprägt durch Kultur und Biologie, Sprache und Geschichte – im Erkennen unvermeidlich Befangene sind, also der Zugriff auf eine absolute Wahrheit unmöglich sein muss. Vertretern des Konstruktivismus geht es primär darum, den Erkennenden selbst ins Zentrum des Forschens und Fragens hineinzurücken – und die Ursachen und Bedingungen seiner Wahrnehmungs- und Erkenntnisweise zu analysieren und zu verstehen.

PÖRKSEN: Aber echtes Verstehen setzt doch voraus, dass man sich von der Rigidität des eigenen Realitätskonzepts und der sogenannten Fakten zunächst einmal lösen kann. Faktizitäts- und Wahrheitsbeteuerungen können doch – gerade in der Begegnung verschiedener Kulturen – schnell zur rhetorischen Kriegserklärung eskalieren. Und eben deshalb plädiere ich dagegen, die Wirklichkeit erster Ordnung und die Wirklichkeit zweiter Ordnung so scheinbar klar und eindeutig voneinander zu unterscheiden. Meine Befürchtung ist, dass auch diese Unterscheidung den missionarischen Wahrheitsfuror noch nicht ausreichend dämpft. Was dem einen als willkürliche Sinnzuschreibung erscheint, ist dem anderen ein unumstößliches Faktum. Und schon beginnt ein neuer Glaubenskampf.

SCHULZ VON THUN: Heißt das, dass Sie auf die Wahrheitssuche ganz verzichten wollen? Bedeutet dies, dass wir uns von dem Bemühen um belastbare Aussagen verabschieden sollten? Empfinden Sie dies tatsächlich so oder wollen Sie mich versuchsweise provozieren? Ich denke, es ist gut, diese Fragen einmal weniger abstrakt und allgemein zu diskutieren. Auf der Ebene der Wirklichkeit erster Ordnung lautet die Frage zum Beispiel: »War der Verdächtige zur fraglichen Zeit am Tatort oder im Ausland?« Das kann man nicht so oder so sehen, das muss man ermitteln! Auf der Ebene der Wirklichkeit zweiter Ordnung kann jemand konstatieren: »Ich empfinde mich nicht wirklich als Vater dieses Kindes.« Da kann man nur sagen: Das klären wir durch einen Vaterschaftstest. Und das Faktum biologischer Vaterschaft sollten wir, unabhängig von dem subjektiven Empfinden eines Menschen, nicht vernebeln. Ich kann mich nur wiederholen: Es gibt eine Wirklichkeit außerhalb von uns, die von einer faktischen Art ist und nicht jede Auslegung gleichermaßen rechtfertigt. Und wir brauchen diese Wirklichkeit als gemeinsame Bezugsbasis für gelingende Kommunikation.

PÖRKSEN: Vielleicht passt an dieser Stelle ein persönliches Beispiel, das meinen Standpunkt besser verständlich macht. Einer meiner akademischen Lehrer war der Medizin- und Kulturkritiker Ivan Illich, der eines Tages Krebs bekam. Er entschied sich gegen eine Operation. Ihm wuchs über Jahre und Jahrzehnte ein Tumor im Gesicht, der schließlich die Größe einer Männerfaust hatte. Seine Schmerzen bekämpfte er, indem er Opium rauchte – eine Tatsache, die er selbst einmal der Journalistin einer Tageszeitung erzählte und in der Vorlesungspause seiner Universitätsveranstaltungen nicht vor seinen Studenten verbarg, insofern fällt sie nicht unter ein Diskretionstabu. Eines Tages war Ivan Illich zu Besuch. Und auch ein kleiner Junge, damals vier Jahre alt, war zugegen. Man saß zusammen und redete. Und natürlich sprach keiner der Erwachsenen über den Tumor. Nur dieses kleine Kind sagte zu Ivan Illich, dass ihm diese Backe ganz wunderbar vorkäme. Sie sei so groß, so schön; eine richtige, echte, dicke Kussbacke. Ivan Illich hat dieses Erlebnis sehr gerührt. Verstehen Sie, worauf ich hinaus will? Dieser Junge wusste gar nicht, dass es die Wirklichkeit erster Ordnung und die Tatsache der Erkrankung gibt. Er hatte überhaupt keine Ahnung davon, dass die Welt der Erwachsenen nur eine einzige, schreckliche Wahrheit kennt: Tumor, Krebs. Eben weil dies so war, eben weil ihn die sogenannten Fakten und die Wirklichkeit erster Ordnung nicht gefangen hielten, konnte er eine Beschreibungsmöglichkeit entwickeln und eine Form der Kommunikation erfinden, die etwas ungeheuer Liebevolles und Rührendes hatte.

SCHULZ VON THUN: Dies ist ein rührendes Beispiel dafür, dass gelegentlich das Absehen von einer Faktizität eine schönere Wirklichkeit erschließen und erschaffen kann. Ich begreife jetzt Ihr Engagement: Wer nur in der Welt der beweisbaren Faktizität lebt und darin »verhaftet« ist im doppelten Sinne des Wortes, ist womöglich ein armer Wicht. Ihr Beispiel zeigt aber auch, dass das sogenannte Faktische eine Aspektvielfalt haben kann: Dass die Wucherung eine größere Kussfläche bietet, kann man auch als ein Faktum anerkennen – auch! Aber unsere Annäherung sollte nicht vergessen machen, dass wir an dieser Stelle unseres Gesprächs wohl wirklich etwas konträre Auffassungen behalten werden. Strittig bleibt, in welchem Maße die Klärung des Faktischen nötig und möglich, sinnvoll und für das menschliche Miteinander und die Begegnung der Kulturen im Letzten produktiv ist. Lösen können wir unsere Streitfrage vermutlich nicht. Aber wir können uns den Luxus erlauben, die Unterschiedlichkeit einmal nebeneinander stehen zu lassen.

PÖRKSEN: Stimmt, das ist doch der große Vorzug des Dialogs und des Gesprächs. Man braucht die Differenzen nicht zu verwischen und muss nicht so tun, als gebe es eine endgültige, einzig richtige Wahrheit. Und Gott lässt ja auch keine Schriftzeichen über den Himmel laufen, die uns mitteilen, wer von uns beiden nun recht hat.

SCHULZ VON THUN *(lacht)*: Das wiederum ist de facto richtig. Wenn wir beide in den Himmel schauen, dann erscheint dort tatsächlich keine Schrift!

III. Die letzten Fragen

Das Glück und der Tod

Das Ende der Kommunikation

Pörksen: Unsere dialogischen Streifzüge nähern sich dem Abschluss. Wir haben Ihre Kommunikationslehre diskutiert und Anwendungsmöglichkeiten ausgeleuchtet. Ich würde sagen, dass wir dabei immer von einer zentralen Annahme ausgegangen sind, nämlich dass man – lebendig genug, kräftig und gesund genug – noch einmal sprechen kann. Das ist der Idealfall, den wir stets vorausgesetzt haben und vielleicht voraussetzen mussten: Es gibt immer noch einen zweiten Versuch. Man kann noch einmal anders reden, einen Konflikt auflösen. Es geht irgendwie weiter. Und Kommunikation bleibt prinzipiell reversibel. Wir alle wissen aber, dass es irgendwann nicht mehr weitergeht. Irgendwann kommen Krankheit, Gebrechen und Tod. Man könnte sagen: Der Tod ist ein Skandal, der die Chance eines Neuanfangs in der Sphäre der Kommunikation brutal zerstört.

Schulz von Thun: »Skandal« ist sehr pointiert ausgedrückt! Und noch skandalöser ist, dass man vielleicht noch nicht einmal weiß, bei wem man sich beschweren soll. Aber ob ich den Tod als Skandal empfinde, hängt von meiner Weltsicht ab, von meinem existenziellen Selbstverständnis. Wenn ich mich als individuelle Krönung der Schöpfung begreife und vielleicht ein wenig narzisstisch begabt bin, dann ist der Tod eine maximale Kränkung. Wenn ich mir vor Augen halte, dass mein Leben überaus qualvoll werden kann, kann der Tod eine Erlösung bedeuten – eine Art Lebensversicherung, dass die Qual nicht ewig sein wird. Vielleicht werde ich ihn dann wie einen guten Freund empfangen, mit der Aussicht auf gnädige Sterbehilfe? Und wenn ich mir vor Augen halte, dass ich als Glied einer Kette erfunden worden bin, genau zwischen denen, die vor mir waren und die nach mir kommen, dann macht es Sinn, Platz zu machen.

Pörksen: Für mich ist es selbstverständlich, den Tod als Feind zu betrachten. Er ist aus meiner Sicht, allen Tröstungsversuchen von Religion und Philosophie zum Trotz, ein furchtbares Faktum.

Schulz von Thun: Weil er alles zerstört, was uns lieb ist? Natürlich könnte man mit Arthur Schopenhauer sagen, dass es eine unerträgliche Gemeinheit darstellt, wie unser Dasein konstruiert ist: Zuerst werden wir dazu verführt, uns in das Leben zu verlieben. Und dann, wenn wir uns so richtig mit uns selbst identifiziert und befreundet haben, folgt das Todesurteil, das wir eigentlich immer schon in der Tasche tragen und mit dem wir geboren wurden. Das ist unsere *Conditio humana*. Das darf man, wenn man das Leben liebt, gewiss nach Kräften beklagen und bedauern. Und wenn jemand sterben muss, der das Leben noch vor sich hat, kann es einem das Herz zerreißen.

PÖRKSEN: Woody Allen hat dieses Bedauern einmal auf eine gleichermaßen scherzhafte und doch melancholische Weise formuliert:»Man hat mich einmal gefragt, ob es mein Traum wäre, in den Herzen der Menschen weiterzuleben, und ich sagte, ich würde gerne in meiner Wohnung weiterleben.«

SCHULZ VON THUN: Für mich stellt sich die Frage: Welche Haltung ist dem Tode gegenüber erstrebenswert? Welche Haltung kann es mir erleichtern, mein Dasein zu bejahen, auch wenn es diese Begrenzung in sich trägt? Ich mache mal einen Versuch: Ist nicht der Schlaf auch skandalös? Wir sind nur für eine kurze Stippvisite auf dieser Welt – und dann verpennen wir auch noch ein ganzes Drittel dieser kostbaren Zeit!? Und doch, wenn der Tag anstrengend und reich war, ist es wunderbar, in den Schlaf zu gleiten, ich werde dagegen keine Beschwerde einreichen. Und könnte es nicht, ganz analog zu diesem kleinen Tod, so sein, dass ein erfülltes und reichhaltiges Leben irgendwann eine lebenssatte Müdigkeit nach sich zieht, die ein sanftes Hinübergleiten als stimmig und richtig erscheinen lässt?

PÖRKSEN: Aber die Gewissheit, dass ich am nächsten Morgen wieder aufwache, macht dieses Hinübergleiten unendlich viel leichter und vielleicht überhaupt erst wirklich schön.

SCHULZ VON THUN: Das stimmt auch wieder! Im Sterben haben wir diese Gewissheit nicht, deswegen hat der Mensch wahrscheinlich eine Religion erfunden, die ihm ein Leben nach dem Tode verheißt. Hätte ich die Gewissheit, dass auch das Sterben nur der Anfang einer Transformation zu etwas Neuem ist, dass wieder ein Erwachen und ein neuer Tag folgen werden, der vielleicht kein Tag im herkömmlichen Sinne sein wird, dann wäre es viel leichter, dieses Gefühl einer köstlichen Müdigkeit zuzulassen und die Augen getrost zu schließen. Leider habe ich diese Gewissheit nicht, und Sie, wenn ich richtig sehe, auch nicht.

PÖRKSEN: Nein. Mir erscheint ein solcher Glaube letztlich als der Versuch, sich über eine existenzielle Sinnlosigkeit und eine Unbehaustheit hinwegzutrösten, die man nicht sehen will.

SCHULZ VON THUN: Wenn diese Tröstung gelänge, wäre das eine große Leistung, wir dürfen darüber nicht die aufgeklärte Nase rümpfen. Aber davon abgesehen: ganz so existenziell unbehaust sind wir doch gar nicht. Dass wir beide hier sitzen, dass wir atmen und freundlich miteinander sprechen und bei Regen ein Dach über dem Kopf haben, zeigt doch schon, dass wir auf dieser Erde sehr zu Hause sind. Worauf ich hinaus will: Ihre These von einer grausamen Sinnlosigkeit und Unbehaustheit trifft mein eigenes Lebensgefühl nicht wirklich.

PÖRKSEN: Aber am Schluss bleibt doch nur eine Menge Staub.

SCHULZ VON THUN: Ja, am Schluss! Aber davor ist unser ganzes Leben, zum Beispiel jetzt in diesem Augenblick, wo wir einander als Schicksalsgenossen begegnen und in die Augen schauen.

PÖRKSEN: Und doch werden wir am Ende zu Staub, zu Asche und Erde. Und was sonst zurückbleibt, ist allein die Erinnerung einiger weniger, die uns lieben und kannten. Das ist es.

SCHULZ VON THUN: Es ist wahr, dass wir unsere Existenz auf dieser Erde nicht verewigen können. Aber indem Sie alles vom Ende her betrachten, laufen Sie Gefahr, den Tod zu dämonisieren und ihm eine Bedeutung zu geben, die das ganze Leben definiert und überschattet. Demgegenüber möchte ich unser Leben als eine Reise begreifen. Diese wird ja nicht dadurch entwertet, dass sie irgendwann zu Ende ist!? Nein, gerade das ist das Wesen der Reise, sonst wäre es ein Auswandern. Und genau das ist das Wesen des menschlichen Lebens, dass es einen Anfang und ein Ende hat. Wenn es eine gute Reise war, bleibt am Ende Dankbarkeit und Wehmut. Aber dass wir über Jahre und Jahrzehnte leben dürfen, ist doch ganz erstaunlich und wunderbar.

PÖRKSEN: Das ist eine andere Betrachtungsweise. Würden Sie sagen, dass es hier um mögliche Perspektiven geht, die man mehr oder minder frei wählt?

SCHULZ VON THUN: Mehr oder minder. Es ist auch eine Entscheidung, ob ich mich von diesem sensationellen und mysteriösen Leben beeindrucken lasse oder ob mich das Faktum meiner eigenen Endlichkeit ganz und gar gefangen nimmt. Tatsächlich glaube ich, dass es richtig und geboten ist, den Gedanken an das Ende keine übergroße Macht zu geben, um nicht im Extremfall Kindheit, Jugend und Erwachsenenleben unter dem Damoklesschwert des Todes zu verbringen. Das wäre doch ein Jammer. Dennoch kann es richtig sein, sich mit dem Tod irgendwann einmal tief gehend auseinanderzusetzen und sich womöglich dem Grausen zu stellen. Denn sonst bleibt, erstens, das Grausen unbearbeitet und schleicht sich unerkannt woanders ins Seelenleben ein. Und zweitens kann die tief empfundene Bewusstheit von der eigenen Endlichkeit verdeutlichen, was lebenswert und wesentlich ist. Stichwort: der Tod als Lehrmeister für ein stimmiges Leben. Er ist mächtig und bedeutend, aber eines kann er uns immerhin nicht nehmen, nämlich gelebt zu haben und dieses Leben womöglich in seiner wunderbaren Fülle ausgekostet zu haben. In dieser Hinsicht ist er ein machtloser Geselle.

Selbstbestimmung und Schicksalsdemut

PÖRKSEN: Ihr eigenes Denken zielt auf die glückende, individuell stimmige Integration des Verschiedenen. Das ist ein Leitgedanke, der von einem Kompromiss handelt, den man immer wieder neu mit sich selbst und der Welt aushandeln muss. Aber der Tod ist nicht kompromissfähig, sondern endgültig und von einer finalen Absolutheit. Insofern wundert mich, dass Sie die Tatsache des Todes nicht sehr viel wütender macht. Er bedroht das Leben und eine Lebenskunst, die den Ausgleich sucht und nach Balance strebt. Er ist existenziell und intellektuell vernichtend.

SCHULZ VON THUN: Tatsächlich bin ich in dieser Frage nicht so empörungsfähig und wütend wie Sie. Ich nehme die Koordinaten meines Daseins als *gegeben* – beispielsweise muss ich atmen, um zu leben – und »gottlob« bin ich von Luft umgeben. Das Bewusstsein davon, dass ich einem menschlichen Lebensschicksal preisgegeben bin, dass ich ungefragt entbunden wurde, dass ich ungefragt sterben werde und dass das Schicksal mir in der Zeit dazwischen manches bietet und manches aufzwingt, was ich mir wahrlich nicht zurechnen kann, dieses Bewusstsein, *gelebt zu werden*, legt eine gewisse Schicksalsdemut als stimmige Lebenshaltung nahe. Das ist aber nur der eine Pol eines existenziellen Wertequadrats, das hier aufscheint [Abb. 23]. Der andere Pol, die »Schwestertugend«, lebt von dem Bewusstsein, dass mir das Menschliche nicht nur gegeben, sondern auch *aufgegeben* ist. Es ist auch eine Aufgabe, das aus mir zu machen, was als Möglichkeit und als Verheißung in mir steckt, und so, mehr oder minder, zum eigenverantwortlichen Subjekt und zum Autor meiner Lebensgeschichte zu werden. – Wieder kommt es darauf an, beides zusammenzudenken und zusammenzuleben. Wer nur die Schicksalsdemut kennt, landet in einem resignativen Fatalismus, der für das eigene Leben keine Verantwortung übernimmt. Wer nur die Selbstbestimmung gelten lässt, versteigt sich in eine Omnipotenz, die nicht nur wahnhaft ist, sondern auch eine schmerzliche Überverantwortlichkeit mit sich bringt, nach dem Motto: Für alles, was mir widerfährt, trage ich, als wahrer Urheber dieses Geschehens, die Verantwortung.

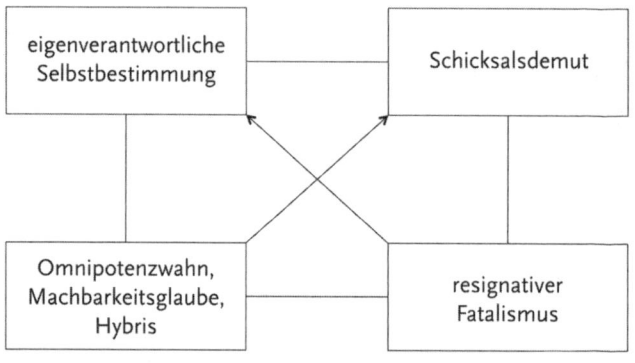

Abb. 23: Das existenzielle Wertequadrat: Selbstbestimmung und Schicksalsdemut

Pörksen: Das ist ein heikler Moment unseres Gesprächs, denn wir nähern uns der Frage, ob Ihre Kommunikationspsychologie und die vielen Modelle, die Sie geschaffen haben, auch in existenziellen und dramatischen Situationen helfen können. Für mich ist dieses Bemühen um eine existenzielle Nutzanwendung riskant, weil damit die Gefahr entsteht, ungefragt andere mit Ratschlägen zu versorgen und doch wieder irgendwelche Fertig-Rezepte der Lebenskunst zu verkünden, die überhaupt nicht zu der ins Offene weisenden Bewegung passen, um die wir uns bemüht haben. Und doch: Können wir – diesen

Warnhinweis im Gepäck – trotzdem einmal versuchen, Ihre Modelle durchzuspielen und nach Erträgen zu fahnden?

SCHULZ VON THUN: Gern. Aber ich wäre – dies als Vorbemerkung von meiner Seite – nicht so skeptisch und vorsichtig, weil wir uns bereits entschieden genug von der Idee einer für alle gültigen Norm verabschiedet haben. Das Risiko, nun auf den letzten Metern doch noch zu missionarischen Rezepte-Verkündern zu werden, muss uns meines Erachtens nicht allzu sehr bekümmern. Eben das ist ja mit dem Meta-Ideal der Stimmigkeit gesagt und gemeint: Es geht um die Ermutigung zu einer Lebensführung, die für mich und in meiner besonderen Situation wesensgemäß und schicksalsgerecht ist. Dabei geht es darum, sich einer doppelten Frage zu stellen. Diese doppelte Frage, in der Bedürfnis, Pflicht und Berufung miteinander verbunden werden, lautet: Was will ich vom Leben und was will das Leben von mir? Wie löse ich meinen eigenen Anspruch auf Glückseligkeit ein und wofür möchte und könnte ich dienstbar sein, um zum Gelingen von etwas beizutragen, das über mich hinausweist?

PÖRKSEN: Wie lässt sich demgemäß der Begriff der Lebenskunst fassen?

SCHULZ VON THUN: Lebenskunst ist – so betrachtet – nicht in einem Regelbuch fixierbar, sondern stellt diejenige Lebensführung dar, die zu mir und der individuellen Beschaffenheit meiner Seele passt, aber eben doch auch von der Frage geleitet wird, was das Leben selbst an mich heranträgt und mir abverlangt. Es ist diese dynamische Balance aus Selbstfürsorge und Hingabe an ein Ganzes, von dem man selbst ein Teil ist, um die es geht. Statt fertiger Antworten haben wir eine Heuristik zu bieten im Sinne einer Kunst des Herausfindens. Die heuristischen Modelle und Methoden (hier zum Beispiel das Wertequadrat) laden ein zur individuellen Selbsterarbeitung. Die formale Struktur des Wertequadrats ist universell, aber sein Inhalt kann sehr spezifisch sein.

PÖRKSEN: Das ist, wenn ich richtig sehe, der innere Liberalismus der Kommunikationspsychologie: Die richtigen Fragen setzen den Rahmen, aber sie sind nicht schon selbst das fertige Bild. Sie bilden jedoch die Bedingung für eine sinnvolle eigene Suchbewegung.

SCHULZ VON THUN: Genau, den Rahmen – aber auch die Werkzeuge. Dieses Bemühen um eine reflektierte Lebenskunst, die nicht mehr mit schematischen Glücksvorstellungen arbeitet, sondern eine stimmige Lebensführung vor Augen hat, lässt sich sehr schön mithilfe des Riemann-Thomann-Modells verdeutlichen. Hier haben wir die vier Grundstrebungen des Menschen, hier findet sich unsere Sehnsucht nach *Nähe* und *Distanz* sowie nach *Dauer* und *Wechsel*. Das Buch von Riemann heißt *Grundformen der Angst*, es könnte aber auch *Grundformen der Sehnsucht* heißen. Man kann nämlich – je nach individueller Ausgangslage – zentrale Lebensthemen und Glücksquellen ausfindig machen, die ein mögliches Ungleichgewicht in eine Balance verwandeln.

PÖRKSEN: Was bedeutet dies konkret und im Detail?

SCHULZ VON THUN: Für den einen heißt es, dass er sich vielleicht dem Nähe-Pol zuwendet und sich der Frage widmet: »Wie gelingt es mir, ein Leben in Liebe zu führen?« Ihm geht es um das *Bindungsglück*, das aus der Berührung, der Verbundenheit und Zugehörigkeit entsteht. Der andere wird eher in der Abgrenzung und der Selbstwerdung eine Entwicklungs- und Lebensaufgabe sehen und sich fragen: »Wie gelingt es mir, zu mir selbst zu stehen und mit mir selbst in guter Gesellschaft zu sein?« Seine gewünschte Entwicklungsrichtung ist also die Erfahrung des Selbstseins, der Selbstbestimmung und der Freiheit, auch wenn es die Harmonie seiner zwischenmenschlichen Beziehungen gefährdet. Er will eine Übereinstimmung zwischen dem herstellen, was ihn ausmacht, und dem, wie er lebt und was er von sich gibt – das ist eine zweite Glücksquelle. Ein Dritter mag die Suche nach Ordnung und Dauer als sein ureigenes Lebensthema entdecken und sich fragen: »Wie finde ich meinen Platz und bringe mein Leben in geordnete Bahnen?« Ihm geht es um eine Art *Wurzelglück*, das sich aus der Beständigkeit und einer festen Struktur ergibt. Und viertens ist es denkbar, dass sich jemand von der Frage leiten lässt: »Wie gelingt es mir, lebendig zu bleiben oder überhaupt wieder lebendig zu werden und ein Leben zu führen, das diesen Namen verdient?« Ihm geht es um ein *Flügelglück*, das sich aus dem Erlebnis des Aufbruchs und Ausbruchs ergeben kann [Abb. 24].

Wie bringe ich mein Leben
in geordnete Bahnen?
Dauer

Wie gelingt es mir,
ein Leben in Liebe zu
führen?
Nähe   ⟵⟶   **Distanz**

Wie gelingt es mir, zu mir
selbst zu stehen und mit
mir selbst in guter
Gesellschaft zu sein?

Wechsel
Wie kann ich lebendig
bleiben/werden?

Abb. 24: Vier Lebensthemen und vier Glücksquellen, angeregt vom Riemann-Thomann-Modell

Teufelskreis und Engelskreis

PÖRKSEN: Es bietet sich an, diese Fragen einfach so stehen zu lassen, weil nun eben der individuelle Akt einer Antwortsuche beginnen müsste. Setzen wir also die allgemeine Sondierungsarbeit fort: Können Sie die Analyse eines Teufelskreises ebenso in ein Modell zur Förderung einer individuellen Lebenskunst überführen?

SCHULZ VON THUN: Durchaus! Ebenso wie zwischenmenschliche Teufelskreise gibt es auch und gar nicht selten *Lebensteufelskreise*. Zum Beispiel die unselige Spirale von Perfektion und Demoralisierung: Ich will perfekt sein, dadurch bleibe ich unter meinen hohen Ansprüchen und bin demoralisiert, dadurch bleibe ich umso mehr unter meinen Möglichkeiten, umso mehr bin ich, nun schon krampfhaft, um Perfektion bemüht, umso mehr setzt mir die Soll-Ist-Diskrepanz zu und so weiter. – Die Lebenskunst erster Stufe beginnt mit der Erkenntnis eines Teufelskreises und dem sanften Ausstieg. Auf der zweiten Stufe kann es gelingen, im eigenen Leben *Engelskreise* zu schaffen. Diese haben die gleiche Struktur, aber hier halten sich positive und Kraft spendende Qualitäten gegenseitig am Leben. Nehmen wir einmal an, ich lasse es mir gut gehen – und zwar um meiner selbst willen und damit mein Herz eine gute Heimat in meiner Seele findet. Wenn dies gelingt, dann bekomme ich Kraft und Lust, einsatzfreudig und dienstbar zu werden für andere und für eine gute Sache. Und je besser mir dies gelingt und ich im Einsatz meiner Kräfte und Talente erfolgreich bin, desto eher stellt sich eine erfüllte Zufriedenheit ein, die nicht aus der hedonistischen Behaglichkeit stammt, sondern einem inneren Sinnerleben entspringt. Dieses Sinnerleben spendet neue Kraft und gleichzeitig eine Legitimation, es mir gut gehen zu lassen. Dadurch aufgetankt, erneuert sich die Bereitschaft zur dienenden Hingabe – und so fort [Abb. 25]. Ein Engelskreis!

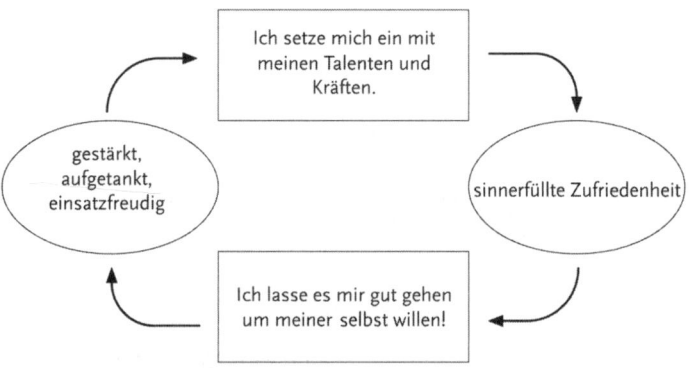

Abb. 25: Vom Teufelskreis zum Engelskreis: ein Modell der Selbstfürsorge und Selbsttranszendenz

PÖRKSEN: Lässt sich auch das Modell des inneren Teams in diesem Sinne für eine reflektierte Lebenskunst nutzen?

SCHULZ VON THUN: Gewiss. Denn es geht zum einen darum, in bestimmten Situationen der Begegnung gut aufgestellt zu sein: Wie spricht jemand mit seinen Enkelkindern? Wie nähert man sich einem Sterbenden? Wie redet man mit einem guten Freund, der in eine Lebenskrise geraten ist? Oder wenn ich, wie jüngst geschehen, die Trauerrede für den eigenen Doktorvater halte: Welche inneren Teammitglieder kann, darf und sollte ich in mir wachrufen, um sie spruchreif werden zu lassen – und welche haben hier in dieser Situation nichts zu suchen? Aber nicht nur in kommunikativen Situationen ist die Frage nach der stimmigen Aufstellung von Bedeutung, sondern überhaupt den Grundfragen meiner Existenz gegenüber: Was will ich vom Leben und was will das Leben von mir? Es lohnt sich, mit den inneren

Wortmeldern auf diese Frage in Kontakt zu kommen. Wahrscheinlich werden dies in der zweiten Lebenshalbzeit nicht dieselben sein wie in der ersten Lebenshälfte. Und womöglich komme ich darauf, dass mir jemand fehlt, den ich für eine weise Lebensführung gut gebrauchen könnte. Denn die Weisheit, die das Lebensganze in den Blick nimmt, braucht eine andere innere Aufstellung als die instrumentelle Klugheit, die auf die praktische Lebensbewältigung gerichtet ist.

PÖRKSEN: Aber können die Modelle in den existenziellen Situationen des eigenen Lebens nicht eine Beherrschbarkeit suggerieren, die es gar nicht gibt? Man hat dann viele wunderbare Kategorien, hat Wertequadrate, Engelskreise, Teamaufstellungen. Und wird so womöglich doch nur in die Lage versetzt, die Wucht der Endlichkeit besser zu verdrängen.

SCHULZ VON THUN: Sie wollen erneut ans Ende denken? Jetzt muss die Wahrheit einmal Vorrang haben: Keines dieser Modelle wird Ihnen den Tod ersparen, soviel steht jetzt schon fest! Aber die zweite Wahrheit lautet: Es gibt ein Leben vor dem Tod. Und für dieses Leben machen sie uns reflexionsfähiger und verhelfen uns zu mehr Stimmigkeit in der Lebensführung, nicht mehr und nicht weniger. Und sollten sie geeignet sein, die Wucht der Endlichkeit zu verdrängen, dann würde ich dies als Kollateralnutzen gern in Kauf nehmen, auch um das eigene Leben in seiner möglichen Fülle eben nicht in der Fixierung auf sein drohendes Ende zu verpassen.

PÖRKSEN: Gibt es Momente, in denen man die Modelle einfach vergessen sollte?

SCHULZ VON THUN: Unbedingt. Sie haben ihren Stellenwert im Moment der Reflexion. Aber wer wird sein Leben ständig in der Reflexion verbringen wollen? Mit diesen Modellen ist es ja so: Der Lehrling lernt sie anzuwenden, dem Gesellen fallen sie im richtigen Moment ein und der Meister hat sie »vergessen«, weil sie in seiner gereiften Intuition aufgehoben sind. Im Übrigen betrachte ich die Modelle nicht als eigenwertig, sondern als Hilfsmittel für den, den sie weiterbringen. Sie sind wie eine Taucherausrüstung. Der Fisch im Wasser braucht sie nicht. Und es gibt solche Menschen. Aber wer sich (wie ich) in der Sphäre des Menschlichen und Zwischenmenschlichen nicht wie ein Fisch im Wasser fühlt und doch in diese eintauchen möchte, für den kann eine Taucherausrüstung eine enorme Hilfe sein. Und vielleicht benötigt er diese Ausrüstung irgendwann nicht mehr und kann ganz auf sie verzichten. In diesem Sinne möchte ich meine Modelle verstanden wissen.

Die Gewissheit der Ungewissheit

PÖRKSEN: Der Schriftsteller Wilhelm Schmid, Autor zahlreicher Werke zu einer philosophisch inspirierten Lebenskunst, hat einmal eine Art *Reflexionslösung* für das Problem des Todes präsentiert. Es sei in jedem Fall klug, so seine These, sich den Tod nur als einen Übergang vorzustellen, denn dies mache das Leben im Hier und Jetzt leichter, erträglicher. Und schließlich sei alles Glaube und niemand wisse Genaueres. Insofern ließe sich auch schlicht wählen, was man glauben wolle. Und wenn es dann tatsächlich weiterginge, dann könnte man die eigene Existenz weiterhin auskosten. Und wenn gar nichts folge, dann sei dies auch egal – und ohnehin alles aus und vorbei. Kurzum: Schmid empfiehlt den Glauben an ein Leben nach dem Tod als glücksfördernde Hypothese.

SCHULZ VON THUN: Das scheint eine kluge, jedenfalls eine pfiffige Lösung zu sein. Die Rechnung wird aber wohl nur aufgehen, wenn dieser Glaube auch aus den tieferen Etagen der Seele bestätigt wird, sonst bleibt er eine mentale Kopfgeburt, die nicht den ganzen Menschen ergreifen kann. Ich will diesen Vorschlag nicht tadeln, nur mir würde das wohl nicht gelingen. Denn es setzt voraus, dass man aus den verschiedenen möglichen Positionen zuerst die bekömmlichste auswählt und sich dann dafür entscheidet, an sie zu glauben. Ginge ich selbst so vor, dann würde ich den Verdacht nicht los, dass ich mir gerade etwas vormache, um mich zu trösten.

PÖRKSEN: Wie würden Sie Ihre eigene Position beschreiben?

SCHULZ VON THUN: Ich bin mir keineswegs sicher, dass etwas folgt, was über mein jetziges Dasein hinausgeht. Am ehesten rechne ich damit, dass für mich alles so sein wird wie vor meiner Zeugung – also ein endloses Nichts, soweit ich mich erinnern kann. Aber *sicher* kann ich mir dessen auch nicht sein, denn ich bin nur ein Staubkorn dieses mysteriösen Universums, ausgestattet mit einem Erkenntnisapparat, der gerade mal dazu taugt, auf dem Planeten Erde für eine Weile über die Runden zu kommen. Ich bin den Koordinaten meines Daseins verhaftet und habe keinen Zugang zu möglichen weiteren Dimensionen des Seins. Wir lachen zu Recht über den Astronauten, der zurückkehrt und beteuert, er habe da oben keinen Gott angetroffen. Wie kann ich also etwas darüber wissen, wenn ich keine Offenbarung erfahren habe und mir die überlieferten Schriften diese Offenbarung nicht ersetzen? Zu all diesen Fragen habe ich keine helle Sonne am Himmel, die mir alles erleuchtet, sondern kaum einen Viertelmond, der aber statt wie eine Sichel eher wie ein Fragezeichen aussieht. Ja, diese Welt ist mir von oben bis unten ein großes Mysterium, einschließlich meiner selbst und meines Daseins auf Erden. Zuweilen erfasst mich ein demütiges Staunen – und dies ist für mich existenziell stimmiger, als wenn ich eine Glaubensgewissheit vorgeben würde.

PÖRKSEN: Was Sie als ein Mysterium bezeichnen, würde ein Mystiker vermutlich *Gott* nennen. Gott wäre – so betrachtet – eine Chiffre für das ganz Andere, das sich in den Kategorien des Verstands nicht fassen lässt.

SCHULZ VON THUN: Wenn Sie Gott so definieren, als eine Chiffre für das Mysterium des Seins, dann bin ich ihm zuweilen nahe – er ist dann für mich der vollkommen unbekannte Adressat meiner Dankbarkeit als Geschöpf. Ich sage »Geschöpf«, weil alles, was an mir dran ist – die Augen, die Ohren, das Herz, die Gene, das Blut, die Hände, die Beine, das Geschlecht, das Gehirn ... – das alles habe ich nicht gemacht, nicht bestellt, nicht erfunden, sondern fertig vorgefunden – mitsamt dem ganzen »Ich«, das sich mit diesem vorgefundenen Lebenskunstwerk identifiziert. Ist doch alles erstaunlich und unbegreiflich, oder?

PÖRKSEN: Hat diese Formulierung von dem unbekannten Adressaten der eigenen Dankbarkeit für Sie eine im engeren Sinne religiöse Bedeutung?

SCHULZ VON THUN: Religiös wohl schon, wenn auch nicht im kirchlichen Sinne. Mir erscheint die Schöpfungsgeschichte, die uns die Evolutionstheorie, die Astronomie und die Naturwissenschaften insgesamt vorspielen, noch sehr viel Ehrfurcht gebietender als die Schöpfungsgeschichte, die wir der Bibel entnehmen können. Ich soll also aus zwei winzigen Zellen entstanden sein, je einer von Mutter und Vater? Und dann soll dieser Minizellklumpen im Bauch eines Nachfahren von Raub- und Säugetieren millionenfach gewachsen sein, nach einem Bauplan, der den beiden Zellen innewohnt? Und wie bitte? Meine Vorfahren lassen sich zurückverfolgen bis in die Anfänge des Lebens auf Erden? Und noch immer ist etwas vom Fisch in mir, jenem Vorfahren, der im Wasser lebte, der fraß und gefressen wurde? Und wie bitte? Alle meine Vorfahren haben sich ohne eine einzige Ausnahme »fortgepflanzt«, bevor sie gefressen wurden oder sonst wie starben? Was für eine Tradition von Überlebenskünstlern über Hunderte Millionen von Jahren hinweg! Das alles ist doch unglaublich und atemberaubend, oder?

PÖRKSEN: Es fällt mir auf, dass sich viele Protagonisten der Humanistischen Psychologie im Alter mit religiösen Fragen beschäftigt haben: Abraham Maslow begründete die *Transpersonale Psychologie*, die sich darum bemühte, spirituelle Erfahrungen in die herrschende Wissenschaft zu integrieren. Der Gestalttherapeut Fritz Perls wandte sich dem Zen-Buddhismus zu; Roberto Assagioli, der Begründer der Psychosynthese, leitete Meditationsgruppen und bekannte sich zur Theosophie. Carl Rogers zitierte Carlos Castaneda und sagte, jede Beschreibung der Welt müsse die geheimnisvollen Dimensionen anderer, kaum fassbarer Realitäten öffnen, die neben dem objektiv beschreibbaren Universum existierten. Und Ruth Cohn schrieb offen über ihre Gotteserlebnisse, die ihr in den Schweizer Bergen zuteilwurden.

SCHULZ VON THUN: Nun bin ich selbst natürlich, wenn Sie mir diese leise ironische Brechung Ihrer großen, schweren Fragen gestatten, noch ein junger Mann – wer weiß, was sich da bei mir noch alles tut, sollte ich tatsächlich einmal so alt werden wie Carl Rogers oder Ruth Cohn?! Noch stecke ich eher in einer erdgebundenen Pragmatik fest und öffne mich erst allmählich und etwas scheu und zögerlich den spirituellen Fragen, über die wir jetzt gesprochen haben. Fast hätte ich gesagt, ich bin »spirituell unbegabt«. Aber langsam tut sich etwas. Ich merke, dass sich gelegentlich und zunehmend Figur und Hintergrund vertauschen. Was meine ich mit dieser Analogie aus der Gestaltpsychologie? In meinem Normalleben bleibt das Bewusstsein vom Mysterium meines Seins ganz im Hintergrund. Die Figur im Vordergrund besteht aus dem realitätsgerechten Pragmatismus der alltäglichen Angelegenheiten, die mich ganz in Beschlag nehmen. Aber dann und wann, und immer häufiger (und halb geschieht es von selbst und halb versuche ich es herbeizuführen), vertauschen sich Figur und Hintergrund: Dann habe ich, auch bei ganz alltäglichen Verrichtungen, etwa beim Treppensteigen, plötzlich das wundersame

Mysterium meines Daseins zu fassen. Das Treppensteigen ist dann nicht bloß Mittel zum Zweck, um irgendwohin zu gelangen, sondern ein Augenblick, der um seiner selbst willen geschieht. Das ist nicht leicht zu erklären, ich bin dann von ehrfürchtigem Staunen erfasst, dass ich jetzt mit aufrechtem Gang (eine Errungenschaft meiner jüngsten Vorfahren!) und mit einem Ziel im Kopf, sehend und atmend und mit einer inneren Stimmungslage, die Treppe emporsteige. In diesem Moment tritt dann die kosmische Megasensation, von der ich ein letzter Abkömmling bin, aus dem Hintergrund der beiläufigen Selbstverständlichkeit in den Vordergrund des Innewerdens. Und dann kann ein Gefühl von Kostbarkeit aufkommen, von Lebenskostbarkeit, das sich noch verstärkt, wenn ich weiß, dass ich nicht ewig diese Treppe werde steigen können.

PÖRKSEN: Wir haben unsere Gespräche mit der Suche nach einem einzigen Schlüsselsatz begonnen, der Ihre Kommunikationspsychologie in einer aphoristisch-knappen Form greifbar werden lassen könnte. Aber das hat nicht wirklich funktioniert. Wir haben Anwendungsfelder durchstreift und uns in Debatten über das Wesen des Menschen oder die Möglichkeiten des Verstehens und der Verständigung vertieft. Wir haben Ihre Modelle diskutiert und nach der Verbindung von gelingender Kommunikation und einem glückenden Leben gesucht. Nun sind wir bei den letzten Fragen angekommen, der Suche nach Sinn und Religion – auch im Angesicht von Krankheit, Endlichkeit und Tod. Sie haben mir vorhin, als wir noch einmal kurz unterbrochen und pausiert haben, die Kopie eines Gedichts hingelegt, das ein Unbekannter aus einem Brief von Rainer Maria Rilke komponiert haben soll. Warum?

SCHULZ VON THUN: Weil ich glaube, dass Rilke und dieser Unbekannte hier in einer wunderbar behutsamen Weise eine Lebenskunst beschwören, die von der Frage ausgeht und nicht von der Antwort, von dem Geheimnis und nicht von der Gewissheit, von der Gelassenheit und nicht von der angestrengten Jagd nach dem richtigen Leben und der raschen, schnellen Lösung für alle Fälle. Man muss sich allerdings darin üben, so wird hier gesagt, »die Fragen selbst lieb zu haben«. Sie besäßen etwas Rätselhaftes, Geheimnisvolles. Sie seien »wie verschlossene Stuben und wie Bücher, die in einer sehr fremden Sprache geschrieben sind« – womöglich kaum zugänglich und zunächst rätselhaft, aber eben doch zentral im Prozess einer eigenen Suche nach einem geglückten Leben. Am Schluss heißt es: »Es handelt sich darum, alles zu leben. Wenn man die Fragen lebt, lebt man vielleicht allmählich, ohne es zu merken, eines fernen Tages in die Antwort hinein.«

Auf der Suche nach Stimmigkeit
in Kommunikation und Leben

Ein Nachwort von Friedemann Schulz von Thun

Ich war zunächst ganz skeptisch. Der Vorschlag eines Tübinger Kollegen aus einem Fachbereich der Medienwissenschaften, meinen Beitrag zur Psychologie der zwischenmenschlichen Kommunikation durch eine Reihe von Interviews zu erläutern und zu vertiefen, fand nicht gleich das, was man eine »Gegenliebe« nennt. Hatte ich nicht schon alles superverständlich dargelegt? Hatte ich nicht sogar die Geschichte meiner Bewusstseinsentwicklung in Form eines Selbstinterviews (in *Miteinander reden – Fragen und Antworten*, 2007) nachgezeichnet und öffentlich gemacht? Was denn nun noch? In einer freundlichen Mail wies ich den Kollegen auf dieses Selbstinterview hin und hatte die Sache damit abgetan.

Zu meiner Überraschung kannte er das schon und wollte trotzdem oder gerade deswegen an seinem Vorschlag festhalten. Es sei doch ein Unterschied, ob jemand sich selbst befrage (und damit im eigenen Saft brät – hat er nicht gesagt, habe ich aber herausgehört) oder ob jemand mit Fragen und Gedanken konfrontiert werde, die ein höchst aufgeschlossener und zugleich kritischer Leser bei der Lektüre entwickeln würde und spruchreif werden lasse!? Ein Leser, der den Stoff mit seiner Gedankenwelt, seinem Fach und seiner Lebenspraxis in Verbindung setze? Ja gut, das war auch wieder wahr. Und dass ein so kluger Mensch und renommierter Professor sich derart aufgeschlossen zeigte für meine Lehre, das war mehr als schmeichelhaft – zumal ich Aufgeschlossenheit und Begeisterung eher aus der Praxis und kaum aus den Universitäten gewohnt bin. Und als der Kollege auch noch andeutete, er habe den Verdacht, dass in dieser Kommunikationspsychologie noch mehr drinstecke, als ich bisher explizit gemacht hätte, da war es um mich geschehen! Hatte ich nicht selber schon in den letzten Jahren den Gedanken verfolgt, dass dieselben Modelle und Leitkonzepte, die für eine gute Gesprächsführung dienlich sind, auch ein lebensphilosophisches Potenzial in sich tragen, das einer gelungenen Lebensführung den Weg weisen kann? Zum Beispiel das Meta-Ideal für »gute« Kommunikation, die Stimmigkeit, ist zugleich mein Meta-Ideal für die Gestaltung meines Lebens. Oder hatte ich nicht längst angefangen, die Wertequadrate der Kommunikation in einen weiteren Horizont zu stellen, auf dem bedeutende existenzielle Werte- und Entwicklungsquadrate erkennbar werden?

Also gut! Herr Pörksen kam in 2013 ungefähr so oft nach Hamburg geflogen, wie dieses Buch Kapitel hat, immer gut gelaunt und ausgerüstet mit zwei Mikrofonen und zwei Aufnahmegeräten. Für mich war es wie beim Turnierschach: Man weiß nicht und ist sehr gespannt, welche Eröffnung der Gegner wählt! Zwar war das grobe Thema jeweils vorvereinbart, aber der Eröffnungszug war immer überraschend. Mal waren es die vier Fragen von Immanuel Kant, mal waren es Paul Watzlawicks englische Frauen und amerikanische Soldaten, mal der Essay eines Physikers und mal der Tod. Was würde ich zu all dem sagen können, sagen wollen, vor dem Hintergrund meiner kommunikationspsychologischen Lehre? Ein aufmerksamer, mitdenkender, nachbohrender und kritisch konfrontierender Zuhörer ist ein ungewöhnliches Geschenk und – wie sagt man heute? – eine Herausforderung. Manche Antwort, manche Entgegnung kam aus dem Augenblick heraus, entstand spontan im Dialog und lag nicht schon vorgefertigt in einer geistigen Schublade. Diese »authentische« Version war von frisch-fröhlicher Unperfektheit – und manche solcher Passagen sind, wenn sie einen Punkt richtig getroffen haben, in diesem Buch wortwörtlich erhalten geblieben. Das meiste allerdings bedurfte, um es lesbar, im Umfang verkraftbar und überhaupt publikationswürdig zu machen, der weiteren Bearbeitung. Das waren gemeinsame Schritte von der Authentizität hin zur Stimmigkeit. Herrn Pörksen gelang es, das ganze Material auf ein Drittel zu konzentrieren, die Quintessenzen herauszuarbeiten und der Gesprächsdramaturgie eine klare Struktur zu geben. Ich wiederum entdeckte bei vielen meiner Antworten, dass die gegebene Antwort noch nicht die eigentliche war. Mir kam es so vor, als wollten die Eier, die im Gespräch gelegt worden waren, noch ausgebrütet werden – und erst was dann ausschlüpfte, konnte ich als stimmig und zutreffend empfinden. Hier wollten die »inneren Spätmelder« unbedingt noch ein Wörtchen mitreden – und diese Tiefenbewohner in uns sind ja bekanntlich nicht die Dümmsten. Ein Segen, dass Gundel Grasedyck meine Handschrift sogar dann lesen kann, wenn sie sich zwischen die gedruckten Zeilen quetscht und nicht selten auf der Rückseite fortsetzt; vielen Dank für diese umsichtige Odyssee! Insgesamt lässt sich zweierlei sagen: Das Ganze ist eine Frucht der dialogischen Begegnung, die Herr Pörksen erfunden, initiiert und gestaltet hat, was ich ihm sehr zu danken habe. Und zweitens, wir sind in die Antworten erst mit der Zeit »hineingewachsen«, wie es in dem Rilke-Zitat ganz am Ende unserer Gespräche heißt.

Und die Leserin, der Leser? Werden Sie mit diesem Dialog etwas anfangen können? Ich wage keine Prognose. Aber wenn Sie Trainer, Coach oder Therapeut sind, dann kriegt es Ihr Gegenüber unweigerlich auch mit Ihrer Philosophie zu tun, die Ihren Reaktionen und Interventionen implizit zugrunde liegt. Mit »Philosophie« meine ich hier den Reim, den wir uns auf dieses Leben als Mensch auf diesem Planeten gemacht haben: worum es sich bei dieser »Veranstaltung« handelt, was das Ganze soll und worauf es ankommt in unserer Existenz. Hier haben wir zu zweit den Versuch gemacht, diese implizite existenzialphilosophische Dimension unseres Tuns als menschliche Entwicklungshelfer explizit zu machen. Vielleicht bekommen Sie Anregung und Lust, dies auch für sich selber genauer zu fassen!?

Friedemann Schulz von Thun
Hamburg, im Februar 2014

Ausgewählte Literaturhinweise

Baecker, D. (2000): Die Universität als Algorithmus. Formen des Umgangs mit der Paradoxie der Erziehung. In: S. Laske, T. Scheytt, C. Meister-Scheytt u. C. O. Scharmer (Hrsg.): Universität im 21. Jahrhundert. Zur Interdependenz von Begriff und Organisation der Wissenschaft. München/Mering (Hampp), S. 48–75.

Cohen, D. (1997): Carl Rogers. A critical biography. London (Constable and Company Limited).

Cohn, R. (2009): Von der Psychoanalyse zur themenzentrierten Interaktion. Stuttgart (Klett-Cotta), 16., durchgesehene Aufl.

Danelzik, M. (im Erscheinen): Kulturen verändern. Kampagnen gegen Genitalverstümmelung zwischen ethischen und strategischen Herausforderungen. Wiesbaden (Springer VS).

Diyani Bingang, Ch. B. (2009): Für eine Kulturkontrastive Grammatik im Deutschunterricht. In: L. Götze, P. Mueller-Liu u. S. Traoré (Hrsg.): Kulturkontrastive Grammatik – Konzepte und Methoden (Im Medium fremder Sprachen und Kulturen, Bd. 16). Frankfurt am Main (Peter Lang), S. 309–327.

Fleck, L. (1983): Erfahrung und Tatsache. Gesammelte Aufsätze. Mit einer Einleitung hrsg. von Lothar Schäfer und Thomas Schnelle. Frankfurt am Main (Suhrkamp).

Foerster, H. u. B. Pörksen (1998): Wahrheit ist die Erfindung eines Lügners. Gespräche für Skeptiker. Heidelberg (Carl-Auer).

Frankl, V. (1979): Der Mensch vor der Frage nach dem Sinn. München, Zürich (Piper), 3. Aufl. 1982.

Groddeck, N. (2002): Carl Rogers. Wegbereiter der modernen Psychotherapie. Darmstadt (WGB), 3. Aufl. 2011.

Hartmann, N. (o. J.): Einführung in die Philosophie. Vorlesungsnachschrift Sommersemester 1949. Hannover (Hanckel), 5. Aufl., S. 149 ff.

Helwig, P. (1936): Charakterologie. Freiburg im Breisgau (Herder), 2. Aufl. 1969.

Hoffman, E. (1989): The right to be human: a biography of Abraham Maslow. Kent (Mackays of Chatham).

Hofstede, G. u. G. J. Hofstede (2005): Lokales Denken, globales Handeln. Interkulturelle Zusammenarbeit und globales Management. München (Deutscher Taschenbuch Verlag). 5., durchgesehene Aufl. 2011.

Kant, I. (1983): Über Pädagogik. In: W. Weischedel (Hrsg.): Immanuel Kant. Werke in sechs Bänden. Band VI: Schriften zur Anthropologie, Geschichtsphilosophie, Politik und Pädagogik. Darmstadt (Wissenschaftliche Buchgesellschaft), S. 697–761.

Kretzenbacher, H. L. (1995): Wie durchsichtig ist die Sprache der Wissenschaften? In: H. L. Kretzenbacher u. H. Weinrich (Hrsg.): Linguistik der Wissenschaftssprache. Berlin/New York (de Gruyter), S. 15–39.

Kumbier, D. (2010): »Ich hoffe, ich habe dich nicht ...!?« Zu Risiken und Nebenwirkungen von Metakommunikation. In: F. Schulz von Thun u. D. Kumbier (Hrsg.): Impulse für Kommunikation im Alltag. Kommunikationspsychologische Miniaturen 3. Reinbek bei Hamburg (Rowohlt), S. 234–251.

Kumbier, D. u. F. Schulz von Thun (2011): Einführung. In: D. Kumbier u. F. Schulz von Thun (Hrsg.): Interkulturelle Kommunikation: Methoden, Modelle, Beispiele. Reinbek bei Hamburg (Rowohlt), 5. Aufl., S. 9–27.

Lasch, Ch. (1980): Das Zeitalter des Narzißmus. München (Steinhausen).

Maslow, A. H. (1977): Die Psychologie der Wissenschaft. Neue Wege der Wahrnehmung und des Denkens. München (Wilhelm Goldmann).

Maturana, H. R. u. B. Pörksen (2002): Vom Sein zum Tun. Die Ursprünge der Biologie des Erkennens. Heidelberg (Carl-Auer).

Miller, G. A. (1969): Psychology as a means of promoting human welfare. In: American Psychologist. H. 24. S. 1063–1075.

Piaget, J. (1974): Der Aufbau der Wirklichkeit beim Kinde. Stuttgart (Ernst Klett). [franz. Orig. (1950): La construction du réel chez l'enfant. Neuchâtel (Delachaux et Niestlé).]

Pörksen, B. (2002): »In jedem Augenblick kann ich entscheiden, wer ich bin.« Heinz von Foerster über den Beobachter, das dialogische Leben und eine konstruktivistische Philosophie des Unterscheidens. In: B. Pörksen: Die Gewissheit der Ungewissheit. Gespräche zum Konstruktivismus. Heidelberg (Carl-Auer), S. 19–45.

Pörksen, B. (2002): »Wahr ist, was funktioniert.« Francisco J. Varela über Kognitionswissenschaft und Buddhismus, die untrennbare Verbindung von Subjekt und Objekt und die Übertreibungen des Konstruktivismus. In: B. Pörksen: Die Gewissheit der Ungewissheit. Gespräche zum Konstruktivismus. Heidelberg (Carl-Auer), S. 112–138.

Pörksen, B. (2002): »Die Freiheit, das Neue zu wagen.« Helm Stierlin über Schuld und Verantwortung im systemischen und konstruktivistischen Denken, die Dialektik der Beziehungen und das Ethos des Therapeuten. In: B. Pörksen: Die Gewissheit der Ungewissheit. Gespräche zum Konstruktivismus. Heidelberg (Carl-Auer), S. 189–210.

Pörksen, B. (2002): »Wir können von der Wirklichkeit nur wissen, was sie nicht ist.« Paul Watzlawick über die Axiome der Kommunikation, den heimlichen Realismus einer psychiatrischen Diagnose und das konstruktivistische Lebensgefühl. In: B. Pörksen: Die Gewissheit der Ungewissheit. Gespräche zum Konstruktivismus. Heidelberg (Carl-Auer), S. 211–231.

Poplutz, K. (2004): Kommunikation in vivo: Erfahrungen mit Friedemann Schulz von Thun als Führungskraft. In: Arbeitskreis Kommunikation und Klärungshilfe/Arbeitsbereich Beratung und Training des Fachbereiches Psychologie des Universität Hamburg (Hrsg.): Miteinander durch sechs Jahrzehnte. Friedemann Schulz von Thun und seine Lehre aus der Sicht von Weggefährten. Hamburg (unveröffentlicht), S. 11–13.

Popper, K. R. (1971): Wider die großen Worte. Die Zeit, 24.09.1971.

Porschke, A. u. H.-P. de Lorent (2009): Die innere Drehbühne der Politik – politische Kommunikation zwischen Werteorientierung und Machtbewusstsein. In: F. Schulz von Thun u. D. Kumbier (Hrsg.): Impulse für Führung und Training. Kommunikationspsychologische Miniaturen 2. Reinbek bei Hamburg (Rowohlt), S. 127–159.

Rapp, Ch. (2001): Aristoteles zur Einführung. Hamburg (Junius), 4., vollst. überarb. Aufl. 2012.

Riemann, F. (1961): Grundformen der Angst. Eine tiefenpsychologische Studie. München/Basel (E. Reinhardt). 1992.

Schulz von Thun, F. (1981): Miteinander reden 1. Störungen und Klärungen. Reinbek bei Hamburg (Rowohlt Taschenbuch Verlag), 51. Aufl. 2014.

Schulz von Thun, F. (1989): Miteinander reden 2. Stile, Werte und Persönlichkeitsentwicklung. Differentielle Psychologie der Kommunikation. Reinbek bei Hamburg (Rowohlt Taschenbuch Verlag), 34. Aufl. 2014.

Schulz von Thun, F. (2004): Klarkommen mit sich selbst und Anderen: Kommunikation und soziale Kompetenz. Reden, Aufsätze, Dialoge. Reinbek bei Hamburg (Rowohlt Taschenbuch Verlag), 5. Aufl. 2014.

Schulz von Thun, F. (2004): Erinnerungen an meine Schulzeit im Johanneum. In: C. von Müller (Hrsg.) Symposion: Festschrift zum 475-jährigen Jubiläum der Gelehrtenschule des Johanneums. Hamburg (Gelehrtenschule des Johanneums), S. 263–268.

Schulz von Thun, F. (2007): Miteinander reden: Fragen und Antworten. Unter Mitarbeit von Karen Zoller. Reinbek bei Hamburg (Rowohlt), 4. Aufl. 2012.

Schulz von Thun, F. (2008): Ein paar Gedanken über »Lösungen« aus kommunikationspsychologischer Sicht. In: F. Schulz von Thun u. D. Kumbier (Hrsg.): Impulse für Beratung und Therapie. Kommunikationspsychologische Miniaturen 1. Reinbek bei Hamburg (Rowohlt), S. 17–43.

Schulz von Thun, F. u. R. Stratmann (2008): Das Innere Team in der Mediation: eine aussichtsreiche Perspektive? In: F. Schulz von Thun u. D. Kumbier (Hrsg.): Impulse für Beratung und Therapie. Kommunikationspsychologische Miniaturen 1. Reinbek bei Hamburg (Rowohlt), S. 145–163.

Schulz von Thun, F. u. C. Trautwein (2008): Missverständnisse auf allen vier Ohren. In: V. Didczuneit, A. Eichler u. L. Kugler (Hrsg.): Missverständnisse. Stolpersteine der Kommunikation. Heidelberg (Edition Braus), S. 20–26.

Schulz von Thun, F. (2009): Bin ich ein »Trainer«?! Persönliche Eroberung einer zunehmend anspruchsvollen Rolle. In: F. Schulz von Thun u. D.

Kumbier (Hrsg.): Impulse für Führung und Training. Kommunikationspsychologische Miniaturen 2. Reinbek bei Hamburg (Rowohlt), S. 163–203.

Schulz von Thun, F. (1998): Miteinander reden 3. Das »Innere Team« und situationsgerechte Kommunikation. Reinbek bei Hamburg (Rowohlt), 22. Aufl. 2013

Schulz von Thun, F., J. Ruppel u. R. Stratmann (2010): Miteinander reden: Kommunikationspsychologie für Führungskräfte. Reinbek bei Hamburg (Rowohlt), 14. Aufl. 2013.

Schulz von Thun, F. (2010): Einleitung. In: F. Schulz von Thun u. W. Stegemann (Hrsg.): Das innere Team in Aktion. Praktische Arbeit mit dem Modell. Reinbek bei Hamburg (Rowohlt), 5. Aufl., S. 9–14.

Schulz von Thun, F. (2010): Verstehen – Verständnis – Einverständnis. In: F. Schulz von Thun u. D. Kumbier (Hrsg.): Impulse für Kommunikation im Alltag. Kommunikationspsychologische Miniaturen 3. Reinbek bei Hamburg (Rowohlt), S. 13–39.

Schulz von Thun, F. (2010): Der Mensch als pluralistische Gesellschaft. Das Modell des Inneren Teams als Haltung und Methode. In: F. Schulz von Thun u. W. Stegemann (Hrsg.): Das innere Team in Aktion. Praktische Arbeit mit dem Modell. Reinbek bei Hamburg (Rowohlt), 5. Aufl., S. 15–32.

Schulz von Thun, F., K. Zach u. K. Zoller (2012): Miteinander reden von A bis Z. Lexikon der Kommunikationspsychologie. Reinbek bei Hamburg (Rowohlt).

Schwartz, R. C. (1997): Systemische Therapie mit der inneren Familie. München (J. Pfeiffer).

Sokal, A. (2001): Die Grenzen überschreiten: Auf dem Weg zu einer transformativen Hermeneutik der Quantengravitation. In: A. Sokal u. J. Bricmont: Eleganter Unsinn. Wie die Denker der Postmoderne die Wissenschaften missbrauchen. München (dtv), S. 262–309.

Stahl, E. (2004): Integration im Spannungsfeld von Leidenschaft und Besonnenheit. In: Arbeitskreis Kommunikation und Klärungshilfe/ Arbeitsbereich Beratung und Training des Fachbereiches Psychologie des Universität Hamburg (Hrsg.): Miteinander durch sechs Jahrzehnte. Friedemann Schulz von Thun und seine Lehre aus der Sicht von Weggefährten. Hamburg (unveröffentlicht), S. 41–44.

Stahl, E. (2010): Die Kunst der Entfesselung. Vom Umgang mit lähmenden Beziehungsdefinitionen. In: F. Schulz von Thun u. D. Kumbier (Hrsg.): Impulse für Kommunikation im Alltag. Kommunikationspsychologische Miniaturen 3. Reinbek bei Hamburg (Rowohlt), S. 71–114.

Stahl, E. (2010): Lob der Intransparenz. In: F. Schulz von Thun u. D. Kumbier (Hrsg.): Impulse für Kommunikation im Alltag. Kommunikationspsychologische Miniaturen 3. Reinbek bei Hamburg (Rowohlt), S. 206–233.

Tausch, R. u. A.-M. Tausch (1998): Erziehungspsychologie. Begegnung von Person zu Person. Göttingen (Hogrefe), 8. Aufl.

Thomann, Ch. (1998): Klärungshilfe 2. Konflikte im Beruf. Reinbek bei Hamburg (Rowohlt). 5., vollst. überarb. und erweiterte Aufl. 2012.

Thomann, Ch. (2008): Das Doppeln im Konfliktklärungs-Dialog, dargestellt am Kommunikationsquadrat. In: F. Schulz von Thun u. D. Kumbier (Hrsg.): Impulse für Beratung und Therapie. Kommunikationspsychologische Miniaturen 1. Reinbek bei Hamburg (Rowohlt), S. 194–214.

Watzlawick, P., J.H. Beavin u. Don D. Jackson (1969): Menschliche Kommunikation: Formen, Störungen, Paradoxien. Bern (Huber), 12. unveränd. Aufl. 2011.

Watzlawick, P. (1976): Wie wirklich ist die Wirklichkeit? Wahn, Täuschung, Verstehen. München/Zürich (Piper), 21. Auflage 1993.

Watzlawick, P. (Hrsg.) (1981): Die erfundene Wirklichkeit. Wie wissen wir, was wir zu wissen glauben? Beiträge zum Konstruktivismus. München/Zürich (Piper), 8. Aufl. 1994.

Watzlawick, P. (1992): Vom Unsinn des Sinns oder vom Sinn des Unsinns. München (Piper), 3. Aufl. 2007.

Zundel, E. u. R. Zundel (1988): Leitfiguren der Psychotherapie. Leben und Werk. München (Kösel), 2. Aufl.

Über die Autoren

Bernhard Pörksen, Prof. Dr., Jahrgang 1969, ist Professor für Medienwissenschaft an der Universität Tübingen. Er analysiert die Inszenierungsstile in Politik und Medien und beschäftigt sich – forschend, lehrend, beratend – mit der Macht digitaler Öffentlichkeit und der Zukunft der Reputation. Er veröffentlichte zahlreiche Arbeiten zum konstruktivistischen und systemischen Denken, u. a. die Bücher *Vom Sein zum Tun* (zusammen mit Humberto Maturana) und *Wahrheit ist die Erfindung eines Lügners* (zusammen mit Heinz von Foerster), die in mehrere Sprachen übersetzt wurden. Im Jahre 2008 wurde Bernhard Pörksen zum »Professor des Jahres« gewählt und für seine Lehrtätigkeit ausgezeichnet.

Friedemann Schulz von Thun, Prof. Dr. Dr. h. c., Jahrgang 1944, war von 1975 bis 2009 Professor für Psychologie an der Universität Hamburg (Schwerpunkt: Kommunikation, Beratung und Training). Bekannt wurde er durch die Trilogie *Miteinander reden*, das Standardwerk in Schule und Beruf. Seit 2007 leitet er das Schulz von Thun Institut für Kommunikation (Weiterbildungen und Coaching). Er ist Ehrendoktor für Wirtschaftswissenschaft an der Universität St. Gallen und als Berater und Trainer sowie Herausgeber der Reihe *Miteinander reden – Praxis* tätig. Seine Bücher sind Bestseller und gehören zu den meistgelesenen Werken der Psychologie.

Heinz von Foerster | Bernhard Pörksen

Wahrheit ist die Erfindung eines Lügners

Gespräche für Skeptiker

167 Seiten, Kt
11. Aufl. 2015
ISBN 978-3-89670-646-1

Wie wirklich ist die Wirklichkeit? Sind unsere Weltbilder lediglich Erfindungen, oder entspricht ihnen eine äußere Realität? Ist Wahrheitserkenntnis möglich?

Es sind diese Fragen, die der Physiker und Philosoph Heinz von Foerster und der Medienwissenschaftler Bernhard Pörksen in ihren Gesprächen debattieren. Gemeinsam erkunden sie die Grenzen unseres Erkenntnisvermögens, diskutieren die scheinbare Objektivität unserer Sinneswahrnehmung, die Folgen des Wahrheitsterrorismus und den Zusammenhang von Erkenntnis und Ethik, Sicht und Einsicht.

Dabei offenbart sich ein Denken, das die Fixierung scheut und die eine, ewig gültige Antwort ablehnt. Und immer wieder geht es in diesen mit leichter Hand formulierten Dialogen um die innere Verbindung zwischen einem faszinierenden wissenschaftlichen Werk und einem ungewöhnlichen und aufregenden Leben.

„Dieses Buch ist so voller Erkenntnis, voller Schwung des Sprechens und auch voller Weisheit, dass man es am liebsten wie ein Flugblatt in der Stadt verteilen möchte." Südwestrundfunk – Buchzeit

Carl-Auer Verlag • www.carl-auer.de

Humberto R. Maturana | Bernhard Pörksen

Vom Sein zum Tun

Die Ursprünge der Biologie des Erkennens

223 Seiten, 15 Abb., Kt
3. Aufl. 2014
ISBN 978-3-89670-669-0

Zu Beginn des letzten Jahrhunderts waren es die Physiker, die das naturwissenschaftliche Weltbild revolutionierten. Heute sind es die Biologen, die unser Verständnis der Erkenntnis- und Lebensprozesse radikal verwandeln: Die Welt, in der wir leben, ist nicht unabhängig von uns; wir bringen sie buchstäblich selbst hervor.

Zu den Protagonisten dieses neuen Denkens in der Naturwissenschaft gehört der berühmte Neurobiologe und Systemtheoretiker Humberto R. Maturana. In Gesprächen mit dem Medienwissenschaftler Bernhard Pörksen erkunden beide die Grenzen unseres Erkenntnisvermögens, diskutieren die Wahrheit der Wahrnehmung und die Biologie der Liebe und entwerfen – konkret, anschaulich und fabulierlustig – eine Anleitung zum systemischen Denken.

„In diesem Buch schafft es Pörksen wieder einmal überzeugend, ein lesbares, verständliches Buch zu schaffen ... Ein wundervolles Buch für kalte Wintertage, in denen wir uns darauf besinnen können, dass wir von unseren Emotionen und nicht von unserer Ratio geleitet werden. " Lernende Organisation, 1/2003

Carl-Auer Verlag • www.carl-auer.de

Bernhard Pörksen

Die Beobachtung des Beobachters

Eine Erkenntnistheorie der Journalistik

298 Seiten, Kt, 2015
ISBN 978-3-8497-0066-9

Der Konstruktivismus hat viele Jahre für Furore gesorgt, wurde von Befürwortern als neues Paradigma gehandelt und von Gegnern als Legitimation von Betrug und Lüge kritisiert, als Rechtfertigung eines modischen „Anything goes".

Bernhard Pörksen liefert in diesem Buch eine minutiöse Rekonstruktion der Debatte um die praktischen Folgen dieser Erkenntnistheorie und entwirft – anschaulich und streitbar – eine Neubegründung konstruktivistischen Denkens, eine Anleitung zur kreativen Überprüfung eigener und fremder Gewissheiten, großer und kleiner Ideologien. Zur Debatte steht die These des Autors, dass insbesondere der Journalismus von den konstruktivistischen Einsichten profitieren kann: Sie inspirieren, so zeigt sich, zu einer grundsätzlichen Skepsis, bilden die Grundlage einer modernen, an der Autonomie des Lernenden orientierten Didaktik und machen eine radikale Verantwortungsethik der Medien begründbar.

„Was der Autor in den letzten Jahren veröffentlicht hat – zum Konstruktivismus, zur Journalismusforschung und Journalistenausbildung, zu Aufgaben von Bildungssystem und Universität, zur Sprachkritik in öffentlichen Diskursen – liegt hier erstmals als konzises Programm vor."

Prof. Dr. Lars Rademacher
Hochschule Macromedia, München

 Carl-Auer Verlag • www.carl-auer.de

Bernhard Pörksen

Kann das Gehirn das Gehirn verstehen?

Gespräche über Hirnforschung und
die Grenzen unserer Erkenntnis

250 Seiten, Gb/SU, 2. Aufl. 2014
ISBN 978-3-8497-0002-7

Matthias Eckoldt versammelt in diesem Buch Gespräche mit führenden deutschen Hirnforschern, die auf der gesamten Breite des Wissenschaftsfeldes arbeiten. Dabei zeigt sich der Philosoph und Wissenschaftsjournalist am aktuellen Stand der Neurowissenschaft ebenso interessiert wie an deren Grenzen. Die Gespräche drehen sich um Neuroprothetik, die Wirkweise von Psychopharmaka, Ton- und Sprachverarbeitung im Gehirn, um Strategien und Strukturen des Gedächtnisses, um besondere Eigenschaften neuronaler Netze, konkurrierende Paradigmen und um die Wahrheitsproblematik.
Ein philosophisches Lesevergnügen und eine exklusive Einführung in die Hirnforschung aus erster Hand.

„Ein spannendes, lesenswertes Buch, das kritisch einen Überblick über den Stand der Hirnforschung bietet und den Vorteil hat, dies mit authentischen Stimmen zu tun." Gert Scobel, Moderator und Redaktionsleiter 3sat

Carl-Auer Verlag • www.carl-auer.de

Lawrence LeShan

Das Rätsel der Erkenntnis

Wie Realität entsteht

175 Seiten, Kt, 2012
ISBN 978-3-89670-860-1

LeShan verschafft sich und dem Leser zunächst einen Überblick über die bisherigen Bemühungen, Bewusstsein und geistige Prozesse zu definieren und zu erläutern – und erörtert, warum diese Bemühungen gescheitert sind. Der Autor belegt, dass es keine mentalen Prozesse ohne Realitätsbezug und keine Realitätswahrnehmung ohne Bewusstsein gibt.

In Anlehnung an Linnés biologische Taxonomie stellt LeShan ein Klassifikationssystem für unterschiedliche Weltbilder bzw. für Bewusstsein auf. Dieses Schema erläutert er anhand zahlreicher Beispiele aus dem Alltagsleben, aus Geschichte, Kultur und Politik. Die praktische Bedeutung dieses neuen theoretischen Ansatzes für die Humanwissenschaften wie auch für die dazugehörenden Berufe wird dabei mehr als deutlich.

LeShan hat mit seinen bahnbrechenden Büchern zur Psychotherapie bei Krebserkrankungen auch in den deutschsprachigen Ländern Geschichte geschrieben. Mit diesem Buch legt er sein altersweises Spätwerk vor.

„Das Bewusstsein stellt die grundlegende menschliche Aktivität für alles andere dar. Als vom Aussterben bedrohte Art sollten wir versuchen, alles über diese wichtigste aller menschlichen Operationen herauszufinden." Lawrence LeShan

 Carl-Auer Verlag • www.carl-auer.de